跨境电子商务职业教育系列教材

跨境电商物流

马 博 等主编

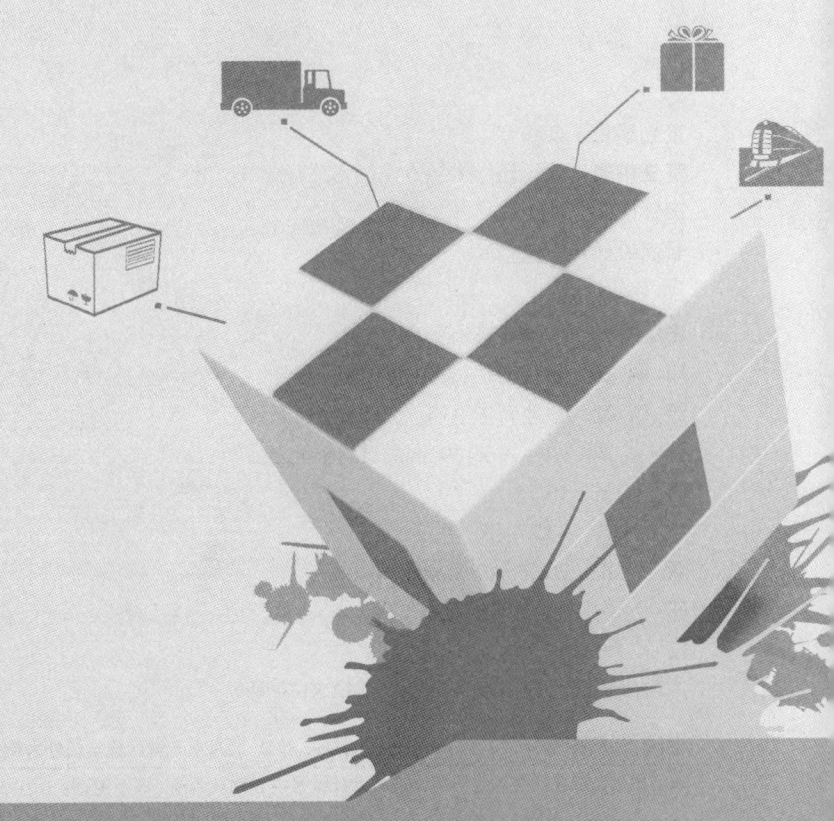

中国经济出版社
CHINA ECONOMIC PUBLISHING HOUSE

·北京·

图书在版编目（CIP）数据

跨境电商物流 / 马博等主编 . -- 北京：中国经济出版社，2022.7
ISBN 978-7-5136-6992-4

Ⅰ. ①跨… Ⅱ. ①马… Ⅲ. ①电子商务 - 物流管理 - 教材 Ⅳ. ① F713.365.1

中国版本图书馆 CIP 数据核字（2022）第 118291 号

策划编辑	余静宜
责任编辑	耿　园
责任印制	马小宾
封面设计	五色空间

出版发行	中国经济出版社
印 刷 者	北京力信诚印刷有限公司
经 销 者	各地新华书店
开　　本	787mm×1092mm　1/16
印　　张	16.75
字　　数	325 千字
版　　次	2022 年 7 月第 1 版
印　　次	2022 年 7 月第 1 次
定　　价	58.00 元

广告经营许可证　京西工商广字第 8179 号

中国经济出版社　网址 www.econmyph.com　社址 北京市东城区安定门外大街 58 号　邮编 100011
本版图书如存在印装质量问题，请与本社销售中心联系调换（联系电话：010-57512564）

版权所有　盗版必究（举报电话：010-57512600）
国家版权局反盗版举报中心（举报电话：12390）服务热线：010-57512564

前言

跨境电商是网络化的新型经济活动，跨境电商经济以其开放性、全球化、高效率的优势，广泛渗透各个领域，成为国民经济和社会发展的新动力，孕育着全球经济合作新机遇。数据显示，2020年中国跨境电商进出口额达到1.69万亿元，同比增长31.1%，与2015年比，规模增长近10倍，预计到2030年，中国跨境电商进出口额将达到14.4万亿元，全球跨境电商将在新冠肺炎疫情过后5~10年迎来高速增长期。

跨境电商的崛起离不开线下物流体系的支撑，近年来，二者的协同发展不断加深。跨境电商物流的成本、时效和通畅度直接关系到跨境电商的销售成本和销售质量。选择合适的物流途径与服务，能有效降低物流成本与风险，提升跨境电子商务消费者的购物体验。但目前，跨境电商物流业务的发展规模和能力仍与需求不适配。跨境电商物流包括国际物流与国内物流，并涉及海关出入境与商检，物流方式更为复杂。作为世界第二大经济体和全球第一贸易大国，我国亟待培育有能力提供全球化物流服务与基建体系的跨境物流企业。近年来，国家也出台了一系列鼓励跨境电商及其配套物流体系发展的政策。

"功以才成，业由才广。"跨境电商物流业的发展，需要一批具备国际贸易和物流相关知识的高素质、技能型专业人才。《跨境电商物流》教材聚焦跨境电子商务与物流整合的需求，以培养熟悉国际物流与电子商务知识的人才为目标，注重理论与实际的有机结合，力求培养出拥有系统专业知识和较强职业能力的跨境电商物流专业人才。

本教材由中央民族大学经济学院马博老师负责框架设计和大纲搭建，内容设计符合学科知识逻辑体系，紧贴跨境电商物流的业务实际。马博（第一、二、三、四章）、刘克（第五、六章）、石凯楠（第七章）、王露（第八、九、十章）等参与主要编写工作，江子仪、杨慧敏、石莉等进行了校对。

本教材内容围绕电商物流发展及各环节操作展开，尽管在编写过程中查阅了大量相关资料，仔细研究了主要物流企业的业务模式，但由于跨境电商物流业正处在日新月异的发展中，加上编写时间有限，教材中难免存在不足之处，希望读者不吝提出宝贵意见和建议，以便再版时予以修正完善。

编者

2022 年 2 月 22 日

目录

第一章 跨境电商物流概述······001
第一节 跨境电商物流概念······002
一、物流······002
二、电商物流······004
三、跨境电商······005
四、跨境电商物流······005
第二节 跨境电商物流特征······006
一、跨境电商物流的主要特征······007
二、跨境电商物流和境内电商物流的
不同之处······008
第三节 跨境电商物流现状与发展趋势······010
一、我国跨境电商物流的发展历程······010
二、跨境电商物流的发展现状······010
三、跨境电商物流的风险······010
四、跨境电商物流的前景······013

第二章 跨境电商物流模式······016
第一节 跨境电商物流分类······017
一、我国跨境电商物流的主要模式······017
二、跨境电商物流的其他模式及模式创新······019
第二节 跨境电商物流运作流程······022
一、输出地物流运作流程······023
二、国际段物流运作流程······023
三、输入地物流运作流程······024
第三节 跨境电商物流企业类型······024
一、跨境电商物流企业主要类型······024
二、我国典型跨境电商物流企业······025
第四节 跨境电商物流核心节点······028
一、集货······028
二、仓储······028
三、分拣······028
四、通关······029
五、国际运输······031

六、商品检验 …………………………… 034
　　七、配送 ………………………………… 035

第三章　跨境电商物流方式 …………………… 038
第一节　国际（地区间）邮政包裹 ………… 039
　　一、中国邮政包裹服务 ………………… 041
　　二、"境内陆运／空运＋万国邮联"
　　　　组合的商业小包 …………………… 044
　　三、平台集货直邮产品 ………………… 044
第二节　国际（地区间）商业快递 ………… 047
　　一、境外商业快递 ……………………… 048
　　二、境内商业快递 ……………………… 053
第三节　跨境电商专线物流 ………………… 069
　　一、美国专线 …………………………… 069
　　二、欧洲专线 …………………………… 070
　　三、澳大利亚专线 ……………………… 071
　　四、俄罗斯专线 ………………………… 072
第四节　海外仓与边境仓 …………………… 073
　　一、海外仓概述 ………………………… 073
　　二、海外仓备货（BBC）模式 ………… 077
　　三、海外仓选品与选址 ………………… 080
　　四、海外仓服务规范 …………………… 081
　　五、海外仓费用核算 …………………… 082
　　六、仓储管理 …………………………… 088
　　七、当地配送 …………………………… 089
　　八、退换货、退货换标、坏货及滞销品处理 … 090
　　九、海外仓库存 ………………………… 091
　　十、海外仓技术 ………………………… 092
　　十一、海外仓趋势 ……………………… 094
　　十二、边境仓 …………………………… 095

第四章 跨境电商物流系统……098

第一节 跨境电商物流系统的定义与基本功能……099
一、跨境电商物流系统的定义……099
二、跨境电商物流系统的功能……099
三、跨境电商物流系统的特点……100

第二节 跨境电商物流系统的构成要素……101
一、跨境电商物流系统构成的一般要素……101
二、跨境电商物流系统构成的功能要素……101
三、跨境电商物流系统构成的支撑要素……104
四、跨境电商物流系统构成的物质基础要素……104

第三节 跨境电商物流系统规划……105
一、物流系统规划的概念和基本原则……105
二、物流系统规划要解决的问题……105
三、物流系统规划的层次……106

第五章 跨境电商出口物流管理……108

第一节 跨境出口物流模式的相关情况……109
一、我国跨境出口物流现存的问题……109
二、跨境电商出口物流选择……110

第二节 跨境电商物流的发货流程……115
一、线上发货……115
二、线下发货……116
三、线上发货与线下发货的比较……118

第三节 跨境电子商务物流包装……118
一、包装概述……119
二、包装的分类……120
三、跨境电商包装原则……121

第四节 跨境出口供应链……124
一、跨境出口供应链的相关概念……124
二、跨境出口供应链的痛点……127
三、跨境出口供应链的优化……128

第六章　跨境电商进口物流管理·················130

第一节　跨境电商进口物流模式·················131
一、跨境电商进口电子商务的运输方式和途径··131
二、我国跨境电商进口物流模式··············131

第二节　跨境进口供应链·····················136
一、跨境进口供应链概述····················136
二、跨境进口供应链管理的作用··············139
三、跨境进口供应链管理的策略··············140

第三节　跨境进口通关便利化·················141
一、我国进口通关便利化改革················141
二、进口查验方式··························142
三、进口通关模式··························143
四、行邮税································144

第七章　跨境电商运输管理·····················147

第一节　跨境电商运输管理的概念·············148
一、跨境电商运输管理的含义················148
二、跨境电商运输的特点····················148
三、跨境电商运输方式的选择················149

第二节　海洋运输···························150
一、海洋运输的特点························150
二、海洋运输流程··························151
三、海洋运输的类型························153

第三节　陆地运输···························157
一、国际公路运输··························157
二、铁路运输······························158

第四节　航空运输···························162
一、航空运输流程··························162
二、航空货物运输方式······················164
三、航空运输的承运人······················166

第五节　多式联运···························167
一、多式联运形成的条件····················167
二、多式联运的费用························167

三、多式联运的基本流程……………………169
　　四、多式联运的优点…………………………170
第六节　跨境物流合同的装运条款………………171
　　一、交付时间…………………………………171
　　二、交货地点…………………………………173
　　三、装运通知…………………………………176
第七节　跨境物流运输单据………………………177
　　一、海洋运输单据……………………………177
　　二、铁路运输单据……………………………182
　　三、航空运输单据……………………………184
　　四、邮包收据…………………………………186
　　五、多式联运单据……………………………186
第八节　跨境物流运输保险………………………187
　　一、跨境物流运输保险的基本术语…………187
　　二、跨境物流运输保险的基本原则…………188
　　三、跨境物流运输保险类别…………………189

第八章　跨境电商物流服务成本及产品定价……195
第一节　跨境电商的运营成本……………………195
　　一、跨境电商进口的运营成本………………195
　　二、跨境电商出口的运营成本………………199
第二节　跨境电商物流成本控制…………………202
　　一、跨境电商物流成本控制步骤……………203
　　二、跨境电商物流成本控制方法……………203
　　三、跨境电商物流成本控制措施……………204
第三节　跨境电商产品定价………………………205
　　一、跨境电商产品的定价方法………………206
　　二、跨境电商产品的定价技巧………………207

第九章　跨境电商的采购与库存…………………211
第一节　跨境电商的采购…………………………211
　　一、跨境电商采购的流程……………………211
　　二、跨境电商的采购管理……………………213
　　三、跨境电商的采购决策……………………218

第二节　跨境电商的库存及库存管理 ……………………………… 219
　　一、跨境电商库存的基本概念 ………………………………… 219
　　二、跨境电商库存的分类 ……………………………………… 220
　　三、跨境电商的库存管理 ……………………………………… 221
　　四、跨境电商的库存决策 ……………………………………… 225

第十章　跨境电商物流中的海关清关 …………………………… 230
第一节　海关的性质、职能和权力 ……………………………… 231
　　一、海关的性质 ………………………………………………… 231
　　二、海关的职能 ………………………………………………… 232
　　三、海关的权力 ………………………………………………… 237
第二节　报关的基本流程 ………………………………………… 241
　　一、申报 ………………………………………………………… 242
　　二、查验 ………………………………………………………… 242
　　三、放行 ………………………………………………………… 243
第三节　一达通外贸综合服务平台的通关服务 ………………… 243
　　一、一达通准入条件 …………………………………………… 244
　　二、开通一达通的方法 ………………………………………… 244
　　三、一达通服务流程 …………………………………………… 244
　　四、一达通通关服务流程 ……………………………………… 246
第四节　关税与海关退税流程 …………………………………… 246
　　一、关税的概念与分类 ………………………………………… 246
　　二、关税的计算 ………………………………………………… 247
　　三、退税 ………………………………………………………… 250
第五节　常见的海关清关问题 …………………………………… 253
　　一、海关扣关 …………………………………………………… 253
　　二、清关不利 …………………………………………………… 253
　　三、快件退回 …………………………………………………… 254
　　四、买家拒绝支付关税 ………………………………………… 254
　　五、侵犯知识产权 ……………………………………………… 254

第一章
跨境电商物流概述

本章概要

本章主要介绍跨境电商物流的基本概念、主要特征、现状与发展趋势，一共分为三节。第一节主要讲述跨境电商物流的概念，包括物流的起源、概念和常用名词，电商物流的概念和特点，跨境电商物流的概念与范畴。第二节主要介绍跨境电商物流的特征及其与境内电商物流的不同。第三节主要介绍跨境电商物流的现状与发展趋势，总结跨境电商物流面临的风险，并对跨境电商物流的前景进行分析。

学习目标

了解物流、电商物流的基本概念及特点，掌握跨境电商物流的相关概念和范畴。

掌握跨境电商物流的主要特征，认识跨境电商物流与境内电商物流的不同之处。

了解跨境电商物流的发展历程与现状，了解其发展面临的主要风险以及未来的前景趋势。

在跨境电子商务活动中，跨境电商物流扮演着重要角色。跨境电子商务的快速发展为跨境物流提供了新的、重要的发展契机，而跨境物流作为跨境电子商务的重要组成部分，对跨境电子商务的发展起到了重要的推动作用。因此，可以说跨境电子商务与跨境物流之间是相互影响、相互制约的关系。然而相较于国内物流，跨境物流一直存在商品配送时间较长、无法全程追踪包裹、不支持退换货等弊端，此外还会出现清关障碍、破损乃至丢包的情况。跨境电子商务企业能否提供消费者偏好的寄送方式，将直接影响消费者的海外购物决定。

跨境电商物流是在跨境电子商务的基础上发展起来的，在跨境电子商务中发挥着重要作用，也是跨境电子商务的核心链条，在很大程度上决定着跨境电子商务的运作效率。随着跨境电子商务的迅速发展，下游客户的需求从早期的对产品价格、品质等的基本需求逐渐上升到对物流、售后等综合服务的高层次需求，而发展相对缓慢的跨境电商物流已成为制约跨境电子商务发展的主要"瓶颈"。因此，进行跨境物流管理、提高物流效率和服务能力，成为跨境电子商务企业提升核心竞争力的关键内容之一。

第一节 跨境电商物流概念

一、物流

（一）物流的起源和概念

"物流"是个外来语，来自日文汉字"物流"。20世纪70年代末，这一词语通过中日之间的经济文化交流活动传入中国。不过，"物流"亦非日本原创。1956年，日本组织了一支大型的流通技术专业考察团赴美考察，发现美国人讲的"physical distribution"（PD）涉及大量的流通技术，对提高流通领域的劳动生产率很有好处，于是在考察报告中对其进行了介绍。随后，这一概念引起了日本产业界的重视。日本人把PD翻译成了日文"物の流"，1965年更进一步简化为"物流"[①]。

在不同的社会发展阶段，为适应不同时代的社会需要，物流的定义也在不断地进化和完善。随着经营范围的不断扩大、所包含内容的不断深化，物流的目标逐渐由活动本身，转向对物流活动的管理。这一转变导致"物流"及其定义发生了变化。1985年，美国物流管理协会将物流的名称从"PD"改为"logistics"，并将其定义为"以满足顾客需要为目的，对货物、服务及相关信息，从起源地到消费地的有效率、有效益的活动和储存进行计划、执行和控制的过程"[②]。这次改名的结果是，20世纪90年代以后，全世界都基本使用logistics，而不是PD来表述"物流"了。

《中华人民共和国国家标准物流术语》（GB/T 18354—2006）将"物流"定义为："物

[①] 初良勇. 现代物流学 [M]. 上海：上海交通大学出版社，2011.
[②] 孙宁. 安徽公路运输业发展现代物流对策研究 [D]. 合肥：合肥工业大学，2011.

品从供应地向接收地的实体流动过程。根据实际需要，将运输、储存、装卸、搬运、包装、流通加工、配送、回收、信息处理等基本功能实施有机结合。"

（二）物流常用名词解析

1. 快运

快运指的是面向单位及个人的快捷运输服务，是指承运方将托运方指定的，在特定时间内运达目的地的物品，以较快的运输方式，运送和配送到指定的目的地或目标客户手中。快运货物的重量、数量、体积都比快递货物大。可提供门到门的增值服务，直接将货物送到终端收货人手中；也可指定取货或收货地点，客户自己到收货点取货或送货。快运的主要形式为零担快运，也有整车快运等服务。

2. 快递

快递，又称速递，指通过铁路、公路和航空等交通工具，对客户货物进行快速投递，是兼有快速邮递功能的门对门物流活动。快递货物以包裹为主。不同快递公司对货物重量、体积的规定不同。从重量上看，一般限定在100千克以下；从体积上看，一般规定单边长度小于1.5米，围长小于3.5米。费用按实际重量或体积重量收取，哪个数值大就按哪个收费。体积重量根据折算公式进行计算。

3. 零担货运

零担货运（less-than-truck-load，LTL）是指当一批货物的重量或容积不满一辆货车时，可与其他几批甚至上百批货物共用一辆货车装运。"零"指的是零散的，"担"古时指的是扁担，现在指的是车："零担"就是不够一扁担，即不够一车的意思。因此，零担货物一般指运量零星、批数较多、到站分散、品种繁多、性质复杂、包装条件不一、作业复杂的货物。从重量上讲，零担货物一般是指一次托运时计费重量大于快递规定的100千克又小于3吨的货物。

4. 零担快运

由于货主需要运送的货不足一车，而承运部门需要凑整一车后再发运，因此速度较慢。为克服这一缺点，发展出了定线路、定时间的零担班车，提供零担货物的快速运输，称为零担快运。零担快运利用汽车运输的灵活性，也提供上门服务，是最主要的快运形式。

5. 快件

需要快速物流服务的物品称为快件。根据不同的运输类型，快件所指内容也有所不同。例如，邮政部门快件指快速投递的信函邮件；快递服务快件指需要快速寄送的包裹；托运服务快件指凭火车票或飞机票等办理托运，物品随旅客所乘交通工具同时运达的物品；等等。

6. 整车物流

整车物流以整车为物流服务标的物，按照客户订单对交货期、交货地点、品质保证等要求进行快速响应和准时配送。整车物流已从简单的商品车运输，转变为以运输为主，仓储、配送、末端增值服务为辅的新型物流。

7. 第三方物流

第三方物流，又称合同物流，是指卖方与买方以外的第三方企业，分别与买卖双方签订合同，为买卖双方提供全部或部分物流服务，不直接参与商品买卖的行为，在发展过程中，逐渐形成了关系合约化、服务个性化、功能专业化和数据信息化的特点。

8. 第四方物流

第四方物流是指一个供应链集成商，通过调配与管理自己的资源、能力和技术，同互补的服务提供商一起提供一套全面的供应链解决方案。第四方物流的服务渗透于供应链上单个企业可能触及而又无法触及的一切经营范围，从事整个供应链内部或者若干个供应链之间的整合运作。

二、电商物流

电商物流与电子商务相伴而生，借助云计算、大数据、社交网络等互联网技术对传统物流作出了突破性创新，实现了物流、商流、资金流、信息流的匹配、融合和互动发展，其业态包括电商自建物流、第三方物流、第四方物流、物流周边服务和仓储服务等。

以"互联网+"模式发展物流产业，既可解决电商发展的物流短板，也可在更深层次上实现互联网和传统物流的融合，从而提升电商企业和物流企业的竞争力。在电商物流中，用户体验是评价物流能力的重要指标。互联网和物流业的深度融合，使得供应链上的各种信息网络化、商品和服务可视化，消费者多元化、个性化的需求可以反过来推动物流服务的创新[1]。

电商物流具有以下几个特点：

一是信息化。电子商务时代，要求物流信息更新及时，准确性高，并且能以小成本带来大利润，所以物流信息化是物流行业的精髓和发展的基石。物流信息化表现为物

---

[1] 詹斌，谷孜琪，李阳."互联网+"背景下电商物流"最后一公里"配送模式优化研究[J]. 物流技术，2016，35（1）：1-4，11.

流信息的商品化、物流信息收集的数据库化和代码化、物流信息处理的电子化和计算机化、物流信息传递的标准化等。

二是自动化。电子商务也需要物流具备自动化的特征。自动化的核心是机电一体化，自动化的外在表现是无人化。物流自动化不仅可以节省人力，还可以提高物流作业能力、提高物流作业的准确度。物流自动化的设施非常多，如自动识别系统、自动分拣系统、自动存取系统、自动导向车、货物自动跟踪系统等。

三是网络化。网络的最大好处是不受时间、地点的限制，可以实现资源共享，而物流信息系统正是构建在开放的网络上的，可以使物流信息低成本即时传播。同时，全球卫星导航系统的兴起与发展，可以让物流公司实时监控、调度物流车辆，实现双向通信、功能调度，并且进行数据存储、分析[1]。

四是智能化。物流智能化其实是信息化与自动化的结合。不论是库存水平的确定，还是物流配送、经营管理的决策支持，都需要借助大量的知识。为了不断提高物流现代化水平，物流智能化已经成为电子商务下物流发展的一个新方向。

三、跨境电商

跨境电商（cross-border e-commerce），也称跨境电子商务，是电子商务应用过程中一种较为高级的形式，是互联网与进出口贸易的融合。广义的跨境电商是指分属不同关境的交易主体，利用电子商务平台进行商品展示、达成交易、进行跨境支付和跨境物流运输并完成交付的一类交易方式。狭义的跨境电商一般特指企业对个人（business to customer，B2C）零售业务。

跨境电商以电子技术和物流为手段，以商务为核心，通过互联网及相关信息平台，让身处不同国家和地区的交易双方实现交易，打破国家和地区间的壁垒，实际上就是将传统国际贸易网络化、电子化的新型贸易方式。跨境电商把传统的销售、购物渠道转移到互联网上，使厂家实现全球化、网络化、无形化、个性化、一体化。

四、跨境电商物流

（一）跨境电商物流的定义

跨境电商在运作过程中涉及信息流、商流、资金流和物流，信息流、商流和资金流均可通过计算机和网络通信设备在虚拟环境下实现，但物流环节是不能在虚拟环境下实现的。

[1] 王丁. 互联网背景下电商物流变革趋势分析 [J]. 中国市场，2016（23）：134-135.

跨境电商物流是指位于不同国家或地区的交易主体通过电子商务平台达成交易并进行支付清算后，通过跨境物流送达商品进而完成交易的一种商务活动。也就是说，跨境电商物流是采用现代物流技术，利用国际化的物流网络，选择最佳的方式与路径，以最低的费用和最小的风险，对货物（商品）进行物理性移动的一项国际商品或交流活动，以达到国际商品交易的最终目的，实现卖方交付单证、交付货物和收取货款，买方接收单证、支付货款和收取货物。

狭义的跨境电商物流仅包括将在零售电商平台上成交的商品从卖家所在国家（地区）送达不在同一关境的买家的方法和过程。广义的跨境电商物流包含了所有通过跨境电子商务平台成交的批发和零售的商品从卖家所在国家（地区）送达不在同一关境的买家的方法和过程。

跨境电商物流与传统物流的不同之处在于，交易的主体分属不同关境，商品需要从供应方国家（地区）通过跨境物流方式实现空间位置转移，在需求方所在国家（地区）内实现最后的物流与配送，分为境内物流、国际（地区间）物流与运输、目的国（地区）物流与配送三个方面，涉及清关、检验检疫等复杂流程。

（二）跨境电商物流的范畴

跨境电商物流涵盖了通关、仓储物流、快递业务、国际（地区间）货运业务、邮政业务等传统国际物流环节，并叠加订单管理系统（order management system，OMS）、运输管理系统（transportation management system，TMS）、仓库管理系统（warehouse management system，WMS）等IT系统，在提升各方关系的融洽性的同时，逐步实现业务网络化、运价产品化、服务标准化、仓储自动化、过程数字化、流程可视化、交付可追踪化的目标。物流供应链从服务传统贸易的大型企业发展到服务中小跨境卖家，物流供应链的提供方也不再局限于物流企业。

第二节　跨境电商物流特征

在跨境电子商务发展伊始，电子商务卖家就已经自然而然地开始自主整合传统物流的服务资源。跨境电子商务的发展推动了跨境电商物流的出现。在传统物流的基础上，跨境电商物流显现出了一些新特征。

一、跨境电商物流的主要特征

随着跨境电商的高速发展，适应跨境电商需求的各种类型的跨境电商物流服务也衍生出来。区别于传统物流，跨境电商物流主要强调以下特征。

（一）物流反应快速化

根据哈佛大学教授钱德勒对速度经济的阐述，快速反应能力是指企业在竞争环境突变中能否迅速作出反应的能力，其重要性不亚于产品质量。当物流过程涉及的包装、装卸、运输、仓储和配送等系列环节出现不协调时，就可能导致全部或部分链条运转停滞，直接影响物流效率或造成巨大损失。伴随市场范围空间的延伸与产品生命周期的缩短，企业为了达到扩大市场份额和降低成本的双重目的，不仅需要建立完善的全球产供销经营体系，还需要提高即时供应、减少库存以降低成本等方面的能力，因此物流管理也就成为企业管理的重要环节。

跨境电商要求供应链上下游要非常迅速地对物流配送需求作出反应，因此跨境电商物流中，前置时间和配送时间越来越短，商品周转和物流配送时效越来越快。

（二）物流功能集成化

单一物流服务功能与单一物流环节最优化已不能满足现代物流的需求，因此在进行物流作业时，除了要考虑运输、仓储等环节的协调外，还要考虑物流与供应链其他环节的相互配合，不仅要实现单个物流环节最优化，还要追求物流活动的整体最优化，从而保证物流需求方整体经营目标最优化[1]。

跨境电商将物流与供应链的各个环节进行集成，包括物流渠道与产品渠道的集成、各种类型的物流渠道之间的集成、物流环节与物流功能的集成等。

（三）物流作业规范化与服务个性化

一方面，标准化作业流程可以使复杂作业简单化，有利于跨地区的协同与沟通，也有利于操作过程监控和操作结果评价。跨境电商物流强调作业流程的标准化，包括物流订单处理模板的选择、物流渠道的管理标准制定等操作，使复杂的物流作业流程变得简单、可量化、可考核。

另一方面，受经营产品、经营方式及自身能力的影响，物流需求方除了希望获得传统的物流服务外，还希望针对自身经营产品的特点与要求获得量身定制的个性化服务与增值服务，比如市场调查与预测、采购及订单处理、物流咨询、物流方案的选择与规

---

[1] 张志武. 跨境电子商务物流发展问题的研究 [D]. 北京：对外经济贸易大学，2015.

划、库存控制策略建议、货款回收与结算等,从而提高物流服务对决策的支持作用。

(四)物流技术先进化

国际物流作业的各个环节广泛应用先进的物流技术,不仅提高了每个作业环节的效率,还确保了整个经营目标的实现。比如,根据电子商务服务平台指令,物流供应商按照运输计划,组织提货、仓储、包装、报关、国际运输和国外配送等。在整个物流链中,参与各方有效地利用了电子数据信息交换系统(EDI),实现了信息的即时交换和资源共享,使参与各方能够及时了解货物的流向与下一步操作,避免了信息滞后造成的操作环节的延误,确保了整个物流链的顺畅。在跨境电子商务交易中,物流公司起到了桥梁的作用,利用其丰富的物流管理技术和运作经验,促使交易顺利完成。

跨境电商物流强调订单处理、信息处理的系统化和电子化,用企业资源计划(enterprise resource planning,ERP)信息系统功能完成标准化的物流订单处理和物流仓储管理。通过ERP信息系统对物流渠道的成本、时效、安全性进行关键绩效指标考核,并对物流仓储管理过程中的库存积压、产品延迟到货、物流配送不及时等进行有效的风险控制。

(五)物流系统信息化与服务网络全球化

一方面,由于跨境电商的交易是在全球范围内进行的,物流服务网络覆盖越广,越有利于卖家根据市场变化储存、调配商品,从而满足买家的物流需求。

另一方面,先进的物流网络不仅能够做到物流网点间物流活动的一致性,使整个物流网络的库存总水平、库存分布、运输与配送最优化,适应经营的需求;还可以通过物流信息系统,加强供应与销售环节在物流组织过程中的协调和配合,并加强对物流的控制。

二、跨境电商物流和境内电商物流的不同之处

跨境电商物流和境内电商物流相比,其差异性主要体现在以下几方面。

(一)物流环境差异

跨境电商物流面向全球各国、各地区,境内电商物流则只在境内活动。从环境上看,跨境电商物流的环境更加复杂,具有国际性特点。从业务单据上看,跨境电商物流需要准备报关单、原产地单据、产品检验检疫等相关文件,而境内电商物流只需要一张快递面单。从运输货物的类型上看,跨境电商物流运输对于货物种类的限制较多。比如,液体、粉末等商品在境内电商物流运输中比较常见,但这类商品如果想要运输到境外,就需要提供一系列的认证、审核文件,有些国家(地区)还会直接禁止

这些产品入境。

（二）业务操作差异

跨境电商物流需要使用英语或其他语言制作单据、佐证资料等，因此在业务操作上的复杂程度远高于境内电商物流。境内电商物流的分拣相较跨境电商物流简单一些，也不用考虑因产品价值产生的关税问题。因为跨境电商物流需要服务于不同的国家（地区），因此需要根据不同国家（地区）的政策要求采取相应的措施。比如，出口到美国的商品需要在包装上外贴"MADE IN CHINA"的标签。

（三）主要运输方式差异

境内电商物流主要使用卡车来完成境内货物的运输，但跨境电商物流则需要使用海洋运输（sea transport，ocean transport）、航空运输（air transport）、铁路运输（railway transport）、公路运输等两种及以上的运输方式。比如，一单货物从中国运送到美国，可先通过海运或空运将货物送达美国境内，随后使用卡车将货物派送至目的地。也正因为跨境电商物流运输方式的复杂性、多变性，跨境电商物流的丢包率更高，经济损失更大。

（四）信息查询沟通差异

境内消费者通过网络购买商品，通常使用电商自建物流或者与电商合作的第三方物流。因此消费者购买商品后，可以在电商平台物流查询后台或者物流公司的官方平台查询物流状态，也可以打电话直接沟通物流情况。但这些方式应用到跨境电商物流则会存在许多障碍。跨境电商物流的信息通常需要等到货物发出两天后才能查询，且平台后台无法体现精确的物流信息，只能显示货物到达了某个港口。不同平台对物流服务商的要求不同，因此，跨境电商物流产品并不是在各个平台均适用。比如，亚马逊（Amazon）平台对物流服务商的认证就有要求，并不是所有物流服务商都可以对接亚马逊的后台。

（五）区域分布差异

境内电商物流发展至今，已经形成较为全面的物流网络，除偏远地区物流需要花费较长时间外，经济发达地区的物流便利化程度已较高，如江苏、浙江、上海等省（市）。而跨境电商物流涉及不同国家（地区），物流网络布局建设面对不同的政治环境和法律法规的约束，难度较大，发达国家（地区）和不发达国家（地区）间的物流水平差异亦较大。

第三节 跨境电商物流现状与发展趋势

跨境电商物流是随着跨境电商的蓬勃发展而对传统国际（地区间）物流的一种整合升级与改造，发展迅猛，主要发展方向是业务网络化、运价产品化、服务标准化、仓储自动化、过程数字化、流程可视化及交付可追踪化。

一、我国跨境电商物流的发展历程

2003—2008年，一些海外华人和有留学背景的华人从事跨境电商，主要通过邮政寄递，一些大卖家也兼做物流，但传统国际（地区间）物流商转型跨境物流电商的比较少。

2009—2013年，一部分敏锐的国际货运代理开始融入跨境物流业，空运、铁运、专线、海外仓快速兴起，为跨境电商提供了更多可能。

2014年至今，物流时效进一步提升，平台、卖家、海外华人纷纷加入，亚马逊物流（Fulfillment by Amazon，FBA）服务、保税仓、虚拟海外仓、退货维修等业务发展迅速。

二、跨境电商物流的发展现状

我国跨境电商市场规模十分庞大，近年来保持高速增长，跨境电商物流需求爆发式增长，对现有物流企业的全球配送能力提出了巨大的挑战。

针对碎片化订单，物流产品日趋多样化，时效提升较快，直邮和海外仓服务不断改善，但价格和客户体验仍然有改进空间。越来越多的传统物流商转型从事跨境电商物流，在提升物流服务专业度的同时，还需要针对跨境电商特点量身定制跨境电商物流产品。在各国（地区）海关监管趋严的当下，如何通过自身服务让跨境电商更合规、让交付更便利是目前跨境电商物流企业面临的重要课题。

三、跨境电商物流的风险

跨境电商物流运输距离远，花费时间长，并且增加了通关、商检、退税结汇、海外仓储等环节，而且涉及不同国家的不同国情和物流设施水平，极大地提高了跨境电商物流产生风险的可能性，也对跨境电商物流的服务质量和效率提出了更高的要求。

（一）物流时效风险

物流时效风险源于跨境电商贸易中的不确定因素较境内贸易明显增多，跨境物流的周期长、效率低，在订单处理、运输、配送及清关过程中均可能出现延迟现象。一方面，跨境交易中各国国情、物流基础设施有所差异，跨境物流工作无法高效展开；另一方面，电商活动跨境开展导致物流环节增多、供应链长度增加，再加上货物需要在海关部门完成报关、商检及通关等活动，跨境物流活动的周期较长。客户满意度的相关调查显示，跨境电商贸易中最令客户不满的正是物流方面的因素，其中关于物流时效的投诉尤为突出。在跨境物流活动中，最影响其时效的环节包括订单分拣、运输、清关及配送等，以上环节的运作效率直接决定了跨境物流的时效。

（二）物流信息风险

物流信息为物流网络运行提供重要技术支持，将跨境电商活动中涉及的物流企业与制造企业及其他相关职能部门紧密联系在一起，使各企业、各部门间的信息共享以一种低成本、高速运作的方式实现。因此，物流信息在跨境电子商务活动中尤为重要，控制其中的风险因素十分必要。跨境物流信息风险体现在实时追踪能力及信息安全两方面。一方面，物流信息在传递过程中可能出现信息错误或难以实现实时追踪的情况，以致跨境商品出现货物破损或货物丢失，无法按时、安全地到达境外消费者手中时，消费者也无从得知；另一方面，跨境电商物流依托网络技术发展，而网络自身存在一定的安全隐患，甚至会遭受恶意攻击，可能出现信息和数据的泄露、交换延迟等现象。

（三）物流损耗风险

物流损耗在国内外业界都是普遍存在且难以解决的问题，而跨境电商贸易中的物流损耗更为严重。其原因主要分为客观原因和主观原因两方面：客观原因在于不可抗力因素，如自然灾害、恶劣天气、政治冲突及设施设备故障等；主观原因则在于跨境电商的特点及人为因素，跨境电商背景下的物流活动时空跨度大、中间环节多、产业链长，且从事物流活动的人员素质、物流企业的管理水平参差不齐，使货损货差情况难以控制和监管。不同于其他风险的是，该风险除会导致货损货差外，还会影响企业的服务质量和企业形象，影响客户满意度。

物流损耗风险主要体现在货物破损、货物丢失及客户的退换货行为等方面。货物破损主要存在于包装、装卸、库存及运输环节中，不恰当的物流行为将导致货物包装破损以及包装破损后的货损货差，使商品无法进行正常销售及二次销售，例如，需要在特定条件下存储、运输的特殊产品（如生鲜产品、乳制品等）。货物丢失是较货物破损更为严重的风险,对于跨境电商物流活动而言,"最后一公里"是最难以把控的一环,货物丢失情况时有发生。另一大物流损耗来自客户的退换货行为,退换货行为增加了逆向物流,其发生时间、发生地点、发生概率及涉及的产品种类和数量难以预料,导致成本高、不确定性因素多、责任难以划分且管理难度大,进而为跨境电商贸易的开展带来了更多风险。

(四)物流成本风险

跨境物流涉及多种运输方式及物流节点,对货物的包装技术、存储条件、退换货流程等方面提出了更高的要求,增加了物流过程中包装、库存及运输等方面的物流成本,跨境物流成本风险即来源于此。

包装是企业生产的终点及物流的起点,其质量影响着整个供应链的运作,大多数货物必须经过包装才能进入流通。跨境电商贸易对货物包装的要求有三点:一是包装质量过硬,在控制成本的条件下保证包装质量经得住长途跋涉;二是包装规范化,跨境物流中若无法实现包装和物流设施间的有效衔接,将进一步降低物流运作效率并增加物流总成本;三是包装材料绿色化,需要符合不同国家(地区)的相关标准及法规。为了满足以上要求,保证货物在流通环节中不被损坏并能顺利出入各国(地区)海关,需要增加包装环节人力、物力及技术方面的投入。库存成本主要包括库存持有成本、订购成本、缺货成本及在途库存成本四个方面。跨境电商贸易的特点使存储环节增多、出入库操作增多、存储及在途时间增加,最终导致库存成本的多方面提升。运输成本在总物流成本中的占比较大,对总体物流服务质量有重要的影响。跨境物流增加了运输距离及中间环节,使装卸、搬运次数增多,多种运输方式或不同标准运输工具间的换装成本增多,最终导致跨境物流运输成本及整体成本大幅增加。

(五)环境风险

跨境电商物流的环境风险是指外部环境的不确定性给跨境电商物流带来的风险,包括不可抗力、经济环境、政策环境及行业环境四个方面。不可抗力风险主要源于自然灾害和战争,指火灾、洪涝、地震等自然灾害以及战争的发生,会给人员、货物、财产等方面造成重大损失。经济环境风险主要源于国际市场复杂多变,跨境贸易活动中的市场波动及汇率、利率变动较国内贸易更为明显,应更关注宏观经济市场的变动情况。政策环境风险主要体现为国家针对跨境电商物流领域制定、推行的政策,以及国家为其发展所建设的物流基础设施水平。行业环境也影响着跨境电商物流的发展,包括行业市场的需求波动情况、增长速度、竞争程度及发展前景等因素[①]。

---

① 孙秀英.跨境电商背景下物流网络风险管理研究[D].大连:大连理工大学,2018.

四、跨境电商物流的前景

当前,消费者的个性化与多样化需求日益成为主流,对跨境物流的需求已不再局限于商品的运输与送达,对时间、安全、价格、服务等的需求更为明显,进而衍生出对各类物流增值服务的需求。因此,在跨境电子商务与物流的整体系统中,跨境电商物流具有以下发展前景。

(一)跨境电商物流面临行业"洗牌"

跨境电子商务的迅速发展反映出越来越多的消费者接受和喜爱这种消费方式,然而井喷式的发展不仅带来了火爆和加速扩大的跨境电子商务市场、诸多政策利好的倾斜,也造成了该市场的阶段性饱和。在现有需求相对饱和的市场状态下,跨境电子商务企业之间的竞争加剧。

随着消费者需求的进一步释放以及市场的日趋成熟,消费者在跨境电子商务活动中的选择权将逐步增加,对跨境电子商务消费体验的要求会越来越高。作为跨境电子商务客户体验的重要环节,跨境电商物流必然会从群雄混战转为优胜劣汰,整个行业面临"洗牌"。

(二)第三方综合服务物流体系发展壮大

随着电子商务的发展,一方面,亚马逊、全球速卖通(AliExpress)、敦煌网等跨境电子商务大平台不断壮大;另一方面,专注细分市场的中小型跨境电子商务不断成熟。为了服务于不同的跨境电子商务企业,与之相应的跨境电商物流也逐步分化,出现了自建物流和第三方综合服务物流。

市场的细分使得越来越多的中小型跨境电子商务平台涌现出来。中小型跨境电子商务平台将主要精力放在产品销售和客户维护方面,几乎不可能有充裕的资金去搭建自己的物流体系。对这类企业而言,第三方综合服务物流商不仅能为其提供仓储、运输、报关等跨境电子商务的传统物流服务,还能定制信息整合、采购、融资等增值服务,因此,中小型跨境电子商务平台成为第三方综合服务物流的服务主体。

(三)自建物流与第三方物流体系持续共存

跨境电子商务大平台的自建物流在一定程度上会对第三方物流产生影响,但正如传统电子商务物流行业的发展一样,第三方物流会避开大平台自建物流的锋芒,发挥自身的优势特点,从而使得行业分工进一步细化。在未来很长一段时期内,自建物流与第三方物流会持续共存。

（四）跨境电商物流人才专业化要求越来越高

跨境电子商务模式的多样化促进了跨境电商物流服务市场的细分，行业的人才需求也从传统粗放型向专业化程度高的集约型转变。无论是服务于跨境电子商务大平台的自建物流还是服务于中小型跨境电子商务平台的第三方综合物流，对复合型跨境电商物流人才的需求量都将不断增大，对专业化程度的要求也会越来越高。这是跨境电子商务行业发展的必然趋势[①]。

本章重点

1. 物流的起源、概念和常用名词。
2. 电商物流的概念和特点。
3. 跨境电商物流的概念与范畴。
4. 跨境电商物流的主要特征。
5. 跨境电子商务与境内电商物流的不同之处。
6. 跨境电商物流的发展历程、发展现状及前景。
7. 跨境电商物流的风险。

课后习题

1. 解释下列名词概念。

物流、快运、快递、整车物流、第三方物流、第四方物流、跨境电商、跨境电商物流

2. 什么是电商物流？它具有哪些特点？
3. 简述跨境电商物流的涵盖范畴。
4. 跨境电商物流具有哪些主要特征？与境内电商物流相比，不同之处主要体现在哪些方面？
5. 跨境电商物流经历了哪几个阶段的发展历程？
6. 跨境电商物流可能产生哪些风险？
7. 跨境电商物流的发展前景如何？

---

① 常广庶. 跨境电子商务理论与实务 [M]. 北京：机械工业出版社，2017.

参 考 文 献

[1] 常广庶. 跨境电子商务理论与实务 [M]. 北京：机械工业出版社，2017.

[2] 初良勇. 现代物流学 [M]. 上海：上海交通大学出版社，2011.

[3] 胡晨茹. 基于我国第三方物流企业融资问题的探析 [J]. 全国流通经济，2018（11）：19-20.

[4] 孙宁. 安徽公路运输业发展现代物流对策研究 [D]. 合肥：合肥工业大学，2011.

[5] 孙秀英. 跨境电商背景下物流网络风险管理研究 [D]. 大连：大连理工大学，2018.

[6] 王丁. 互联网背景下电商物流变革趋势分析 [J]. 中国市场，2016（23）：134-135.

[7] 肖建辉. 跨境电商物流渠道选择与发展 [J]. 中国流通经济，2018，32（9）：30-40.

[8] 詹斌，谷孜琪，李阳. "互联网+"背景下电商物流"最后一公里"配送模式优化研究 [J]. 物流技术，2016，35（1）：1-4，11.

[9] 张志武. 跨境电子商务物流发展问题的研究 [D]. 北京：对外经济贸易大学，2015.

第二章
跨境电商物流模式

本章概要

本章的主题是跨境电商物流的模式，共分为四节。第一节是跨境电商物流的分类，主要介绍了邮政包裹、国际快递、国内快递、专线物流、海外仓五种我国跨境电商物流的主要模式，以及边境仓、自由贸易试验区、保税区、保税港区、集货物流五种其他模式及模式创新；第二节主要介绍了跨境电商物流的运作流程，主要包括输出地物流运作流程、国际段物流运作流程、输入地物流运作流程；第三节主要介绍了跨境电商物流企业类型，并对几个典型跨境电商物流企业的基本概况和运作模式进行了较为详细的介绍；第四节主要介绍了跨境电商物流集货、仓储、分拣、通关、国际运输、商检、配送等核心节点。

学习目标

理解邮政包裹、国际快递、国内快递、专线物流、海外仓五种我国跨境电商物流的主要模式及各自的优劣势；了解边境仓、自由贸易试验区、保税区、保税港区、集货物流五种其他模式及模式创新。

了解熟悉跨境电商物流的运作流程及各个环节。

认识跨境电商物流企业的主要类型，了解典型跨境电商物流企业的基本概况和运作模式。

掌握跨境电商物流的核心环节与基本操作。

第一节 跨境电商物流分类

跨境电商卖家开始做业务时,第一个要考虑的问题就是怎么选择快递物流把货物发送出去。从跨境电商行业的发展轨迹来看,卖家转型服务、服务商提供增值服务的趋势愈加明显。在跨境电商物流领域,安全、时效、成本一直是卖家关注的要点。

一、我国跨境电商物流的主要模式

在跨境电商迅猛发展的同时,物流成本过高、配送速度慢、服务水平低等已成为电子商务发展进程中亟待解决的问题。面对各式各样的物流方案、物流服务商,选择适合自己的跨境物流模式至关重要。

目前我国跨境电商物流主要有以下五种模式。

(一)邮政包裹模式

邮政网络基本覆盖全球,比其他任何物流渠道都要广。这主要得益于万国邮政联盟(Universal Postal Union,UPU,以下简称"万国邮联")和卡哈拉邮政组织(KPG)。万国邮联是联合国下设的一个关于国际邮政事务的专门机构,通过一些公约法规来改善国际邮政业务情况,发展邮政方面的国际合作。但万国邮联由于会员方众多,而且会员方之间的邮政系统发展很不平衡,因此很难促成会员方之间的深度邮政合作。2002年,中国内地、美国、日本、澳大利亚、韩国以及中国香港的邮政部门在美国召开了邮政CEO峰会,并成立了卡哈拉邮政组织,后来西班牙和英国也加入了该组织。卡哈拉邮政组织要求所有成员方的投递准点率达到98%的质量标准。如果货物没能在指定日期投递给收件人,那么负责投递的运营商要按货物价格的100%赔付客户。这些严格的要求促使成员方之间深化合作,努力提高服务水平。例如,从中国发往美国的邮政包裹,一般15天以内可以到达。据不完全统计,中国出口跨境电商70%的包裹都通过邮政系统投递,其中中国邮政占据50%左右[1]。

优势:邮政网络覆盖全球,而且价格比较便宜。

劣势:一般以私人包裹方式出境,不便于海关统计,也无法享受正常的出口退税;

---

[1] 李鹏博. 揭秘跨境电商[M]. 北京:电子工业出版社,2015.

同时，速度较慢，丢包率高。

（二）国际快递模式

国际快递主要指三大商业快递巨头，即敦豪航空货运有限公司（DHL）、美国联合包裹运送服务公司（UPS）、联邦快递集团（FedEx）。这些国际快递商通过自建的全球网络，利用强大的IT系统和遍布世界各地的本地化服务，为世界各地的用户带来极好的物流体验。

优势：速度快、服务好、丢包率低，发往欧美发达国家尤其方便。

劣势：价格昂贵，且价格资费变化较大。一般跨境电商卖家只有在客户时效性要求强烈的情况下才会使用这种模式，且会向客户收取运费。

（三）国内快递模式

目前，我国跨境物流仍停留在传统物流层面，物流高端服务与增值服务缺失。国内快递主要指EMS、顺丰和"四通一达"。在跨境物流方面，"四通一达"中的申通快递（以下简称"申通"）、圆通速递（以下简称"圆通"）布局较早，但也是近期才发力拓展，而中通快递（以下简称"中通"）、百世快递（以下简称"百世"）、韵达速递（以下简称"韵达"）则刚刚开始启动跨境物流业务。顺丰的国际化业务相对成熟，目前已经开通到美国、澳大利亚、韩国、日本、新加坡、马来西亚、泰国、越南等国家的快递服务，发往亚洲国家的快件一般2~3天可以送达。在国内快递中，EMS的国际化业务是最完善的。依托邮政渠道，EMS可以直达全球60多个国家，费用相对三大商业快递巨头要低，在中国境内的出关能力很强，将包裹送达亚洲国家需要2~3天，送达欧美等国家则需要5~7天。

优势：速度较快；费用低于三大商业快递巨头；在中国境内的出关能力强。

劣势：由于并非专注跨境业务，相对缺乏经验，对市场的把控能力有待提高，覆盖的海外市场也比较有限[1]。

（四）专线物流模式

专线物流一般通过航空包舱方式将包裹运输到国外，再通过合作公司进行目的国的派送。专线物流的优势在于其能够集中大批量到某一特定国家（地区）的货物，通过规模效应降低成本，因此，其价格一般比商业快递低。在时效上，专线物流稍慢于商业快递，但比邮政包裹快很多。市面上最普遍的专线物流产品是美国专线、欧洲专线、澳洲专线、俄罗斯专线等，也有不少物流公司推出了中东专线、南美专线、南非专线等。

---

[1] 国家邮政局职业技能鉴定指导中心. 快递客户关系管理[M]. 北京：人民交通出版社，2016.

优势：价格比商业快递低，速度快于邮政小包，丢包率也比较低。

劣势：相比邮政小包，运费成本高了不少，而且在国内的揽收范围相对有限，覆盖地区有待扩大。

（五）海外仓模式

海外仓服务是指为卖家在销售目的地进行货物仓储、分拣、包装和派送的一站式控制与管理服务。确切来说，海外仓储应该包括头程运输、仓储管理和本地配送三个部分。

头程运输：卖家通过海运、空运、陆运或者联运将商品运送至海外仓库。

仓储管理：卖家通过物流信息系统，远程操作海外仓储货物，实时管理库存。

本地配送：海外仓储中心根据订单信息，通过当地邮政或快递公司将商品配送给客户。

优势：用传统外贸方式走货到仓，可以降低物流成本；相当于销售发生在本土，可提供灵活可靠的退换货方案，增强了海外客户的购买信心；发货周期缩短，发货速度加快，可降低跨境物流缺陷交易率。此外，海外仓可以帮助卖家拓展销售品类，突破"大而重"的发展"瓶颈"。

劣势：不是任何商品都适合使用海外仓，最好是库存周转快的热销单品，否则容易压货。同时，对卖家在供应链管理、库存管控、动销管理等方面提出了更高的要求。

二、跨境电商物流的其他模式及模式创新

（一）跨境电商物流的其他模式

1. 边境仓

边境仓是指在跨境电子商务目的国的邻国边境内租赁或建设的仓库。卖家通过物流将商品预先运达仓库，通过互联网接受客户订单后，从该仓库进行发货。根据所处地域不同，边境仓可分为绝对边境仓和相对边境仓。海外仓的运营需要成本，商品存在积压风险，送达后的商品很难再退回国内，这些因素推动了边境仓的发展。一些国家的税收政策十分严格，再加上政局不稳、货币贬值、通货膨胀严重等因素，也刺激了边境仓的出现。例如，巴西的税收政策十分严格，海外仓成本很高，那么可以在与其接壤的国家的边境设立边境仓，利用南美自由贸易协定推动对巴西的跨境电子商务发展。

绝对边境仓是指当跨境电子商务的交易双方所在国家相邻时，设在卖家所在国家的、与买家所在国家相邻近的城市的仓库。例如，我国对俄罗斯的跨境电子商务交易中，在哈尔滨或中俄边境的中方城市设立的仓库。

相对边境仓是指当跨境电子商务的交易双方不相邻时，设在买家所在国邻国的边境城市的仓库。例如，我国对巴西的跨境电子商务交易中，在与巴西相邻的阿根廷、巴拉圭、秘鲁等国家的边境城市设立的仓库。相对边境仓对买家所在国而言属于边境仓，对卖家所在国而言属于海外仓[①]。

海外仓模式下，卖家可以在买家本地仓库发货，大大缩短了配送时间，提高了配送效率，能有效降低物流成本，解决退换货和通关商检等问题，但是海外仓的运营成本较高，主要适用于货价较高、物流成本承担能力较强且市场销量较大的企业及电商平台，而且海外仓在实际运用中有一定的要求和局限性，如需要考虑当地的物流发展水平与物流基础设施完善程度、当地税收政策及政局稳定性等，因此，针对一些物流设施配套不成熟或政局不稳定的国家，设立边境仓是个较好的选择。

边境仓的运营成本稍低于海外仓，但在时效方面比海外仓慢1~2天。因此，边境仓与海外仓的结合可大大便利跨境电商贸易。随着海外仓的日趋成熟，边境仓在未来也会进一步发展，可以为海外仓补货。

2. 自由贸易试验区

自由贸易试验区属于自由贸易园区（free trade zone，FTZ），是指在某一国家或地区境内设立的实行优惠税收和特殊监管政策的小块特定区域。它的设立相对简单，由单个主权国家或地区根据世界海关组织（WCO）相关规定自主设立，不需要与他人谈判，可以说是"对内"的。其做法是主权国家或地区在其关境范围内自主划定一片区域，在该区域内实行税收优惠甚至关税减免、放宽外商投资准入和海关特殊监管等政策，属于单方面的开放行为，实质上是采取自由港政策的关税隔离区。狭义来讲仅指提供区内加工出口所需原料等货物的进口豁免关税的地区，类似出口加工区；广义来讲还包括自由港和转口贸易区。

2013年9月至2020年9月，中国分多批次批准了21个自由贸易试验区。

3. 保税区

保税区是指在港口作业区和与之相连的特定区域内，具有国际中转、国际采购、国际配送、国际转口贸易、商品展示、出口加工、口岸等功能的特殊经济区，是经国务院批准设立的、海关实施特殊监管的经济区域，是我国目前开放度和自由度最大的经济区域。

保税区模式是目前最常用的跨境进口电商物流配送模式。保税区的商品暂时不需要

[①] 许慧. 我国跨境电子商务物流现状及运作模式研究[J]. 全国流通经济，2020，2243（11）：35-36.

向海关缴纳进口关税、增值税、消费税等税收，只有当客户下订单之后，卖家将信息对接清关信息系统，发货出保税区进行配送时才需要缴纳进口税。这可降低企业成本。

保税区最显著的特征是通过仓储前置，用位移换时间，然后通过更经济的方式降低干线运输成本。这是一种提前备货、高效通关，最后选择更经济的物流企业完成"最后一公里"配送的物流运作模式。

通过自贸试验区或保税区仓储，企业可以有效利用自贸试验区或保税区的各类政策、综合优势与优惠措施，尤其是在物流、通关、商检、收付汇、退税方面的便利，简化跨境电子商务的业务操作，实现促进跨境电子商务交易的目的。

这种新型的"保税备货模式"，只需要消费者承担商品价格和国内物流费用，其他风险都由卖家承担，消费者购物风险极大降低，有利于企业大订单集货，降低商品价格，提高客户满意度，避免了传统模式下的很多不利因素。

我国现已批准上海外高桥保税区、天津港保税区、大连保税区、深圳沙头角保税区、深圳福田保税区、深圳盐田港保税区、广州保税区、张家港保税区、海口保税区、青岛保税区、宁波保税区、福州保税区、厦门象屿保税区、汕头保税区和珠海保税区15个保税区，它们在我国跨境电商物流集货方面发挥着重要作用。

4. 保税港区

随着经济全球化进程的加快和保税区不足的日益凸显，保税港区应运而生，成为中国进一步深化改革、扩大开放、带动区域发展的试验基地。保税港区是世界自由港在中国的一种特殊表现形式，是"中国化"的自由贸易港。与传统保税区相比，保税港区不仅是真正的"境内关外"，还享受税收、监管等各项更为优惠的政策。例如，2017年7月26日在深圳前海保税港区建立的"全球中心仓"，通过"一区多功能、一仓多形态"的监管创新，使原来需要存储于多个地区、多个仓库的多种物流及贸易形态的货物可以在自贸区内的一个中心仓内一站式完成，有利于跨境电商企业更加灵活地运用国际国内两个市场、两种资源。

我国现已批复的保税港区有上海洋山保税港区，天津东疆保税港区，辽宁大连大窑湾保税港区，海南杨浦保税港区，浙江宁波梅山保税港区，广西钦州保税港区，福建厦门海沧保税港区，山东青岛前湾保税港区，广东深圳前海湾保税港区，广东广州南沙保税港区，福建福州保税港区，唯一位于中国内陆地区、第一个采取"水港+空港"方式的重庆两路寸滩保税港区，第一个位于县域口岸的江苏张家港保税港区，第一个以出口加工区和临近港口整合转型升级形成的山东烟台保税港区14个保税港区。

5. 集货物流

集货物流先将商品运输到本地或当地的仓储中心，在达到一定数量或形成一定规模后，与国际物流公司合作，将商品运到境外买家手中，或者将各地发来的商品先进行聚集，然后再批量配送，或者将一些商品类似的跨境电子商务企业联合起来建立战略联盟，成立共同跨境物流运营中心，利用规模优势或优势互补理念，降低跨境物流费用。

（二）跨境电商物流模式创新

由于跨境电商物流涉及不同关境的国内段物流与国外段物流，加上不同的物流模式都有优缺点，因此，跨境电子商务很难以单一物流模式实现跨境物流。伴随跨境电子商务的发展，多种物流模式共用的跨境物流模式创新解决方案应用面更加广泛。

跨境电商物流模式创新是指在现有的物流渠道的基础上，从解决客户需求出发，从为客户提供更优质的物流服务入手，利用现有物流条件，寻求降低物流成本、兼顾实效性与安全性的最佳物流方案。

跨境电商物流模式创新多采用以上几种物流模式中的两种或两种以上模式，如"国际物流专线+海外仓""集货物流+保税区物流"等，针对不同国家、不同商品等，采用适合的多种物流模式配合实现跨境物流，能够有效凸显各种物流模式的聚合效应。

第二节　跨境电商物流运作流程

跨境电商物流实现了商品从卖家流向买家，借助各种运输方式，实现了商品的跨境空间位移，也包括最后一个环节，即配送。跨境电商物流是跨境电子商务生态系统的一个重要环节，也是跨境电子商务交易实现的重要保障。不同的跨境电商模式又产生了不同的跨境电商物流运作流程。从整体上看，跨境电商物流的运作流程表现为，卖家接到订单后，安排相应的物流企业，进行输出地海关与商检、国际货运、输入地海关与商检等活动，随后进入输入地物流，直到商品配送到买家手中。

无论是跨境出口电商业务，还是跨境进口电商业务，按照商品流动方向看，都会涉及输出、国际运输与输入环节。因此，跨境电商物流运作流程又细分为输出地物流运作流程、国际段物流运作流程和输入地物流运作流程，各物流环节都具有各自的运作流程与核心节点。

一、输出地物流运作流程

根据跨境商品流动方向,首先涉及输出地物流环节,主要从供应商到跨境电商企业再到海关,如图 2-1 所示。其中,关键节点表现为供应商的仓储环节、商品从供应商到跨境电商企业的物流运输环节、跨境电商企业所属的仓储与分拣环节、商品从跨境电商企业到海关的物流运输环节、商品在海关的报关与报检环节,以及商品在海关分拣中心的分拣环节等。跨境电商物流与国内电商物流最大的区别在于跨境,成交商品需要通过海关进出境,商品进出境的方式决定了跨境物流的运作方式和复杂程度。

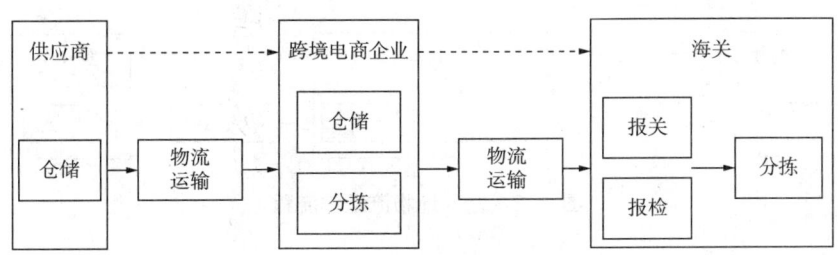

图 2-1 输出地物流运作流程

二、国际段物流运作流程

商品完成输出地物流运作流程后,会通过海路、陆路或机场口岸出境,然后进入国际段物流运作流程。根据跨境商品交易涉及国家的不同,国际段物流运作会涉及不同的运输方式,主要有航海运输、航空运输、公路运输、铁路运输,或者国际多式联运(multimodal transport,combined transport)等。当商品通过国际运输抵达输入地海关时,跨境电商企业还需要进行商品的报关与报检工作,以便商品能够通过输入地海关,如图 2-2 所示。

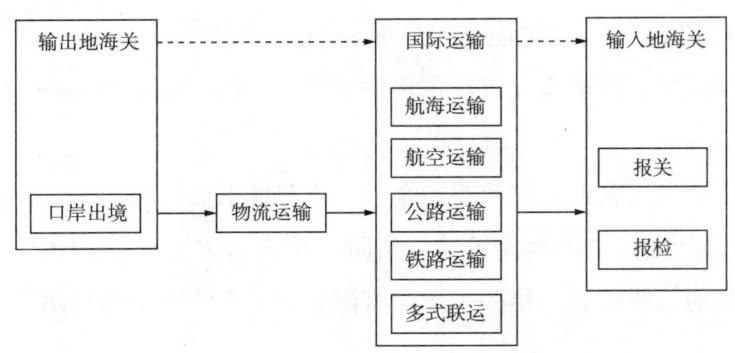

图 2-2 国际段物流运作流程

三、输入地物流运作流程

商品通过输入地海关后,会在海关分拣中心先进行商品分拣,再运输到输入地物流承运企业的仓储中心,然后根据购买商品的消费者具体所在地进行分拣、物流运输等。与国内电商物流运作流程相似,跨境电商物流也有配送环节,将商品运送到消费者手中,从而完成跨境电商物流所有运作流程。这些物流运作均在消费者所在国境内实现并完成,相对于跨境电商企业所在国而言,该部分也称为输入地物流,如图2-3所示。

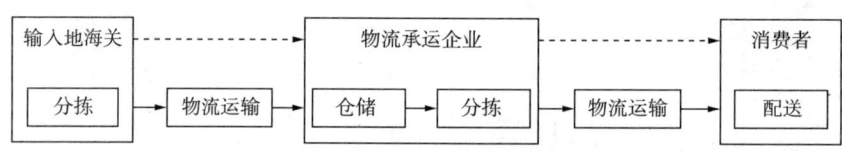

图2-3 输入地物流运作流程

第三节 跨境电商物流企业类型

一、跨境电商物流企业主要类型

在跨境电商物流的成长初期,涉猎跨境电商物流业务的物流企业不仅扩大了业务范围,提升了潜在市场占有率,而且刺激了跨境电商物流市场的发展。尽管跨境电商物流发展相对较晚,但其企业类型并不是杂乱无章的,而是根据电商交易的发展进行区分的。现将其归纳如下。

其一,传统零售企业发展跨境电商业务,自有业务量足以支撑跨境物流的运作,纷纷成立跨境物流网络,代表企业有沃尔玛、家得宝(The Home Depot)、法国最大的电子商务平台Cdiscount等。

其二,传统交通运输业、邮政业的企业顺应跨境电商市场的需求,纷纷增加跨境物流业务,代表企业有中国远洋运输(集团)总公司(简称"COSCO远洋"或"中远")、中国国际海运集装箱(集团)股份有限公司(简称"中集集团")、马士基集团(MAERSK)等。

其三，大型制造企业或传统行业的大型企业凭借原有的物流资源，一般是隶属集团的物流公司或物流职能部门，伴随着自身跨境电商市场的扩张，开始涉足跨境物流业务，代表企业有海尔物流、安得物流等。

其四，传统电商企业在国内市场自建了物流体系，尝到自建物流带来的"甜头"，随着跨境电商业务的扩张，自建跨境物流网络，代表企业有京东物流、阿里巴巴菜鸟网络、兰亭集势兰亭智通、亚马逊物流等。

其五，传统快递企业不愿错失跨境物流市场，纷纷介入跨境物流业务，代表企业有UPS、FedEx、顺丰速运、申通快递、驿马快递（Pony Express）等。

其六，新兴的跨境物流企业，成立之初就专注于跨境物流市场，代表企业有俄速通（Ruston）、俄罗斯物流公司SPSR、巴西物流公司Intelipost、巴西物流公司Loggi、递四方速递、出口易等[①]。

二、我国典型跨境电商物流企业

（一）出口易

1. 基本概况

出口易隶属广州市贝法易信息科技有限公司旗下，以全球仓储为核心，整合全球物流网络资源，为跨境电商卖家提供海外仓储、FBA头程、国际专线、国际小包、国际快递等跨境物流服务以及本地化售前售后服务，解决订单管理、金融融资等难题。

自2003年成立起，从通过eBay平台开展跨国B2C业务，到建立英国仓、美国仓和澳大利亚仓等海外仓扩大跨国B2C业务，再到海外仓的升级，出口易逐渐成为亚马逊、Wish、全球速卖通、京东、虾皮（Shopee）等平台认可并着重推荐的海外仓储和配送服务公司。截至2016年年底，出口易已在英国、美国、德国、澳大利亚、加拿大五大主流外贸市场设置海外自营仓储物流中心；在香港、广州、深圳、上海等国内城市设有处理中心。从自主开通中英、中美、中德、中澳等多条国际专线服务以来，其业务逐步覆盖全球。

2. 主要跨境电商物流运作模式

（1）自建海外仓储模式

目前，出口易的海外仓储中心和物流线路网络已覆盖欧美等主要国际市场，其营业收入也呈递增趋势。出口易海外仓储中心的主要服务对象是各跨境电商平台上的销

---
① 胡平珍. 跨境电商视角下的物流运作模式研究[D]. 南昌：江西财经大学，2017.

售企业，方便企业提前将货物存放在目标市场的仓库中。通常条件下，出口易能够利用自身信息系统和数据库来帮助相关合作企业进行需求数据分析，根据不同类别商品的历史销售情况，结合目标市场的经济情况，预估下一周期各类商品的需求数量，提前一个月左右由出口易通过海、陆、航等运输方式将这些商品运送到其遍布全球的海外仓库中。客户通过跨境电商平台下单之后，出口易在目标市场提前存放的货物就可以直接进行发货配送，并通过本土化物流在相对较短的时间内把货物送至终端消费者手上。

（2）国际专线物流模式

目前，出口易已经拥有美国向超级专线、英国向超级专线、法国向超级专线、美国向特惠专线、加拿大向特惠专线、英国向特惠专线、德国向特惠专线、法国向特惠专线、波兰向特惠专线、澳大利亚向特惠专线等10条线路。专线物流的具体操作方式：海外买家购买商品之后，卖家在出口易系统建立发货订单，打包、贴标、发货，海外买家收货。出口易首创国际专线物流模式，头程使用航空运输，可控性强，极大地缩短了整体派送时间，且支持退换货服务，拥有配套的供应链金融、保险、结汇等服务。

（3）邮政包裹和国际商业快递模式

出口易没有自有的物流运输设备，除商品存储是由出口易自建的海外仓库来完成之外，拖车、拼箱等环节外包给货运代理公司（以下简称"货代公司"），出口报关外包给代理公司，海外配送交给当地的物流公司以及便利店等配送终端，通过一系列的资源整合完成相应的跨境物流服务。

（4）定制物流方案以及亚马逊物流解决方案

定制物流方案是指出口易根据不同客户的需求制定全程物流方案，帮助客户选择成本与效率最优的方案组合，同时提供出口退税、运输保险、共享库存、退换货管理、网络营销等方面的相关增值服务。

亚马逊物流解决方案是指出口易以亚马逊商家的物流诉求为出发点，整合其自身的全球仓储网络系统以及物流优势，为商家提供专业化的FBA头程和商家自发物流服务，以及多样化的增值服务，以解决商家遇到的订单管理和融资困难等难题。

（二）递四方速递

1. 基本概况

递四方速递（4PX Express）是一家致力于为跨境电商提供全球物流和全球仓储领

先服务的专业物流方案提供商。公司旗下拥有 3 大类、50 余种物流产品和服务，全面覆盖物流、仓储服务，并能提供反向物流解决方案，能够满足不同类型和不同规模的跨境电商的需求。递四方速递的核心产品包括全球仓储及订单履约服务（FB4）、全球小包专线服务（联邮通）、全球速递专线服务、全球退货服务（GRS）以及面向海淘消费者的全球集货转运服务等。2016 年，递四方速递获得阿里巴巴集团旗下菜鸟网络投资，成为阿里巴巴集团实现"买全球、卖全球"战略的核心物流伙伴。

2. 主要跨境电商物流运作模式

（1）海外仓储模式

4PX 目前已经在美国、英国、德国、日本、澳大利亚、西班牙等国家拥有 10 多个海外仓库，尽管数量相对较少，但是在物流运作模式上采用先进的仓库管理系统，为商家量身定制集采购、仓储、订单、库存和物流配送管理于一体的仓储外包服务。跨境电商企业只需把商品寄存在 4PX 分布在全球的仓库，由 4PX 完成入库质检、货物上架、库存管理、订单接收、订单分拣、订单复核和多渠道发货等全部环节的物流操作，为跨境电商企业提供一站式的物流仓储服务。同时，4PX 利用其海外仓库及全球物流网络系统，建立了自有的全球退货服务功能，帮助商家实现对退货的准确、高效管理，较大幅度地降低了营运成本，进而提高国际销售的综合竞争力。

（2）国际商业快递和国际邮政小包模式

4PX 通过资源整合的方式，与 DHL、FedEx、UPS 等国际快递公司以及新加坡邮政、中国邮政等国际邮政公司合作，实现完整的物流配送。4PX 的邮政小包是针对小件物品设计的空邮产品，其运输时效短，但是成本相对较高。

（3）集货转运模式

4PX 利用自身的海外优势资源，将同一个国家（地区）的货物集中运往海外，再由 4PX 在当地的代理商将货物转运至该国家（地区）的各地点，利用当地的邮政和快递网络实现消费国（地区）的本土化派送服务。其头程运输主要采用空运模式，与传统的集货转运模式相比，大大提升了配送时效性。其本土配送速度也基本稳定在 4~10 个工作日，对提升跨境电商卖家竞争优势有很大的帮助。

4PX 在逐步提升跨境电商物流服务水平的同时，也开始涉足金融行业，包括保险服务和保价服务[①]。

---

① 胡平珍. 跨境电商视角下的物流运作模式研究 [D]. 南昌：江西财经大学，2017.

第四节 跨境电商物流核心节点

从纵向上来说，跨境电商物流是一条完整的供应链，涉及物品的采购、入库、仓储保管、包装运输，物品的配送、中转等环节，还有支付、报关、商检、售后物流等，形成了相对完整的跨境物流网络体系；从横向上来说，跨境电商物流包括卖家所在地物流、出境海关和商检、国际物流、入境海关和商检、买家所在地物流、配送等环节。

一、集货

集货是指企业将分散的、小批量的货物集中在一起，经过集货中心处理，让原来不容易进行批量运输的货物，成为批量运输的起点，从而实现大批量、高效率、低成本、高速度的快递运作。因此，集货是运输和配送的基础工作。

二、仓储

狭义的仓储可以描述为静态仓储，是指在仓库等相关场所实现对各种物品的储存与保管，可形象地比喻为储存水的水池。

广义的仓储除了具备最基本的物品保管和储存功能外，还提供物品在仓库期间的分拣组合、装卸搬运、流通加工等各项增值服务，是一种过程性的动态仓储，可形象地比喻为流动的江河。

仓储不仅是为了满足货主继续运输的需要，还会在生产、交换、流通、消费等各个环节产生作用。高质量、高效率的仓储对保障跨境电商物流的质量和效率起着至关重要的作用。

三、分拣

分拣是将物品按品种、出入库先后顺序分门别类地堆放的作业。分拣是支持送货、完善送货的准备性工作，是不同配送企业在送货时提高自身经济效益的必然延伸，有配送分拣和寄递分拣两种形式。

（一）配送分拣

配送分拣是指物流配送中心依据顾客的订单要求或配送计划，迅速、准确地将商品从其储位或其他区位拣取出来，并按一定的方式进行分类、集中的作业过程。配送分拣通常有订单别拣取、批量拣取及复合拣取三种方式。

1. 订单别拣取

订单别拣取是针对每一份订单，分拣人员按照所列商品及数量，将商品从储存区域或分拣区域拣取出来，然后集中在一起的分拣方式。其特点是作业方法简单，接到订单可立即拣货，作业前置时间短，作业人员责任明确，但是当商品品项较多时，拣货行走路径较长，拣取效率较低。

2. 批量拣取

批量拣取是将多张订单集合成一批，按照商品品种类别加总后再进行拣货，然后按照不同客户或不同订单分类集中的分拣方式。其特点是缩短了拣取商品时的行走时间，增加了单位时间的拣货量，但是需要等订单累积到一定数量时再做一次性的处理，会有产生停滞时间。

3. 复合拣取

复合拣取克服了订单别拣取和批量拣取方式的缺点，即根据订单的品种、数量及出库频率，确定哪些订单适用于订单别拣取、哪些订单适用于批量拣取，并采取不同的拣货方式。

（二）寄递分拣

寄递分拣是邮政企业与快递企业在邮件（快件）内部处理过程中的一道重要工序，即分拣人员根据邮件（快件）封面上所书写的地址，按本企业内部自我编列的分拣路由（即路向），逐件分入相关格口或码堆的过程。

四、通关

通关即结关、清关，是指进出口货物和转运货物进出入一国海关关境或国境必须办理的海关规定手续。只有在办理海关申报、查验、征税、放行等手续后，货物才能被放行，放行完毕称为通关。同样，载运进出口货物的各种运输工具进出境或转运时，也均需向海关申报，办理海关手续，得到海关的放行许可。货物在结关期间，无论是进口、出口还是转运，都处在海关监管之下，不准自由流通。

跨境电商通关流程主要分为传统邮递商品和快件的流程、基于海关联网平台的通关流程两种，而当前我国跨境电商呈现出多边化、小批量、高频率、数字化等特征，B2C、B2B2C、C2C 模式在我国跨境电商业务中的比例逐渐提高并发展成为主流。在此背景下，基于海关联网平台的通关流程逐渐成为当前的主要流程。通关流程可以分为两个阶段：第一个阶段是报关前阶段，第二个阶段则是正式报关阶段。

以当前普遍的进口商品通关为例。在报关前，进行跨境电商活动的跨境电商企业都需要事前备案，即将企业信息和商品信息进行备案，当消费者在平台上下单并支付时，跨境电商企业和支付企业需要分别把订单信息、订单支付信息发送至服务平台进行申报，而跨境物流企业则需要根据订单安排物流。若采取集装箱运输，则跨境物流企业需要把相应的舱单信息发送至服务平台进行申报。服务平台在收集到三方信息后自动生成清单，供具有报关报检资质的企业进行通关申报。

在正式报关时，由具有报关报检资质的企业根据实际情况提供相关单据来办理申报手续，如表 2-1 所示。若是个人报关，则按照进出境个人邮寄物流有关规定办理征免税手续，当货物抵达海关处时，由海关对货物进行查验，看实际通关货物与单据是否一致，如果没有问题则放行货物，由跨境电商企业委托的目的国（地区）的物流方对商品进行终端运输，最终交付至消费者手上。

表 2-1　我国跨境电商不同的通关程序

监管代码	1210	9610	9710	9810
名称	保税跨境贸易电子商务	跨境电子商务零售一般进出口	跨境电子商务企业对企业直接出口	跨境电子商务出口海外仓
适用范围	电子商务零售出境商品（限特殊监管区域及保税物流中心）	电子商务零售进出境商品	电子商务 B2B 进出境商品	电子商务 B2B2C 进出境商品
适用主体	①电子商务平台企业 ②消费者（订购人） ③特殊区域或场所内的跨境贸易电子商务经营企业 ④支付企业 ⑤物流企业	①电子商务平台企业 ②消费者（订购人） ③支付企业 ④物流企业	①电子商务平台企业 ②跨境电商企业 ③物流企业等	①电子商务平台企业 ②物流企业等 ③物流企业等
企业备案	适用主体向所在地海关办理注册登记	适用主体向所在地海关办理注册登记	适用主体向所在地海关办理注册登记	①适用主体向所在地海关办理注册登记 ②向海关开展出口海外仓业务模式备案
出口申报	①按一般贸易报关进入海关特殊监管区域 ②按 1210 方式出口	①三单校验、清单核放、汇总统计 ②三单校验、清单核放、汇总申报	①传输交易订单信息 ②清单或报关单申报	①传输交易订单信息 ②校验跨境电商出口海外仓企业信息表 ③清单或报关单申报
通关管理	清单核放，转关出口	清单核放，转关出口	①报关单模式下适用，全国通关一体化或转关模式出口 ②清单模式下转关出口	与 9710 一致
退货监管		出口商品 1 年内退运进境		①1 年内退运进境 ②以企业和商品为单元建立底账数据 ③退货申报、总量控制

从进口跨境电商通关流程不难看出，第三方综合服务平台承担着信息收集、数据交换、通关服务等综合功能。随着跨境电商的发展，目前已经出现了功能更多元化的综合服务平台，如部分物流企业在承担境外、境内物流的同时，还提供报关报检、缴纳税款等服务。

五、国际运输

国际运输指用一种或多种运输工具，把货物从一个国家（地区）的某一地点运到另一个国家（地区）的某一地点。国际运输的方式很多，包括国际陆路（公路、铁路）运输、国际海洋运输、国际航空运输和多式联运等。

（一）国际公路运输

国际公路运输是指主要使用汽车，也使用其他车辆（如畜力车）在公路上进行国际货物运输的一种运输方式。公路运输主要承担近距离、小批量的货运，水路、铁路运输难以到达地区的长途、大批量货运，以及水路、铁路运输优势难以发挥的短途运输。由于公路运输有很强的灵活性，近年来，在有水路、铁路运输的地区，也开始使用公路运输进行较长距离的大批量运输。公路运输的主要优点是灵活性强，公路建设期短、投资较低，易于因地制宜，对收到站的设施要求不高。它可以采取门到门的运输形式，即从发货者门口直到收货者门口，而无须转运或反复装卸搬运。公路运输也可作为其他运输方式的衔接。

在跨境电商活动中，国际公路运输主要在陆路相接的国家之间使用。例如，龙瑞高速公路已成为中缅两国之间的跨境电商物流运输的主要通道。

（二）国际铁路运输

国际铁路运输是指使用国际铁路运输专列运送国际货物的一种运输方式。铁路运输主要承担长距离、大批量的货运，是干线运输中的主力运输形式。在没有水运条件的地区，几乎所有大批量货物都是依靠铁路运输的。

在国际货物运输中，铁路运输是仅次于海洋运输的主要运输方式。使用海洋运输的进出口货物，也大多是靠铁路运输进行货物的集中和分散的。铁路运输有许多优点。铁路运输一般不受气候条件的影响，可保障全年的正常运输，而且运量较大，速度较快，有高度的连续性，运转过程中发生风险的可能性也较小。铁路运输手续的办理过程比海洋运输简单，而且铁路运输的发货人和收货人可以在就近的始发站（装运站）和目的站办理托运和提货手续。它的主要缺点是灵活性差，只能在固定线路上实现运输，需要其他运输手段的配合和衔接。

（三）国际海洋运输

国际海洋运输属于水路运输的一种，是使用船舶运送货物的一种运输方式，是在国际货物运输中运用最广泛的运输方式。目前，海运量在国际货物运输总量中占80%以上。

1. 优势

海洋运输之所以被如此广泛采用，是因为它与其他国际货物运输方式相比，主要有以下明显优势。

（1）运输量大

国际货物运输是在全世界范围内进行的商品交换，地理位置和地理条件决定了海洋货物运输是国际货物运输的主要手段。同时，船舶向大型化发展，其载运能力远远大于火车、汽车和飞机，成为运输能力最大的运输工具。

（2）通过能力大

海洋运输利用天然航道四通八达的优势，不像火车、汽车要受轨道和道路的限制，因而其通过能力要优于其他运输方式。如果政治、经济、军事等条件发生变化，还可随时改变航线，驶往有利于装卸的目的港。

（3）运费低

船舶的航道多为天然构成，加上船舶运量大、港口设备一般均为政府修建、船舶经久耐用且节省燃料等特点，使得货物的单位运输成本相对低廉。

（4）对货物的适应性强

海洋运输适用绝大多数货物的运输。如石油井、火车、车辆等超重大货物，其他运输方式无法装运，船舶却一般都可以装运。

2. 劣势

在跨境电商物流运输中，海洋运输也有其劣势。

（1）运输速度慢

由于船舶体积大、水流阻力大，加之装卸时间长等各种因素，海洋运输的运输速度比其他运输方式慢，较快的班轮航行速度也仅为48千米/时左右。

（2）风险较大

船舶在海上航行时受自然气候和季节的影响较大。海洋环境复杂，气象多变，随时都有遇上狂风、巨浪、暴风、雷电、海啸等人力难以抗衡的自然灾害的可能，遇险的可能性大。同时，海洋运输还存在着社会风险，如战争、罢工、贸易禁运等。为减少损失，企业应为海洋运输的货物、船舶购买保险。

（四）国际航空运输

国际航空运输是指使用飞机或其他航空器进行国际货物运输的一种运输方式。航空运输的单位成本很高，因此，适合该方式运载的货物主要有两类：一类是价值高、运费承担能力很强的货物，如贵重设备的零部件、高档产品等；另一类是紧急需要的物资，如救灾抢险物资、易贬值或时效性较高的物资，如商业文件、手机、计算机以及疫苗等。

航空运输的主要优点是速度快，不受地形的限制，在火车、汽车都无法到达的国家（地区）也可依靠航空运输，因而有其重要意义。在B2C跨境电商物流运输中，航空运输是非常重要且常用的一种运输方式。

（五）管道运输

管道运输是指利用管道输送气体、液体和粉状固体的一种运输方式，是靠物体在管道内顺着压力方向循序移动来实现的。管道运输和其他运输方式的重要区别在于，管道设备是静止不动的。

管道运输的主要优点是，由于采用密封设备，在运输过程中可避免物体散失、丢失等，也不存在其他运输设备本身在运输过程中消耗动力所形成的无效运输问题。管道运输运输量大、连续、迅速、经济、安全、可靠、平稳。

由于管道运输的物资多为石油等特殊物资，故不属于跨境电商物流的主要运输方式，本章不再详细论述。

（六）集装箱运输和国际多式联运

1. 集装箱运输

集装箱运输是指以集装箱作为运输单位进行货物运输的一种现代化运输方式，适用于海洋运输、铁路运输及国际多式联运等。

2. 国际多式联运

国际多式联运是指在集装箱运输的基础上产生和发展起来的一种综合性的、连贯的运输方式，一般以集装箱为媒介，把海、陆、空等传统的单一运输方式有机结合起来，组成一种连贯的国际运输方式。

目前国际上常用的多式联运有以下几种。

（1）公铁联运

公铁联运是指由公路运输和铁路运输组成的一种联合运输方式。最著名的和使用最广泛的多式联运系统是将卡车拖车或集装箱装在铁路平板车上的公铁联运或驮背运输。由铁路完成城市间的长途运输，由卡车完成余下的城市间运输，非常适合城市间物品的配送。若配送中心或供应商在另一个比较远的城市，可以采用这种运输方式，实现无中间环节的一次运输作业完成运输任务。

（2）陆海联运

陆海联运是指由陆路运输与海洋运输组成的联合运输方式，也是我国近年来采用的运输新方式。它先由内陆起运地把货物用火车装运至海港，然后由海港代理机构联系第二程的船舶，将货物转运到目的国（地区）。货物发运后，内陆有关公司可凭联运单据就地办理结汇。

（3）陆空（海空）联运

陆空（海空）联运是指由陆（海）路运输与航空运输组成的一种联合运输方式。这种方式在1974年开始在我国得到应用，并迅速发展起来，其运输的商品也从单一的生丝发展到服装、药品、裘皮等多种商品。它一般是先由内陆起运地把货物用汽车装运至空港，然后从空港空运至国外的中转地，再由汽车陆运至目的地。陆空（海空）联运方式具有手续简便、速度快、费用少、收汇迅速等优点。

（4）大陆桥运输

大陆桥运输是指以国际标准集装箱为容器，以铁路或公路系统为桥梁，把大陆两端的海洋运输连接起来的多式联运方式，具有提前结汇、手续简便、节约费用、安全可靠等优点。目前国际上主要的陆桥有西伯利亚大陆桥、新亚欧大陆桥、北美大陆桥、南美大陆桥等[1]。

六、商品检验

商品检验（commodity inspection）即商检，是指商品的生产方、买方或者第三方在一定条件下，借助某种手段和方法，按照合同，标准或国内外有关法律、法规、惯例，对商品的质量、规格、重量、数量、包装、安全及卫生等方面进行检查，作出合格与否或通过验收与否的判定，或为维护买卖双方合法权益，避免或解决各种对风险损失和责

---

[1] 黄培. 现代物流导论[M]. 北京：机械工业出版社，2005.

任划分的争议,便于商品交接结算而出具各种有关证书的业务活动。

商品检验是国际贸易发展的产物,随着国际贸易的发展成为商品买卖的一个重要环节和买卖合同中不可缺少的一项内容。商品检验体现出不同国家对进出口商品实施的品质管制,在出口商品生产、销售和进口商品按既定条件采购等方面发挥了积极作用。《中华人民共和国进出口商品检验法》明确规定,对法定检验的进口商品未经检验的,不准销售、使用;对法定检验的出口商品未经检验合格的,不准出口。

目前我国进出口商品检验工作主要有以下四个环节。

(1)接受报验

报验是指对外贸易关系人向商检机构报请检验,同时填写"报验申请单"并提交相关资料。

(2)抽样

商检机构接受报验之后,及时派员赴货物堆存地点进行现场检验、鉴定。

(3)检验

商检机构接受报验之后,认真研究申报的检验项目,确定检验内容,仔细审核合同(信用证)对品质、规格、包装的规定,弄清检验的依据,确定检验标准、方法,然后进行抽样检验、仪器分析检验、物理检验、感官检验、微生物检验等。

(4)签发证书

在出口方面,凡列入进出口商品目录的出口商品,经商检机构检验合格后签发放行单;在进口方面,进口商品经检验后,分别签发"检验情况通知单"或"检验证书",供对外结算或索赔用[1]。

七、配送

物流企业通过运输解决商品在生产地点和需求地点之间的空间距离问题,从而创造商品的空间效益,实现其使用价值,以满足社会需要。配送是指对局域范围内的客户进行多客户、多品种、按时联合送货的活动。《物流术语》(GB/T 18354—2006)对配送的定义是:"在经济合理区域范围内,根据客户要求,对物品进行拣选、加工、包装、分割、组配等作业,并按时送达指定地点的物流活动。"配送是运输派生出来的功能,并在发展中逐渐涵盖了物流的所有职能,成为物流的一个缩影,体现了物流、资金流和信

---

[1] 韩军峰.物流运输实务[M].北京:北京邮电大学出版社,2008.

息流的集成。

此外，末端配送就是俗称的"最后一公里"，是跨境电商物流体系中的最后一个环节，是直接接触到消费者的环节。末端配送由于服务范围较为广泛、需求具有较大的随机性、价值的附加值较小等，因此是跨境电商物流体系中最难控制的环节，也是最容易引起消费者不满的环节。由于每个客户对配送的要求会有差异，因此末端配送问题呈现出不同的表现形式。

首先，根据客户对配送任务要求的不同，末端配送问题可分为纯取货问题、纯送货问题以及同时取送货问题。

其次，根据物流体系中配送中心数量的不同，末端配送问题可分为单个配送中心问题和多个配送中心问题。对于只有单个配送中心的末端配送路径优化问题，其处理相对简单；如果遇到多个配送中心问题，通常先将客户按区域划分，转化为单个配送中心问题，而后通过智能算法进行求解。

最后，根据客户对时间窗要求的不同，又出现带时间窗约束的末端配送问题。其中根据是否允许延时，末端配送问题可分为带硬时间窗约束的末端配送问题和带软时间窗约束的末端配送问题。由于商品能否在客户所要求的时间窗内送达直接影响客户的满意度，因此配送速度非常重要[1]。

本章重点

1. 跨境电商物流的五种主要模式，以及各个模式的优势与劣势。
2. 边境仓的基本概念和优势、绝对边境仓和相对边境仓的概念。
3. 自由贸易区、保税区、保税港区、集货物流的概念、发展情况。
4. 跨境电商物流运作流程。
5. 跨境电商物流企业主要类型，典型代表企业的基本概况与运作模式。
6. 跨境电商物流各核心节点的概念、方式。
7. 国际运输的主要方式。

---

[1] 陈先受. 众包模式下快递企业末端配送路径优化研究[D]. 杭州：浙江工商大学，2018.

课后习题

1. 解释下列名词概念。

海外仓服务、边境仓、自由贸易试验区、保税区、集货物流、集货、仓储、分拣、配送分拣、通关、国际运输、国际多式联运、商品检验、配送

2. 我国跨境电商物流主要有哪些模式？每种模式分别具有哪些优势和劣势？

3. 保税区模式具有哪些优势和特征？

4. 简述跨境电商物流的运作流程。

5. 跨境电商物流有哪些核心环节？

6. 简述国际运输的主要方式。

7. 我国进出口商品检验工作主要环节有哪些？

参 考 文 献

[1] 陈先受. 众包模式下快递企业末端配送路径优化研究[D]. 杭州：浙江工商大学，2018.

[2] 国家邮政局职业技能鉴定指导中心. 快速客户关系管理[M]. 北京：人民交通出版社，2016.

[3] 韩军峰. 物流运输实务[M]. 北京：北京邮电大学出版社，2008.

[4] 胡平珍. 跨境电商视角下的物流运作模式研究[D]. 南昌：江西财经大学，2017.

[5] 黄培. 现代物流导论[M]. 北京：机械工业出版社，2005.

[6] 李琳. 电子商务环境下物流配送中若干优化问题的研究[D]. 沈阳：东北大学，2010.

[7] 李鹏博. 揭秘跨境电商[M]. 北京：电子工业出版社，2015.

[8] 许慧. 我国跨境电子商务物流现状及运作模式研究[J]. 全国流通经济，2020，2243（11）：35-36.

第三章
跨境电商物流方式

本章概要

本章的主题是跨境电商物流的方式，共分为四节。第一节是国际（地区间）邮政包裹，主要介绍了中国邮政包裹服务、"境内陆运/空运+万国邮联"组合的商业小包、平台集货直邮产品三种方式；第二节主要介绍了国际（地区间）商业快递，其中境外商业快递公司主要有DHL、TNT、FedEx、UPS，境内商业快递公司主要有顺丰、"四通一达"等；第三节主要介绍了跨境电商专线物流，并对美国专线、欧洲专线、澳大利亚专线、俄罗斯专线四种市面上最普遍的专线物流产品进行了介绍；第四节介绍了海外仓的概念、费用结构、优劣势、类型、海外仓备货BBC模式、选品与选址、服务规范、费用核算、仓储管理、当地配送、退换货、库存管理、技术与趋势，并简要介绍了边境仓的基本概况。

学习目标

了解国际（地区间）邮政包裹的主要类型及其优劣势，了解其资费标准、规格限制、时限标准、查询方式、交寄方式和适用范围，掌握各类型的主要操作流程。

了解境外三大商业快递巨头的基本业务情况、资费标准、规格限制、时效标准、状态查询、交寄方式与优劣势，熟悉其操作流程。

熟悉境内主要商业快递的概况、资费标准、规格限制、时效标准，熟练掌握其操作流程。

了解跨境专线物流产品特点，熟悉美国专线、欧洲专线、澳大利亚专线、俄罗斯专线的基本情况。

熟悉海外仓的基本情况，了解海外仓技术发展与趋势。

随着海淘、海外代购模式逐渐向跨境电子商务模式转变，跨境物流方式也逐渐趋于正规化、合法化、多样化。跨境电商物流的方式，主要包括国际（地区间）邮政包裹、国际（地区间）商业快递、跨境专线物流、海外仓等。

根据跨境物流方式的出现及发展过程，一般将国际邮政包裹与国际商业快递视作传统跨境物流模式，将海外仓等近两年涌现的跨境物流模式视作新型跨境物流模式。在发展过程中，国际（地区间）邮政包裹（尤其是国际邮政小包）与国际（地区间）商业快递扮演着极其重要的角色。在众多跨境物流模式中，这两种的使用比重最大。

传统物流模式在跨境电子商务之前就已经存在，并历经长期的发展。在跨境电子商务兴起之初，国际（地区间）邮政包裹与国际（地区间）商业快递成为首选的跨境物流模式。其中，国际（地区间）邮政包裹得益于成本低、清关容易等优势，在实际跨境物流中使用最为普遍，但其在时效性、安全性、追溯性等方面存在劣势，对商品的体积、重量与形状也有较大的限制；而国际（地区间）商业快递具备时效性高、丢包率低等优点，但存在价格高、特色商品无法速递等劣势。

在跨境电子商务发展与演进的推动下，市场需求刺激了多种物流方式的出现，跨境物流方式也不再拘泥于国际（地区间）邮政包裹与国际（地区间）商业快递，以海外仓为首的新型跨境物流方式逐渐受到关注，并开始被应用于跨境电子商务市场。

第一节　国际（地区间）邮政包裹

国际（地区间）邮政包裹方式主要包括中国邮政包裹服务、"境内陆运／空运＋万国邮联"组合的商业小包、平台集货直邮产品。

在跨境电子商务市场中，国际（地区间）邮政包裹以国际邮政小包使用最多，也是海淘与海外代购最常用的跨境物流模式。我国跨境电商物流方式选择中，从货量角度看，直邮渠道出货占60%左右，在直邮渠道选择中，65%的货量通过邮政渠道完成，如图3-1所示。2019年我国跨境电商直邮出口包裹20亿件左右，其中近12亿件通过邮政渠道投递。邮政小包物流模式在行业中占比较大。

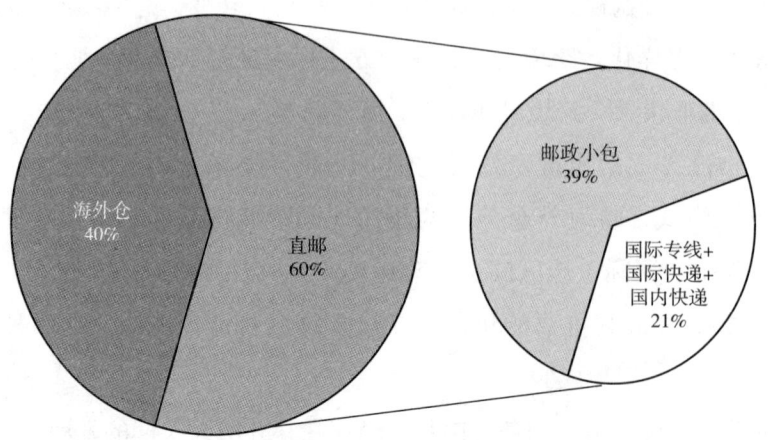

资料来源：运联智库。

图 3-1　中国跨境电商物流不同方式货运量占比情况

邮政网络基本覆盖全球，国际（地区间）邮政包裹的优势和劣势都较明显。优势是价格便宜，方便个人操作以实现通关；劣势是时效较慢、服务较差、投诉率高、存在丢包风险、非挂号件难以追溯进度等。国际（地区间）邮政包裹适合轻型、小型商品，对货物体积、重量、形状等方面限制较多，如含电、粉末、液体等特殊商品无法通过正常方式在邮政渠道实现通关。

根据邮权归属，国际（地区间）邮政包括境内邮政和境外邮政。境内邮政分本地邮政和其他地方邮政；境外邮政如新加坡邮政、马来西亚邮政、泰国邮政等，整体服务质量较好，物流时效快，但退换货问题难以解决。

中国邮政速递物流股份有限公司（简称"中国邮政速递物流"）是经国务院批准，由中国邮政集团公司作为主要发起人，于2010年6月发起设立的股份制公司，是中国经营历史最悠久、网络覆盖范围最广的快递物流综合服务提供商。中国邮政速递物流在国内31个省（自治区、直辖市）设立分支机构，并拥有中国邮政航空有限责任公司、中邮物流有限责任公司等子公司。截至2020年年底，公司注册资本250亿元，员工近16万人，业务范围遍及全国31个省（自治区、直辖市）的所有市县乡（镇），通达包括港、澳、台地区在内的全球200余个国家和地区，自营营业网点近9000个。

中国邮政速递物流主要经营国内速递、国际速递、合同物流等业务，国内、国际速递服务涵盖卓越、标准和经济不同时限水平以及代收货款等增值服务，合同物流涵盖仓储、运输等供应链全过程。拥有享誉全球的"EMS"特快专递品牌和国内知名的"CNPL"物流品牌。

一、中国邮政包裹服务[①]

中国邮政包裹服务包括中国邮政航空小包（China post air mail）和中国邮政航空大包（China post air parcel）。

（一）中国邮政航空小包

1. 概述

中国邮政航空小包又称中邮小包、邮政小包、航空小包，是指基于万国邮联网络，针对重量在 2 千克以内的小件物品推出的直发寄递服务。包含挂号、平邮两种服务，可寄达全球 200 多个国家和地区的邮政网点。挂号服务费率稍高，可提供网上跟踪查询服务。

中国邮政航空小包出关时不会产生关税或清关费用，但在目的地进口时有可能产生进口关税，具体根据每个国家（地区）海关的规定而有所不同（相对其他商业快递来说，航空小包能最大限度地避免关税）。

2. 资费

（1）挂号资费

挂号资费的计算公式为：总费用 = 标准资费 × 实际重量 × 折扣 + 挂号费 8 元。

（2）平邮资费

平邮资费的计算公式为：总费用 = 标准资费 × 实际重量 × 折扣。

3. 规格限制

重量不超过 2 千克。

非圆筒形货物：长 + 宽 + 高 ≤ 90 厘米，14 厘米 ≤ 单边长度 ≤ 60 厘米，宽度 ≥ 9 厘米。

圆筒形货物：17 厘米 ≤ 直径的 2 倍 + 长 ≤ 104 厘米，10 厘米 ≤ 单边长度 ≤ 90 厘米。

4. 时限标准

当日中午 12 点以前交寄邮局，一般晚上 8 点后可以在中国邮政官网查询包裹状态信息。其运输时效为到亚洲邻国 5~10 天，到欧美主要国家 7~15 天，到其他国家（地区）7~30 天。

5. 操作注意事项及流程

①中国邮政航空小包只能贴中国邮政格式的报关单。收件人姓名、地址须用英文填写完整。报关单上内件物品、数量、重量及价值须由客户填写。报关单上寄件人签名

[①] 参考中国邮政速递物流官网（https://my.ems.com.cn/intl/shipping/product/product.html）。

处，要请客户签署自己的中文姓名。包装要完好，不易破损，在包装袋外侧除地址标签外，尽量不要带其他无关标志。对于易碎品，最好外包装上贴有易碎品的标志，在邮包正面的中间位置贴上地址标签。

②交货到邮局，邮局按国家（地区）分拣、排仓、安排上飞机等，发送到全球各个邮政配货中心。由各国（地区）邮政再次进行二、三级分拣，分别按城市、街道地址分拣，最终送达客户手上。

6. 查询赔偿

平邮如丢失将不能获得赔偿。意大利、尼日利亚等国邮包丢包率极高，最好选用挂号或快递方式。

具体根据申报价值来赔偿，如中国香港小包最高不超过320港元（约294元人民币），并退还邮费，挂号费不予退还。

中邮小包可提供保险服务，具体保费可以咨询中国邮政或者保险公司。

7. 交寄方式

可以预约取件，也可以卖家自己送至邮局。

8. 优劣势

（1）优势

价格实惠。同比中国香港小包、新加坡小包和其他国际快递（如DHL、UPS、FedEx）等运输方式来说，在价格上占有绝对优势。

运输安全、丢包率低，邮包交邮局处理完后，便可在网上跟踪查询包裹状态信息。

计费方式统一，所有货物按克收费，大大简化了运费核算与成本控制。

在地区运输方面较有优势，可通达全球任何一个邮政网点。

（2）劣势

时效有待提高。

9. 适用范围

适合总重量在2千克以下，且对运费敏感、对时效要求不高、货值比较低的商品。

（二）中国邮政航空大包

1. 概述

中国邮政航空大包又叫中国邮政大包、中国邮政国际大包裹、中邮大包、邮政大包，适合邮寄重量较重（超过2千克）且体积较大的包裹，可寄达全球200多个国家（地区）。此渠道全程航空运输，只要有邮局的地方都可以到达。

2. 资费

总费用 = 首重 1 千克的价格 + 续重 1 千克的价格 × 续重的数量。中邮大包需要收取 8 元/件的报关手续费。

3. 规格限制

重量限制：0.1 千克 ≤ 重量 ≤ 30 千克（部分国家不超过 20 千克，每票快件不能超过 1 件）。

体积限制：单边长度 ≤ 150 厘米，长度 + 长度以外的最大横周 ≤ 300 厘米；或单边长度 ≤ 105 厘米，长度 + 长度以外的最大横周 ≤ 200 厘米（横周 = 2×高 + 2×宽）。

4. 时限标准

亚洲邻近国家 4~10 天妥投。欧美主要国家 7~20 天妥投。其他国家（地区）7~30 天妥投。

5. 操作注意事项及流程

①中邮大包只能贴中国邮政格式的报关单。收件人姓名、地址须用英文填写完整。报关单上内件物品、数量、重量及价值须由客户填写。报关单上寄件人签名处，要请客户签署自己的中文姓名。包装要完好，不易破损，在包装袋外侧除地址标签外，尽量不要带其他无关标志。对于易碎品，最好外包装上贴有易碎品的标志，在邮包正面的中间位置贴上地址标签。

②交货到邮局，邮局按国家（地区）分拣、排仓、安排上飞机等，发送到全球各个邮政配货中心。由各国（地区）邮政再次进行二、三级分拣，分别按城市、街道地址分拣，最终送达客户手上。

6. 查询赔偿

包裹可在中国邮政官网查询相关信息，且可全程跟踪包裹流向；如包裹发出后 1 个月仍未妥投，可要求邮局查询，邮局查询回复正常时间为 2~6 个月；如包裹丢失，可向中国邮政申请索赔，中国邮政按申报的价值赔付，但最高赔偿不超过 300 元。

7. 交寄方式

可以预约取件，也可以卖家自己送至邮局。

8. 优劣势

（1）优势

成本低。价格比 EMS 稍低，且和 EMS 一样不计算体积重量，没有偏远附加费，没有燃油费，相对于其他运输方式（如 EMS、DHL、UPS、FedEx 等）来说，有较好的价格优势。采用此种发货方式可最大限度地降低成本，提升价格竞争力。

交寄相对方便，只要有邮局的地方都可以到达。

方便、快捷，采用单一的运单，并由公司统一打印，减少了客户的麻烦。

提供包裹的追踪查询服务。包裹离开当天可在中国邮政官网上查询到相关信息，且可全程跟踪。

（2）劣势

相对于以克计重的小包，大包按千克计费，与其他商业快递相比有限重。

9. 适用范围

适用于重量为 2~30 千克的货物。

二、"境内陆运／空运＋万国邮联"组合的商业小包

（一）"陆运＋中国香港邮政小包"

中国香港邮政小包通关相对便利，毗邻深圳，可以邮寄带电产品，因为深圳的跨境物流商为带电池的产品提供深圳集货渠道，通过卡车运到香港，香港邮政的组合小包产品特别为带电的品类量身定制了小包通道。

（二）"空运＋新加坡邮政小包"

新加坡邮政早期投资了 4PX，4PX 利用新加坡邮政的邮政资源研发了"空运＋新加坡邮政小包"产品，通过自主研发的 IT 系统将境内单号和新加坡邮政单号关联，使客户可以全程追踪货物。

三、平台集货直邮产品

（一）AliExpress 无忧物流[①]

为了确保卖家安心经营，帮助卖家减少物流不可抗力因素的影响，速卖通与菜鸟网络联合推出了一款官方物流产品——"AliExpress 无忧物流"。"AliExpress 无忧物流"具备多种优势，主要体现在时效、运价、操作系统、售后等几个方面。

1. 渠道稳定时效快

菜鸟物流与优质的物流服务商合作，搭建了覆盖全球的物流服务网络。同时，菜鸟物流拥有智能分担系统，可以根据目的国（地区）、品类、重量匹配物流方式，时效性较快。

[①] 参考速卖通官网——无忧物流介绍（https://sell.aliexpress.com/zh/__pc/shipping/aliexpress_shipping.htm?spm=5261.811 5697.2336.1.63b5489bK7ijeM）。

2. 运费有优惠

菜鸟物流作为货物物流集散商，在与物流公司合作的过程中获得了较优惠的价格，重点国家（地区）的运费为市场价的八折到九折。

3. 平台提供较好的售后服务及赔付措施

使用"AliExpress 无忧物流"的物流纠纷无须卖家响应，直接由平台介入核实物流状态并判责；物流原因导致的纠纷，卖家服务评级系统（detail seller rating，DSR）低分不计入卖家账号考核；物流原因导致的纠纷退款由平台承担；卖家对"AliExpress 无忧物流"服务不满意可以在线上进行投诉。

4. 物流方案

"AliExpress 无忧物流"的物流方案包括三类：无忧物流—简易、无忧物流—标准和无忧物流—优先，具体情况如下。

（1）无忧物流—简易

这是专门针对速卖通卖家订单中，俄罗斯和乌克兰小于 2 千克、西班牙小于 500 克、白俄罗斯小于 2 千克、智利小于 2 千克，订单成交金额 ≤ 5 美元（西班牙 ≤ 10 美元）的小包货物推出的简易挂号类物流服务。

（2）无忧物流—标准

这是菜鸟网络推出的优质物流服务，为速卖通卖家提供境内揽收、国际（地区间）配送、物流详情追踪、物流纠纷处理、售后赔付等一站式的物流解决方案。物流覆盖全球 200 多个国家（地区），其中俄罗斯自提服务覆盖俄罗斯本土 66 个州、183 个城市的近 800 个自提柜；法国自提支持除科西嘉岛等以外的地区。

（3）无忧物流—优先

这是菜鸟网络与商业快递合作的服务速卖通卖家的线上物流方式，目前可以到达全球 176 个国家（地区）。在重量限制方面，俄罗斯的首重为 100 克，续重为 100 克，重量限制为 30 千克，以实际重量计费，不收取燃油费。俄罗斯以外的其他国家（地区），30 千克及以下，按首重 500 克、续重 500 克计费；当货物重量为 30~70 千克时，则按千克计费。以体积重量和实际重量的较大者为计费重量，体积重量计算方式为：体积重量 = 长（厘米）× 宽（厘米）× 高（厘米）÷ 5000。

（二）Wish Express[①]

Wish Express 是 Wish 为了更好地满足平台用户对配送时效的要求而发起的极速达

---

① 参考 Wish 商家平台官网（https://merchantfaq.wish.com/hc/zh-cn/categories/204249887-Wish-Express）。

项目，需要商家提前将产品运到目的地的海外仓，当收到订单时，产品从海外仓直接配送至目的地的用户手中，从而实现快速配送。Wish Express 项目也因此俗称"海外仓产品项目"。对于 Wish Express 项目中的产品，商家要承诺在规定时效之内交付给用户。

对于参加 Wish Express 项目的商家，Wish 平台会给予如下差异化政策支持：

① 参加 Wish Express 项目的产品将获得 3 倍以上的流量扶持。

② Wish Express 的产品在用户端呈现专属"车辆"徽章标志，告知用户将快速收到产品，会极大地提升转化率。

③ 加入 Wish Express 项目的商家将获得 Wish 退货项目的资格，Wish Express 项目的产品可以退至设定的海外仓，从而降低退款率。

④ 加入 Wish Express 项目，产品将会快速到达用户手中，从而提升产品的整体评分，并很快获得评价，缩短产品成长周期和回款周期。

⑤ 平台会针对 Wish Express 项目提供更多的产品支持，如营销、客服权限等。

Wish Express 确认妥投时间的要求为：自订单释放起 5 个工作日之内需确认妥投，妥投时间要求如表 3-1 所示。平台会对未满足 Wish Express 时效政策要求的商家执行相应的处罚措施。

表 3-1　Wish Express 妥投时间要求

订单目的地国家（地区）	妥投时间要求
法国	6 个工作日
瑞典	8 个工作日
澳大利亚	7 个工作日
意大利	6 个工作日
瑞士	6 个工作日
西班牙	8 个工作日
丹麦	6 个工作日
芬兰	7 个工作日
挪威	8 个工作日
波多黎各	7 个工作日

在订单可履行后下一个工作日结束前（以世界标准时间 23：59：59 为准），经由特定的物流服务商履行并确认的订单将可免除罚款。特定的免责物流服务商如表 3-2 所示。

表 3-2　特定的免责物流服务商

目的国（地区）	物流服务商	物流产品
美国	美国邮政署（United States Postal Service，USPS）	头等邮递
		优先邮递
欧盟	德普达快运有限公司（DPD）	所有物流产品
	敦豪航空货运有限公司（德国）（DHL Germany）	所有物流产品
	法国邮政（Colissimo）	所有物流产品
	德国赫马集团（Hermes）	所有物流产品
英国	英国 Yodel 专线（Yodel）	商务包裹
	英国皇家邮政通用物流系统（GLS）	商务小包

第二节　国际（地区间）商业快递

跨境电子商务常用的另一种跨境物流方式为国际（地区间）商业快递。国际（地区间）商业快递是指货物通过国际快递公司实现在两个或两个以上国家或地区之间的物流与配送活动。境外商业快递公司主要有 DHL、FedEx、UPS 三大商业快递巨头，业务覆盖范围广，相对成熟；境内商业快递公司主要有顺丰、"四通一达"等，跨境业务启动相对较晚，物流线路较少，处于业务拓展阶段。

国际（地区间）商业快递在对货物计费时一般分为按重量计算与按体积计算，常以两者中费用较大的一项为最终计费方式，并在货物包装方面要求较高。国际（地区间）商业快递可以根据不同的客户需求，如地域、货物种类、体积大小、货物重量等，选择不同的渠道实现货物运输与速递。

国际（地区间）商业快递具有速递时效性高、丢包率低、可追溯查询等优点，能够实现报关、报检、保险等辅助业务，支持货物包装与仓储等服务，可以实现门到门服务以及货物跟踪服务，本土化服务体验好。但是，国际（地区间）商业快递的价格偏高，尤其对一些国家或偏远地区收取的附加费更是惊人，对商品的货值和利润要求高。

国际（地区间）商业快递也会遭遇一些限制。某些货物种类会被一些国家列为禁运品或限运品。如在美国，新鲜、罐装的肉类与肉制品，植物种子，蔬菜，水果以及非罐装或腌熏之鱼类及鱼子等被列入国际快递的禁运目录。

一、境外商业快递

（一）DHL

1. 概述

DHL 由 Adrian Dalsey、Larry Hillblom 和 Robert Lynn 三人于 1969 年成立于旧金山，以惊人的速度持续发展成为国际快运和物流行业的全球领导者。DHL 的全球网络已经连接了世界上 200 多个国家和地区，拥有员工 38 万多名。DHL 在空运、海运、陆运、快递、合同物流解决方案、国际（地区间）邮递等领域提供了卓越的专业性服务。

中外运—敦豪国际航空快件有限公司成立于 1986 年 6 月，由中外运总公司与 DHL 合资创办，双方各持有 50% 的股权。中外运—敦豪是 DHL 全球服务网络的重要组成部分，在中国各直辖市、经济特区、主要省会城市等设立了 73 家分公司和 88 个速递中心，服务网络覆盖了全国 318 个城市，主要经营境内、境外快递（不含私人信函）业务[①]。

2012 年 3 月，中外运—敦豪与速卖通平台联手，推出 DHL Express 线上发货，全力支持速卖通卖家，提升物流服务质量。

DHL 派送网络遍布世界 200 多个国家和地区，网站货物状态更新比较及时，提供包装检验与设计、报关代理服务，在美国、欧洲的清关能力强。DHL 快递每天处理百万计报关单据，成为全球最大的报关行之一。DHL 结合各国（地区）当地的专业经验，充分了解不同国家（地区）的海关监管规则，保障了通关速度。

2. 资费标准

DHL Express 线上发货享受速卖通与 DHL 的协议运价，具体资费以各平台中的物流方案为准。物流方案中的资费仅包含国际段运输资费及燃油附加费（每月更新），不含代理报关费（5.00 元/次）、仓库操作费（2.00 元/次）、仓库贴标费（0.02 元/次）及其他费用。使用 DHL Express 线上发货，国际段运输资费取体积重量与实重较大者计费。除此之外，可能还需支付 4.00 元/次的包装费，一些偏远地区需要支付偏远地区附加费。

3. 规格限制

长 +2×宽 +2×高 ≤ 330 厘米。单件重量 ≥ 70 千克或者单边长度 ≥ 120 厘米时，需收取超重超长附加费 260 元/票，单边最大尺寸为 270 厘米。对于需要考虑体积的货物，采用体积重量进行计算。线上发货服务不提供进防水袋免抛的服务，所有包裹均需要计算体积重量。21 千克以上物品有单独的大货价格，部分地区大货价格比国际 EMS 还要便宜。

[①] 参考中国外运股份有限公司官方网站（http://www.sinotrans.com/）。

4. 时限标准

一般情况下运送时效为 3~7 个工作日，到欧洲一般 3 个工作日，到东南亚一般 2 个工作日。

5. 操作流程

DHL 为客户提供了各类的出口物流服务，跨境电商卖家可以通过以下几种方式寄送快递。

（1）可在官网线上下单

进入 DHL 官网，选择"出口服务"即可根据需求选择需要的出口物流服务。通过官网还可查询物流价格、转运时间及包装类型。在官网上下单可以通过信用卡或现金方式支付运费。用户可在网站上注册账号，创建个性化地址簿，享受个性化服务。线上下单后，收货人员将上门收件。

（2）可在线下发货

线下货代公司、跨境电商平台也提供了 DHL 的业务代理服务。用户可通过线下渠道获得报价，由对应的第三方机构提供上门收货服务或寄件服务。

6. 状态查询

卖家可以在 DHL 官网（http：//www.cn.dhl.com/zh/express/tracking.html）查询货物物流状态。

7. 交寄方式

用户在使用 DHL 时有多种交寄方式，如上门揽收、自发货等。当客户选择官网线上发货方式时，快递员将在约定好的时间上门揽货。当客户通过货代公司或者跨境电商平台物流系统下单时，根据货物的实际情况可直接将货物发往指定货物集散地，也可等待工作人员上门揽货。

8. 优劣势

使用商业快递最显著的优势是商业快递的时效性较任何一种跨境物流方式都高，通常情况 3~7 个工作日可到达客户手中，部分地区时效可达到 3 个工作日。但商业快递的价格较其他物流方式而言又是最高的。以一个 33.7 厘米 ×32.2 厘米 ×10.0 厘米、重 0.5 千克的包裹为例，使用 DHL 从中国杭州运达美国纽约，2 月 22 日发货预计 2 月 25 日送达，预计最低花费 948.5 元人民币。

（二）TNT

TNT 集团（TNT）为企业和个人提供快递和邮政服务，总部位于荷兰，在欧洲和亚洲拥有高效的递送网络，通过在全球范围内扩大运营分布来优化网络域名注册查询效能，提供世界范围内的包裹、文件及货运项目的安全准时运送服务。2017年，FedEx收购TNT，两家快递公司完成合并工作。自此，四大国际快递公司变为三大国际快递公司。

（三）FedEx

1. 概述

FedEx是全球最具规模的快递运输公司之一，隶属美国联邦快递集团，是集团快递运输业务的中坚力量。FedEx致力于提供快捷可靠的速递服务，业务范围覆盖全球200多个国家及地区。FedEx运用覆盖全球的航空和陆运网络，分秒必争地将货件于指定日期和时间迅速送达客户手中，并且设有"准时送达保证"。

FedEx服务分为FedEx IP（international priority freight）与FedEx IE（international economy）服务。FedEx IP指的是联邦快递优先服务，时效比较快，相对来说价格也高一些。FedEx IE指的是联邦快递经济服务，时效与FedEx IP相比要慢些，是FedEx国际快递中最便宜的运输方式。

2012年10月，FedEx携手速卖通，为广大卖家提供快捷、可靠的物流服务。速卖通卖家可使用FedEx线上发货服务，在线填写发货单，并将货物发至阿里巴巴合作仓库，在线支付运费，仓库就能将货物送达买家手中。

2. 资费标准

FedEx首重500克，续重500克（不足500克按500克计），并计体积重量，有燃油附加费。速卖通的用户使用FedEx线上发货可享受协议价，登录物流方案器即可查。物流方案器中显示的资费仅包含货物国际段运输资费及燃油附加费，国际段运输资费在体积重量与实重中取较大者计算。其他费用包括代理报关费（5.00元/次）、仓库操作费（2.00元/次）、仓库贴标费（0.02元/次）及其他费用（如偏远地区附加费）。

3. 规格限制

单个包裹单边不可大于270厘米，长+2×宽+2×高>330厘米的货物无法进行邮寄。FedEx对于货件的总重量无体积重量和实重限制，但是对于单件货物有体积重量和实重限制。可以一票多件（其中每件都不超过68千克），单票的总重量不能超过300千克，超过300千克的需提前预约；单件或者一票多单中的单件包裹如果超过68千克，需要提前预约。FedEx申报价值超过5000元时要单独报关。

4. 时限标准

FedEx 线上发货的主要优势航线为亚洲和美洲航线，寄往美国、加拿大、印度尼西亚、以色列等国家较有优势。一般 3~5 个工作日即可通达相关目的地。

5. 操作流程

（1）可在 FedEx 官网线上下单

进入 FedEx 官网，选择"网上寄件"，注册 FedEx 账号就可在网上完成货物的寄件操作。线上下单后，收货人员将上门收件。

（2）可在线下发货

线下货代公司、跨境电商平台也提供了 FedEx 的业务代理服务。用户可通过线下渠道获得报价，由对应的第三方机构提供上门收货服务或寄件服务。

6. 状态查询

卖家可以在 FedEx 官网（https：//www.fedex.com/zh-cn/home.html）查询货物物流状态。

7. 交寄方式

用户在使用 FedEx 时有多种交寄方式，如上门揽收、自发货。当客户选择官网线上发货方式时，快递员将在约定好的时间上门揽货。当客户通过货代公司或者跨境电商平台物流系统下单时，根据货物的实际情况可直接将货物发往指定货物集散地，也可等待工作人员上门揽货。

8. 优劣势

与 DHL 的优劣势相似，FedEx 也具有时效性高、价格贵的特点。以一件 0.5 千克的玩具为例，该玩具从中国杭州寄往英国莱斯特郡，2 月 22 日寄出，预计最晚到达时间为 2 月 27 日下午，最少花费 554.5 元人民币[①]。

（四）UPS

1. 概述

UPS 于 1907 年成立于美国，是一家年营业额达到数百亿美元的全球性物流公司。作为全球最大的快递承运商与包裹递送公司之一，UPS 是专业的运输、物流、资本与电子商务服务的市场领导者。UPS 服务于全球 200 多个国家和地区，设有 UPS 商店 5100 个以上、UPS 营业店（全球）1500 个、UPS 客服中心 1000 个、授权服务点 1.7 万个、

---

① 潘兴华，张鹏军，崔慧勇. 新手学跨境电商从入门到精通（速卖通 + 亚马逊出口篇）[M]. 北京：中国铁道出版社，2016.

UPS 投递柜 3.8 万个。

2012 年 4 月，UPS 与速卖通合作，利用全球领先的运输科技，提供高效便捷的自动化物流服务。2015 年 1 月，速卖通与 UPS 结成战略联盟，UPS 成为速卖通首选物流供应商，用户可以在线管理货运和在线追踪货物，并享受打印 UPS 货运标签、上门取件等服务。

2. 资费标准

UPS 起重 0.5 千克，UPS 线上发货享受速卖通与 UPS 的协议运价，具体资费以平台中的物流方案为准。物流方案中的资费仅包含国际段运输资费及燃油附加费（每月更新），不含代理报关费（5.00 元/次）、仓库操作费（2.00 元/次）、仓库贴标费（0.02 元/次）及其他费用。UPS 没有进防水袋免抛的服务，所有包裹均需要计算体积重量。

3. 规格限制

单件重量限重 70 千克，长+2×宽+2×高 ≤ 330 厘米，单边最大尺寸为 270 厘米。

4. 时限标准

UPS 包含四种服务类型：UPS 全球特快加急服务，1~2 个工作日送达；UPS 全球特快服务，2~3 个工作日送达；UPS 全球速快服务，3~5 个工作日送达；UPS 全球快捷服务，5~7 个工作日送达。

5. 操作流程

（1）可在 UPS 官网线上下单

进入 UPS 官网，选择"运输"，注册 UPS 账号就可在网上完成货物寄件操作。线上下单后，收货人员将上门收件。

（2）可在线下发货

线下货代公司、跨境电商平台也提供了 UPS 的业务代理服务。用户可通过线下渠道获得报价，由对应的第三方机构提供上门收货服务或寄件服务。

6. 状态查询

卖家可以在 UPS 官网（https://www.ups.com/WebTracking/track?loc=zh_CN）查询货物物流状态。

7. 交寄方式

用户在使用 UPS 时有多种交寄方式，如上门揽收、自发货。当客户选择官网线上发货方式时，快递员将在约定好的时间上门揽货。当客户通过货代公司或者跨境电商平台物流系统下单时，根据货物的实际情况可直接将货物发往指定货物集散地，也可等待工作人员上门揽货。

8. 优劣势

与 DHL、FedEx 的优劣势相似，UPS 也具有时效性高、价格贵的特点。以一件 0.5 千克的玩具为例，该玩具从中国杭州寄往英国莱斯特郡，2 月 22 日寄出，预计最晚到达时间为 2 月 27 日下午，最少花费 599.4 元人民币。如希望 2 月 25 日到达目的地，至少需付 669.9 元人民币。

二、境内商业快递

2018 年，我国快递业务量突破 500 亿件，全行业员工总数达 300 万人；快递公司日服务 2.8 亿人次，相当于每天 5 个人中有 1 人在使用快递服务。目前，我国快递业务量已经超过美国、日本等发达经济体之和，连续五年稳居世界第一，是第二名美国的 3 倍多，占全球快递包裹市场的一半以上。

作为中国经济的一匹"黑马"，快递业在稳增长、调结构、惠民生等方面扮演着日益重要的角色。

（一）顺丰[①]

1. 概述

顺丰于 1993 年 3 月 26 日在广东顺德成立，是目前中国速递行业中投递速度最快的快递公司之一。2018 年，顺丰用 55 亿元人民币收购 DHL 公司在华的供应链业务，成为中国唯一拥有多元化全链条综合物流能力的公司。

顺丰拥有通达境内外的庞大物流网络，是一家"天网 + 地网 + 信息网"三网合一、可覆盖境内外的综合物流服务运营商。顺丰速运和速卖通合作的线上发货包含两类：顺丰国际经济小包（经济类物流）和顺丰国际标快（快速类物流）。

2019 年，顺丰开通深圳—金奈、无锡—重庆—哈恩—无锡等多条航线；2019 年 12 月 18 日，美国交通运输部准许其运营中国与美国任意城市之间的定期或包机货运航班。

2. 服务区域

顺丰国际经济小包可发往俄罗斯、白俄罗斯、乌克兰、爱沙尼亚、拉脱维亚、立陶宛、挪威、芬兰、瑞典、波兰 10 国全境。顺丰国际标快则提供从杭州仓至俄罗斯全境的派送上门的全程物流服务。

3. 资费标准

顺丰国际经济小包针对订单金额 5 美元以下的货物，以克计费，不同国家（地区）

[①] 参考顺丰速运官网（https://www.sf-express.com/cn/sc/index.html）。

起重不同，配送服务费不同。顺丰国际标快采用计费重量计算运费，运费标准较顺丰国际经济小包高。

4. 参考时效

一般情况下，顺丰国际经济小包 15~35 天可到达目的地；特殊情况下需要 35~60 天到达目的地，特殊情况包括但不限于自然灾害、罢工、节假日、偏远地区等因素。顺丰国际标快杭州仓至俄罗斯主要城市仅需 7~11 个工作日，偏远地区需额外增加 4~5 个工作日。

5. 体积重量限制

对于顺丰国际经济小包而言，若是方形包裹则要求长＋宽＋高≤90 厘米、14 厘米≤单边长度≤60 厘米、宽度≥9 厘米；若是圆筒形包裹则要求 17 厘米≤2 倍直径＋长≤104 厘米、10 厘米≤单边长度≤90 厘米。对于顺丰国际标快而言，最高重量可达 30 千克，单件包裹最高重量为 70 千克。

6. 状态查询

卖家可以在顺丰速运官网（https：//www.sf-express.com/cn/sc/index.html）查询货物物流状态。

7. 操作注意事项

顺丰国际经济小包不可以寄递纯电池及干电池，如充电宝、笔记本电池等货物，但是内置锂电池可以寄递，需提供化学安全数据说明书（material safety data sheet，MSDS）、UN38.3（《联合国危险物品运输试验和标准手册》第 3 部分第 38.3 款对锂电池的运输规定）及寄货人申明等相关文件。顺丰国际标快不可寄送电池及带有电池的货物，也不可寄送任何全部或部分含有液体、粉末、颗粒状、化工品、易燃、易爆违禁品及带有磁性的产品（上海仓库可安排磁性检验后出运）。

（二）申通快递[①]

申通快递成立于 1993 年，于 2015 年 12 月 14 日借壳上市。在提供传统快递服务的同时，申通快递不断积极开拓新兴业务，为客户提供仓储、配送、系统、客服等 B2C 一站式物流服务，并提供代收货款、贵重物品通道、冷链运输等服务，在国内建立了庞大的信息采集、市场开发、物流配送、快件收派等业务机构。申通快递在全国范围内形成了完善、流畅的自营快递网络。截至 2018 年 6 月，申通快递拥有独立网点及分公司超 2000 家，乡镇网点 1.5 万余家，直属与非直属转运中心及航空部 90 余个，从业人员

---

① 参考申通快递官网（http：//www.sto.cn/）。

超过30万人，每年新增就业岗位近1万个。

申通快递于2013年成立国际事业部，致力于为全球跨境电商提供专业的跨境物流供应链服务。申通国际业务体系以海外区域转运中心为纽带，以国际干线为连接，发展申通国际业务全球加盟网络体系。同时，申通快递积极投入建设全球海外仓服务体系，为全球跨境电商提供头程运输、清关、仓储管理、库存管控、订单处理、物流配送和信息反馈等"一条龙"供应链服务。目前，申通国际业务已经拓展至美国、俄罗斯、澳大利亚、加拿大、韩国、日本、新西兰、印度尼西亚、尼泊尔、英国、荷兰、马来西亚、泰国、孟加拉国等国家，包括欧洲30国专线、北欧专线、中美专线、日本专线、申通小包平邮、申通优先快递和申通海外仓等服务。

2019年7月，申通国际伯明翰仓配转运中心正式启用。伯明翰仓配转运中心的投入使用有效提高了申通在英国地区的快件分拣、中转和派送时效，进一步提高了服务水平；2019年9月，申通快递启动菜鸟国际出口首公里揽收项目，覆盖27省、203个城市，发至菜鸟杭州、东莞操作中心的全网时效在18~72小时，为申通快递开辟了更为广阔的市场和利润增点。

1. 欧洲30国专线

欧洲30国专线整合首公里揽收、国际空运、海外清关及欧洲30国本土派送资源，将货物在国内集中分拣，空运海外清关，由申通欧洲分拨中心中转，完成欧洲30国的本地派送。

（1）业务特色

完整轨迹：完整跟踪轨迹，国内揽收上网。

快速时效：中欧门到门服务，时效快速稳定。

一单到底：定制联合面单，中转无须换单。

覆盖全欧：欧洲多点注入，欧洲分拨中心。

（2）服务范围

支持寄送到欧洲30国（奥地利、比利时、保加利亚、克罗地亚、塞浦路斯、捷克、丹麦、爱沙尼亚、芬兰、法国、德国、希腊、匈牙利、冰岛、爱尔兰、意大利、拉脱维亚、立陶宛、卢森堡、马耳他岛、荷兰、挪威、波兰、葡萄牙、罗马尼亚、斯洛伐克、斯洛文尼亚、西班牙、瑞士、英国）。

（3）服务时效

平均时效8~12个工作日（新冠肺炎疫情期间12~22个工作日）。

2. 北欧专线

北欧专线主要分为瑞典 DDP 专线和北欧三国（芬兰、丹麦、挪威）专线，旨在于价格和时效上挑战新高度，提供中国至北欧的专线服务。

（1）业务特色

力争时效：中欧门到门服务。

质优价廉：多类型、按需选择。

一单到底：联合面单、全程跟踪。

（2）服务范围

支持寄送到北欧四国。

（3）服务时效

最快可达 6 个工作日。其中标准型（门到门）平均 7~10 个工作日，经济型（门到门）平均 8~12 个工作日。

3. 中美专线

中美专线是一款中国至美国门到门专线产品，可支持邮寄防疫物资（口罩、防护服、防护镜等）。

（1）业务特色

安全快捷：中国至美国门到门一站式服务，安全无忧。

价格实惠：首重 120 元 /0.5 千克（续重 50 元 /0.5 千克）。

服务保障：全程跟踪，丢失赔偿。

（2）服务范围

美国全境（本土外小岛屿、阿拉斯加地区除外）。

（3）服务时效

平均 6~7 个工作日。

4. 日本专线

2014 年日本申通在日本冲绳自由贸易区成立，并于 2015 年开通"日本专线"，为中国至日本的快件提供寄送、仓储物流等服务。

（1）业务特色

安全快捷：今发后至。

价格实惠：相对于同类型的服务，性价比更高。

全程跟踪：信息一单到底。

（2）服务范围

全境派送（冲绳、鹿儿岛除外）。

（3）服务时效

上海发出 2~3 个工作日送达，实际时效可咨询当地申通服务网点。

5. 申通小包平邮

申通小包平邮是申通国际针对跨境电商卖家直发 2 千克以内的小件物品设计的一款邮政小包平邮产品。该产品可通达全球 200 多个国家和地区。通关便捷：邮政清关，稳定性好。离港快速：货件操作完成后可及时安排航班离港，时效快速。价格实惠：相对于同类型的服务，性价比较高。申通小包平邮不提供国际段轨迹追踪服务。

6. 申通优先快递

申通优先快递适合运送价值高、时效要求高的物品。该产品服务范围广，覆盖 200 多个国家及地区；全程可跟踪，可在公司官网查询全段跟踪轨迹；时效有保障，主要国家（地区）只需 4~7 个工作日即可签收。

7. 申通海外仓服务

申通快递具有 10 年以上专业跨境物流、海外仓储全球服务经验，可实现全球主要跨境电商贸易对象国（地区）的当地集货、配送、库存管控和订单处理，与全球主流平台系统实现对接，可进行多销售平台、多账号订单的信息自动抓取、处理和反馈等操作。申通全球仓配资源加盟系统和运营模式吸引了海外有本地仓配资源的企业，实现了海外仓配资源的资源整合和一体化运作。

（1）服务范围

申通海外仓的服务范围包括美国仓、德国仓、澳大利亚仓、筹备仓（覆盖英国、日本、韩国、俄罗斯等）。

（2）资费标准

总费用 = 头程运费 + 税金 + 仓储及处理费 + 尾程派送费。

（3）业务特色

申通海外仓建有订单管理系统，由专业 IT 团队通过十几年开发而成，功能可以满足客户的多种需求。

完善的仓储管理系统：客户订单在工作日 24 小时完成出库，通过系统控制，出库准确率和库存准确率高。

行业专业的运营团队：提供专业和体贴的体验服务，通过内部自我审核，提升客户的满意程度。

长期专业的合作伙伴：在全球50多个国家（地区）都有分拨点，可以满足客户在海外仓的需求。

定制化的服务：根据客户的需求建设定制仓，满足客户多方面需求。

（4）申通海外仓优势

时效优势：本地发货，运输时间短，旺季防"堵塞"。

价格优势：批量将商品运至海外，有效降低物流成本。

服务优势：本地发货时效快，客户体验度好，平台销售好评率高，二次购买率高，还可以实现客户的退货要求。

销售优势：可轻松成为境外卖家，提高销售物品的定价水平，在当地实现有竞争力的销售。

（三）圆通速递[①]

上海圆通速递有限公司成立于2000年5月20日，是一家涵盖新快递物流、新科技、新零售、航空货运等业务板块，国内国际协同发展的大型企业集团。2016年1月16日，大连大杨创世股份有限公司与上海圆通速递有限公司进行资产重组，圆通速递通过此举借壳上市。

目前，圆通速递国际网络已覆盖4大洲的50多个国家和地区，开通国际航线2000多条，境外网络代理点突破1000家。同时，圆通速递发起的"全球包裹联盟"（Global Parcel Alliance，GPA），是目前唯一由境内物流快递企业发起的国际化物流快递联盟平台。

2019年下半年以来，圆通速递开通多条航线，不断丰富航线网络，提高运行保障能力，如表3-3所示。

表3-3 圆通速递开通航线一览

日期	航线	意义
2019年7月15日	乌鲁木齐—塔什干	新疆地区首条国际货运航线，为中国—乌兹别克斯坦两国商贸往来注入新的商机和发展动力
2019年7月16日	杭州—马尼拉	为"电商之都"杭州与"亚洲的纽约"马尼拉之间的商贸互通搭建了一条极具时效性的空中通道
2019年7月22日	中国乌鲁木齐—巴基斯坦	首条直飞巴基斯坦的全货运航线，推动中巴经济走廊建设
2019年7月31日	盐城—首尔	为中韩商贸往来搭建了极具时效性的空中廊道
2019年8月13日	盐城—大阪	全面提高长三角区域对日航空物流能级，进一步提高盐城南洋国际机场航空物流运输能力

[①] 参考圆通速递官网（https：//www.yto.net.cn/）。

续表

日期	航线	意义
2019年10月10日	烟台—仁川	增加了烟台至韩国的货机密度和运力规模
2019年12月3日	兰州—拉合尔	甘肃省打通的首条"中巴经济走廊"航线
2019年12月19日	中国杭州—孟加拉国	提高杭州湾经济区与南亚地区之间的商贸发展和物资流动效率
2019年12月27日	延吉—首尔（仁川）	吉林省延边朝鲜族自治州开通的第一条国际货运航线，为其乃至吉林省积极融入东北亚经济格局架起了空中桥梁
2020年1月16日	石家庄—比什凯克	石家庄开通的首条至"一带一路"重点城市的正班货运航线

未来，圆通速递还将在石家庄机场逐步开通"石家庄—首尔""石家庄—大阪"货运航线，为河北与东北亚的国际贸易往来增加新通道，推动石家庄国家级商贸物流中心以及国家物流枢纽城市建设。

1. 出口服务

圆通速递的国际出口服务产品包括圆通国际标准快递和圆通国际经济快递。对比两种快递方式，圆通国际标准快递的资费更贵、用时更短。

（1）圆通国际标准快递

圆通国际标准快递是圆通为满足客户运送高价值、高时效需求物品而推出的一款门到门的全球可达的产品。该产品在仓储、干线、清关、配送等环节操作灵活安全，具有覆盖范围广、全程跟踪、时效快速、安全稳定、系统便捷的特点。依托圆通速递丰富的网络资源，服务范围遍及东南亚、欧洲、中东和非洲等地。

（2）圆通国际经济快递

圆通国际经济快递是圆通速递根据市场需求打造的一款送达某个特定国家或地区的性价比高、时效稳定的专线产品，具备价格经济实惠、快件清关快捷、专业本地派送、操作简易便捷和查询方便高效的特点。

2. 进口服务

圆通国际已相继在韩国、泰国、澳大利亚、美国、新西兰、德国、荷兰等17个国家或地区开通跨境电商进口服务，为境外客户提供多种跨境物流综合解决方案。通过圆通国际化系统，可实现订单全程跟踪。

3. 海外仓服务

（1）美国海外仓服务

卖家通过海运、空运、陆运等方式把大批量商品运送并存储到圆通速递美国仓库，通过WMS、OMS客户端在线管理库存中的商品并下达配送指令。圆通速递美国仓库第一时间根据指令进行货物分拣，并配送到买家手中。服务内容如下。

①清关。服务包括空运、海运整柜/拼柜的普通清关、集装箱货运站（container freight station，CFS）清关、快件货物承运人中心（express consignment carrier facility，ECCF）快件清关，并为客户提供全美各大口岸海关的各类代理清关服务。

②提货。空运机场提货服务覆盖美国东西岸洛杉矶国际机场（LAX）和纽约肯尼迪机场（JFK）两大国际机场，海运整柜/拼柜集装箱货运站提货服务覆盖全美各大港口及内陆多式联运火车场站，保证第一时间为客户提取海关放行货物。

③"仓库+尾程派送"。美国圆通在洛杉矶为客户提供一站式仓配服务，提供多种派送方式供客户选择，既可通过零担运输转运，将客户的大宗货物派送至目的地，也可以上架后根据客户订单，通过UPS、USPS等方式直接寄到终端客户手里。更有ONT、FTW、CLT2等火爆的亚马逊仓库FBA专线，可以提前预约，保证时效。

（2）欧洲海外仓服务

圆通国际在德国、捷克及西班牙已建立海外仓，提供海外仓配送及FBA货物操作服务。服务内容包括清关、提货、"仓库+尾程派送"。

4. 增值服务

（1）代收货款服务

是指根据寄件方（卖家）与收件方（买方）达成的交易协议要求，为寄件方提供物流寄递并代寄件方向收件方收取货款，同时按照约定时间将货款返还寄件方的服务。

①合作条件

与圆通速递签订大客户代收货款服务协议，且销售的商品符合境内产品质量、卫生许可等相关规定。

②服务范围

中国香港、台湾地区。

③返款时效

提供次周结算、隔周结算、按月结算等多种返款选择。

④服务优势

周转率快、手续费低、结算灵活。

（2）香港机场提货业务

若客户有香港机场提货需求，香港圆通可为客户提供机场提货并送至客户指定地址的服务，按标准向发件客户收取相关附加服务费。

（3）代客收件业务

客户可联系香港圆通安排业务员到香港的指定地点提取货件，并转运至全球的指定收件地址。

（四）中通快递[①]

中通快递成立于2002年5月8日，是一家集快递、快运、跨境、商业、云仓、金融等业务于一体的综合物流服务商。美国时间2016年10月27日，中通快递正式在美国纽约证券交易所挂牌交易。截至2018年9月30日，中通快递有员工超30万名，服务网点约3万个，转运中心83个，网络合作伙伴超过9500家，干线运输车辆超过4900辆，干线运输线路超过2000条，网络通达中国98%以上的区县，乡镇覆盖率超过85%。

2019年10月22日，中通快递全货机首航成功，成了一家拥有全货机包机的快递企业，有助于快递行业的高质量发展；2020年2月19日，泰国中通在曼谷转运中心举行试运营启动仪式，宣布正式启动泰国全境快递业务；2020年3月9日，中通快递柬埔寨公司正式开通柬埔寨至越南陆运往返专线，为两国客户提供物流运输服务，从越南的胡志明市、岘港、河内3个城市可直发柬埔寨全境。

中通快递有丰富的国际业务产品，主要包括东南亚自营运输网络、跨境业务（国际专线、国际小包、国际快递、跨境进口）、海外转运、本地化落地配、非洲业务。

1. 东南亚自营运输网络

东南亚自营运输网络主要服务于柬埔寨、缅甸、越南、老挝、泰国、新加坡、马来西亚，除提供本土化快递与物流服务，兼顾国际快件运输配送服务（见表3-4）。

表3-4　中通国际东南亚自营运输网络基本情况

服务国家	服务优势	覆盖地区
柬埔寨	可提供柬埔寨本土全境次日达服务、中柬往返国际包裹运输服务	柬埔寨全境
缅甸	可提供缅甸同城配送服务、缅甸城际配送服务、中缅双向跨境运输配送业务	缅甸北、中、南部
越南	可提供越南本土包裹空运及陆运配送服务、国际仓转运服务	越南主要省份（地区）
老挝	以本土化快递、物流、仓储业务为主，同时提供国际快件运输配送服务	省级网点覆盖率为94%
泰国	以本土化快递、物流为主，同时提供中泰双向国际快件服务	泰国曼谷地区和70%的省级地区
新加坡	提供门到门送货服务、末端派送服务、海外仓和库存服务、空运和海运进出口与跨国服务	新加坡全境
马来西亚	专注本土快件流通，兼顾国际海运小包的派送	马来西亚全境

[①] 参考中通快递官网（https：//www.zto.com/）。

2. 跨境业务

中通国际的跨境业务主要包括国际专线、国际小包、国际快递、跨境进口四类。

（1）国际专线

专为出海卖家推出的妥投类专线产品。

①服务优势

可接受内置电池、配套电池；单件重量上限可达 30 千克；配置最优航班资源；阳光、快速电子清关；一单到底，轨迹全程追踪；提供关税预付及到付服务；整体时效 3~12 天。

②服务范围

收件范围：中国内地及香港地区。

派件范围：美国、德国、法国、英国等主要欧洲国家；土耳其、以色列等中东国家；柬埔寨、越南、老挝等东南亚国家、澳大利亚、新加坡、韩国等周边国家。

③交货口岸

上海、深圳、香港。

（2）国际小包

为出口跨境电商 B2C 卖家推出的针对 2 千克以下的轻小包裹运输服务。

①服务优势

可发带电物品；邮关清关，方便快捷；全程轨迹可查询；服务时效 5~12 天。

②服务范围

收件范围：中国内地及香港地区。

派件范围：全球 60 多个国家及地区。

③交货口岸

上海、深圳、香港。

（3）国际快递

为满足客户紧急物品的高效、安全寄递需求，打造的门到门国际文件及包裹快递服务。

①服务优势

当日入仓当日即可交航司；可接受文件及包裹；最优航空资源，航班稳定；清关能力强；全程时效 3~4 天。

②服务范围

收件范围：中国内地及香港地区。

派件范围：全球 220 多个国家及地区。

③交货口岸

上海、深圳、香港。

（4）跨境进口

为符合条件的跨境 B2C、B2B2C、C2C 客户提供的跨境进口一站式服务。

①服务优势

全国范围内的派送到门服务；全国主要口岸可提供清关派送一体化服务；全程时效 3~7 天。

②服务范围

中国内地及香港地区。

③交货口岸

内地各主要跨境口岸。

3. 海外转运

中通国际可提供 SHIPBAO 香港转运服务。货物主要以原箱包装交货。自营仓库，减少货物搬运及运输次数，降低货物破损、遗失风险（见表 3-5）。

表 3-5　中通海外转运时效情况

服务海外仓	海外仓入库到香港总仓时效
美国德拉华仓	7~8 个自然日
美国纽约仓	5~6 个自然日
美国俄勒冈仓	4~7 个自然日
日本东京仓	3~5 个自然日
日本大阪仓	2 个自然日
韩国仓	2 个自然日
法国仓	6~7 个自然日
德国仓	10~15 个自然日
澳大利亚仓	5~6 个自然日
英国仓	5~9 个自然日
加拿大仓	6~12 个自然日
泰国仓	5~6 个自然日

4. 本地化落地配

香港落地配是专门为电子商务卖家推出的一项线下跨境快递服务。中通快递国内网点揽收包裹后，经干线到达东莞分拨中心，清关后直接进行投递。中通国际在香港地区现有 3 个货件分拨中心，派送车辆 78 台，香港覆盖率达到 97%。派送服务包括门到门取派件、同日派件、退件处理、运费到付、代收货款、第三方公司地址揽收包裹、物流仓库配送等。为了提供灵活方便的包裹领取服务及提升客户体验，中通国际为香港客户提供了225个取件站点。

该服务主要有以下特点：①全程一单到底，过港后不需换单。②提供即日分拨派送轨迹状态，同步至中通网站。③香港服务范围广，除宅配外提供255个自提点供收件人选择。④卖家无须为清关费心。⑤提供增值服务，如代收货款、运费到付、退件处理，增加卖家竞争能力。⑥提供中通直邮网上工单客服、线下客服、查询专线、投诉专线。

5. 非洲业务

目前针对尼日利亚、肯尼亚、乌干达、加纳4个国家提供"国内提货+国际运输+到门派送"的一站式服务（见表3-6）。

表3-6 中通国际非洲出口业务基本情况

始发地	国家	目的地城市（到门）	价格/元（含税）	时效
中国广州	加纳	阿克拉	90.4	12~15个工作日
		其他城市	97.1	12~15个工作日
	乌干达	坎帕拉	93.1	12~15个工作日
		其他城市	100.0	12~15个工作日
	肯尼亚	内罗毕	90.4	12~15个工作日
		其他城市	97.1	12~15个工作日
	尼日利亚	拉各斯	72.0	12~15个工作日
		其他城市	78.5	12~15个工作日

按千克计费，计费货物运费将按照货物实际重量计算标准和体积重量计算标准两者中较高的计算，体积重量=长×宽×高÷6000（单位以厘米计）。所有小包裹最低计费重量为1千克，不足1千克的，按照1千克计费。每件货物不超过32千克。

表3-6中的时效和价格均为从广州集货仓收到货物起算，如从中通快递国内服务网点收货起算，需加上国内快递的时效和价格。报价适用于私人类物品、公司类商品、电商货物；不适用于生鲜食品、药物、化妆品、液体、粉末、电池、含电产品、香烟、易燃易爆、有毒有害及其他禁运物品。价格包含运输清关费用及包裹派送费用，不包含国内提货费用。

（五）百世快递[①]

百世集团成立于2007年，于2008年建立百世供应链，获得阿里巴巴和富士康

① 参考百世快递官网（https://www.800bestex.com/）。

A 轮融资 1500 万美元。2010 年，百世集团收购汇通快递，成立"百世汇通"，后更名为"百世快递"。百世集团在全国范围内建立起多级营运中心，配送网络覆盖全国，延伸至县、乡级区域。通过系统的合作伙伴认证管理体系、专业的供应链解决设计方案、先进的信息技术和公司自行研发的综合营运平台 GeniMax 系统，为境内外企业提供综合供应链设计和物流服务。现有七大事业部，向客户提供综合供应链、快递、快运和软件服务。截至 2017 年 3 月，百世快递在全国已建立了 678 个运作中心和 420 余万平方米的仓库及转运中心，拥有 9000 多名全职员工和上万个认证加盟商及合作伙伴。

百世快递为跨境电商企业提供国际出口服务、国际进口服务和海外仓储服务（百世云仓）。

1. 国际出口服务

（1）百世海运 FBA 专线（拼箱 / 整柜）

跨境电商出口服务中，百世提供针对美国、德国、澳大利亚的海运 FBA 专线服务，即提供门到门一站式散货拼箱或整柜服务，末端默认快运派送，也可选择快递配送；提供 B2B 直送亚马逊仓库或自营集货处服务，也可实现 B2C 订单直达客户手中；同时为美国、德国和澳大利亚等国提供国际快递小包服务。

① 服务优势

一站到位：提供"百世上门提货—双清关—自营仓库—美国快运"全程到门"一条龙"服务。灵活多样：两端自营仓库可满足客户多样化操作需求，灵活可控，反应速度快。安全稳定：货物 100% 入仓安检，货物安全无忧，航线稳定，每周美国东部（以下简称"美东"）、美国西部（以下简称"美西"）至少各一班次。美西线从宁波始发 25~30 天直达 FBA，美东线从宁波始发 35~40 天直达 FBA。可免受 FBA 旺季爆仓影响，更多选择，更快时效。

② 全程时效

百世海运 FBA 专线全程时效如表 3-7 所示。

表 3-7 百世海运 FBA 专线全程时效

运输方式	美西	美东	德国	澳大利亚
海运 + 快运 （旺季受亚马逊预约影响）	25~30 天	30~35 天	30~35 天	25 天
海运 + 快递 （免预约，不受旺季影响）	20~25 天	25~30 天	30~35 天	—

(2) 百世传统海运头程

百世国际出口业务为境内外客商提供厂家到全球主要港口的一站式海运整柜服务。与多家班轮公司合作，运价优惠、服务上乘。依托百世集团国际网络，优化整体配送方案，操作灵活。

(3) 百世国际快递（小包）

适合轻小件包裹的寄送，可满足紧急运输需求，自有专线空运直达，渠道时效稳定，运输安全，清关便捷。运输流程如图3-2所示。

图3-2 百世国际快递（小包）运输流程

禁寄货物包括航空违禁品、违法、违规物品，以及当地海关禁止进口货物。

百世国际快递（小包）服务时效为：发往美国，参考时效5~7个工作日；发往澳大利亚，参考时效为5~10个工作日。

(4) 国际空运到门

适用紧急补货、样品寄送等，可实时追踪。

国际空运到门服务时效为：运往美国5~10个工作日，运往澳大利亚5~7个工作日。时效快，性价比高。

2. 国际进口服务

百世国际进口业务可提供9610、1210、直邮进口、头程空运、海外订单分拣、整合理货、一单到底等多种跨境物流综合解决方案。通过在线系统制单、与海关系统三单电子对接，全面实现在线关税缴纳、全程状态追踪，为跨境电商、代购等提供正规合法的国际物流服务。百世国际在世界各地设立了仓库和分拨中心，确保每一个包裹都可以尽快到达买家手中。通过全球化的在线系统，每一个订单均可以实时跟踪。

百世国际进口服务流程如图3-3所示，进口直邮模式流程如图3-4所示，进口备货模式流程如图3-5所示。

图 3-3　百世国际进口服务流程

图 3-4　百世进口直邮模式流程

图 3-5　百世进口备货模式流程

3. 海外仓储服务（百世云仓）

依托云仓优势，提供各种增值服务，满足供货需求，可 B2B 直送亚马逊仓库或自营集货处，也可实现 B2C 订单直达客户手中。其服务项目主要包括以下内容。

（1）库存管理

包括库存配置分析（单仓或多仓）、ABC 库存管理、整体供应链成本优化等方面。

（2）渠道分销

包括 FBA 补货（B2B）、其他电商平台及线下渠道发货（B2B）。

（3）订单履行

包括订单配货、称重质检、包装发货等。

（4）增值服务

包括定制化货品加工、贴换标、二次包装、质检、报价、报废服务，以及其他定制化增值服务。

（5）逆向物流

包括库存消除、客户退换货处理、商品质检、重新上架等。

（6）越库作业和拆箱

包括装运、FBA 第一公里配送等。

（六）韵达速递[①]

韵达速递创立于 1999 年 8 月，总部位于中国上海。2017 年 1 月 18 日在深圳证券交易所挂牌上市。

韵达速递 2007 年与淘宝网签约开启电商快递配送服务。随着跨境电商业务的不断增长，上海自贸区内的快件量辐射到境内普通快递业务，自贸区也是韵达速递拓展境外市场的重要契机之一。自贸区给韵达速递带来了很多便利。在自贸区，韵达速递和跨境电商合作，通过备货模式，提供专业的货物分拣、集包、转运服务。同时，韵达速递旗下跨境电商平台——优递爱网站于 2015 年 2 月 2 日上线，与其他合作伙伴相互配合，实现优势互补。韵达速递逐步采取了一些举措，走进了美国、德国及整个欧洲地区市场。目前，韵达速递在日本、韩国、澳大利亚、南非、欧洲、美国、新加坡、马来西亚、加拿大和丹麦等地开设了物流业务，开通了 14 条国际航线，国际标快／国际特惠业务涉及全球 53 个国家和地区，国际小包业务覆盖全球 225 个国家和地区，还在美国、德国、爱沙尼亚等地建立了海外仓。

2019 年 4 月 19 日，韵达速递新产品"优递达"正式宣布上线，为客户提供个性化、极致化的快递服务体验。2019 年 9 月 20 日，韵达速递增值服务"分拨自提"正式上线。"分拨自提"是指客户自行到目的地分拨中心提取货物，旨在为客户提供低成本、高时效、高性价比的末端服务。2019 年 10 月 25 日，"韵达特快 2019 启动会"在上海举办，推出了以时效为核心的高端产品——韵达特快，主要面向对时效有巨大需求的客户。

[①] 参考韵达速递官网（http://www.yundaex.com/cn/index.php）。

第三节　跨境电商专线物流

国际（地区间）跨境专线物流一般是指将货物以货运包机的方式运输到境外，再通过合作公司进行目的国（地区）的派送。其优势在于能够集中大批量运往某一特定国家（地区）的货物，通过规模效应降低成本。其价格比邮政包裹高，但比商业快递低，在时效上虽稍慢于商业快递，但明显比邮政包裹快。市面上最普遍的专线物流产品是美国专线、欧洲专线、澳大利亚专线、俄罗斯专线等。

一、美国专线

美国专线是美国路向妥投类产品，包括标准类产品和小包产品，提供头程运输、口岸操作、出口交航、进口接收、实物投递等实时跟踪查询信息。美国全程时效 8~12 个工作日，综合妥投率高于 98%，包裹全程可跟踪。

（一）资费构成

美国专线的资费主要由处理费和基本资费构成，即按件收费和按重量收费。运费根据包裹重量按克计费，1 克起重。

（二）规格限制

标准类产品要求单边长 ≤ 66 厘米，长+2×宽+2×高 ≤ 274 厘米，单件包裹不超过 31.5 千克。对于小包产品而言，一般来说产品重量要求在 2 千克以内，不过有些小包产品单件限重在 2~3 千克，并且 15.5 厘米×7.7 厘米×0.7 厘米 ≤ 长×宽×高 ≤ 68 厘米×43 厘米×43 厘米。

美国专线对运输的产品有一定的限制，如酒精类产品、食品、电池类商品等限制运输。

（三）清关

美国政府对货物的申报要求：不接受申报价值超过 800 美元的货物；不接受同一收件人名、同一地址且当天累计包裹申报价值超过 800 美元的货物。

二、欧洲专线

欧洲专线是欧向专线产品，服务覆盖西班牙、英国、法国、德国、意大利、荷兰等国，一般分为标准类服务和经济类服务。均可提供头程运输、口岸操作、出口交航、进口接收、实物投递等服务，全程物流节点可在线实时跟踪查询，标准类产品还可实现境外妥投的查询。下面以中外运欧洲专线产品为例进行介绍。

（一）资费构成

欧洲专线产品的资费由配送服务费和挂号服务费构成，即按件和按重量收费。运费根据包裹重量按克计费，1克起重，一般单件包裹限重2千克。

（二）规格限制

不同国家（地区）对应的规格限制和重量限制略有不同。通常情况下，经济类服务一般要求包裹申报重量和实际重量均不超过2千克。对标准类产品而言，西班牙和法国要求货物申报和实际重量均不超过30千克；其他国家（地区）目前仍按不超过2千克实行。尺寸上，中外运小包要求包裹单边长度≤60厘米，且长＋宽＋高≤90厘米。方形包裹的长度≥14厘米，宽度≥9厘米；圆筒形包裹2倍直径＋长度≥17厘米，单边长度≥10厘米。

（三）时限标准

欧洲专线采用国际商业快递干线运输和商业通关，清关速度快。包裹自揽收成功起算，一般在10~15天完成投递，不同国家（地区）之间略有区别。

（四）交寄方式

在北京、深圳、广州、东莞、佛山、杭州、金华、宁波、温州、上海、南京、苏州、无锡、郑州、泉州、武汉、成都、葫芦岛、保定等地，中外运提供上门揽收服务。非揽收区域卖家可自行寄送至揽收仓库。

（五）物流追踪

卖家可登录中外运网站查询物流信息。

（六）寄送限制

① 危险品和违禁品不能发运。

② 不接收电池等产品。

③ 枪形、武器形物品不管实际用途是什么，一旦发现立即罚没。

④ 非管制类刀具，如剪刀、厨房刀等，需妥善包装，刺破外包装的将退回，尖锐锋利型刀具有退回风险。

⑤ 物流商有权依据国家法律、法规对明令禁止寄送的物品进行处置，包括但不限于销毁、交与市场监督部门等行政执法机关等方式。

（七）赔偿标准

货物在运输过程中丢失或者货物没有在约定的时效内派送，出现延迟配送（各种不可抗力因素等特殊情况除外）、丢失或损毁由物流商提供赔偿。商家发起投诉后需要提供退款凭证或者丢失证明作为索赔依据，以确保赔付顺利完成。物流商会按照订单的实际成交价格进行赔偿，设置最高上限。

（八）退件处理

退件存在两种类型：境内段退件和境外段退件。在境内转运仓发现破损而拒收的包裹，或超大、超重包裹且未出货时，无须扣除卖家运费；若境内安检不过被邮政或机场安检退回时，运费全部退回，航空安检之后发生的退回，运费及挂号费不退；被境内海关退回的含限运物品的包裹，不退运费，不赔偿货物损失；运送至境外，但买家地址错误、邮编错误、无法联系上收件人等导致投递失败的包裹可以安排退回境内或者销毁，卖家选择退回服务的包裹可在境外集货完成后统一退回境内，通过境内快递退回商家，会收取一定的退回服务费，退回承诺时效在订单生成后的180天内。

三、澳大利亚专线

澳大利亚专线服务覆盖澳大利亚全境。通常情况下，专线提供中国境内多个城市上门揽收、目的地预分拣、出口报关、国际运输、进口清关、终端配送、物流轨迹追踪等端到端的整体服务。

澳大利亚专线的操作流程与其他专线产品基本类似，主要的区别在于产品的申报环节。2018年，中澳两国签署了长达5年、总价值近150亿澳元（约合735亿元人民币）的11项协议，覆盖了旅游、资源、基础设施、电子商务和物流服务等一系列领域。从2019年1月1日起，所有进入澳大利亚的中国商品免征关税。但自2018年7月1日起，所有向澳大利亚消费者出售的商品总额在12个月内达到7.5万澳元（约合36.8万元人民币）的境外企业或电商平台，均需在澳税务局商品和服务税（goods and services tax，GST）系统中进行注册，并且每季度缴纳商品总价10%的增值税。而在2018年7月1日以前，销往澳大利亚的产品价值小于或等于1000澳元（约合4900元人民币）的商品是免税的，只有高于1000澳元的商品，以及香烟、酒精饮料才会被征税。因此，税改后，无论货值高低，都要收进口GST。进口GST=［货物价值+海运费（20美元/立方米）+保险+关税］×10%，如表3-8所示。

表3-8 税改前后澳大利亚进口税对比

货值	2018年7月1日之前	2018年7月1日起
FOB[①]价格小于或等于1000澳元	无关税；无增值税	无关税；增值税为FOB的10%
FOB价格高于1000澳元	绝大多数品类关税税率为5%，但是如果有中澳自贸协议原产地证（country of origin，COO）可免关税；增值税=（CIF[②]价格+关税）×10%，如果进口主体是企业，则可以在每个季度报税时再次销售时收取的增值税对冲，多退少补	

注：① FOB贸易术语是free on board（...named port of shipment）的缩写，即装运港船上交货（……指定装运港）。此术语是指卖方在约定的装运港将货物交到买方指定的船上。按照国际商会《2000年国际贸易术语解释通则》的规定，此术语只能适用于海运和内河航运。

② CIF贸易术语是cost，insurance and freight（...named port of destination）的缩写，即成本、保险费加运费（……指定目的港）。此术语是指卖方必须在合同规定的日期或期间内在装运港将货物交至（运往）指定目的港的船上，负担货物越过船舷为止的一切费用和货物灭失或损坏的风险，负责租船订舱，支付从装运港到目的港的正常运费，并负责办理货运保险，支付保险费。按照国际商会《2000年国际贸易术语解释通则》的规定，CIF贸易术语只能适用于海运和内河航运。

四、俄罗斯专线

俄罗斯专线是指包机直达俄罗斯，支持发往俄罗斯各个区域的物流方案。下面以俄速通中俄航空专线为例进行介绍。

（一）俄速通中俄航空专线

俄速通中俄航空专线是由黑龙江俄速通国际物流有限公司提供的中俄航空小包专线服务。境外递送环节全权由俄罗斯邮政承接，因此递送范围覆盖俄罗斯全境。俄速通中俄航空专线专为速卖通平台上的电商设立，是速卖通平台的合作物流商。主要提供跨境电商客户需求的小包航空专线服务，快速稳定，并提供全程物流跟踪服务。

（二）资费与查询

俄速通中俄航空专线以克为单位精确计费，无起重费。除了按照货物实际重量收取配送服务费，还需收取每单7.5元的挂号服务费。卖家可以在速卖通后台，也可登录俄速通官网查询货物物流状态。

（三）规格限制

与其他专线包裹寄运限制相似，俄速通中俄航空专线也根据包裹的形态对相关尺寸做了规定。若所寄包裹为方形包裹，则要求长+宽+高≤90厘米，14厘米≤单边长度≤60厘米，宽度≥9厘米；若所寄包裹为圆筒形包裹，则要求17厘米≤2倍直径+长度≤104厘米，10厘米≤单边长度≤90厘米。在重量方面，要求货物重量不超过2千克。

（四）时限标准

俄速通中俄航空专线开通了哈尔滨—叶卡捷琳堡中俄航空专线货运包机，大大提高了配送时效，使中俄跨境电商物流平均妥投时间从过去的近两个月缩短到最快 13 天可到达。80% 以上包裹可在 25 天内到达。通常情况下，16~35 天可以到达俄罗斯全境。一些特殊情况下，35~60 天到达[①]。

第四节　海外仓与边境仓

在跨境电子商务发展的推动下，跨境物流不再拘泥于国际邮政小包、国际快递或托人捎带等传统方式，新型物流方式不断涌现，且呈现出快速发展的态势，如海外仓，边境仓，保税区、自贸区物流，集货物流，第三方物流，第四方物流，等等。以下主要介绍海外仓与边境仓。

一、海外仓概述

随着跨境电子商务的蓬勃发展，越来越多的企业采用直邮渠道将自己的产品销往全球各地。但是，"高成本、低效率"的物流劣势困扰着企业，加上频频传出爆仓、延误、禁运等消息，在这样的背景下，海外仓应运而生。不少电商平台和出口企业通过建设海外仓布局境外物流体系。海外仓可以让出口企业将货物批量发送至境外仓库，实现该国（地区）当地销售、当地配送。自产生起，海外仓就不单单是指在海外建仓库，更是一种对现有跨境物流运输方案的优化与整合。

（一）海外仓概念

海外仓是指境内企业将商品以大宗运输的形式运往目标市场国家（地区），在当地建立仓库、储存商品，然后根据当地的销售订单，第一时间作出响应，从当地仓库直接进行分拣、包装和配送的物流方式。简单地说，海外仓是指建立在海外的仓储设施，是跨境电商企业按照一般贸易方式，将货物批量出口到境外仓库，实现当地销售、当地配送的跨国物流形式。

企业拥有海外仓库，就能便捷地从买家所在国（地区）本土进货和发货，使订单周

---

① 苏杭.跨境电商物流管理[M].北京：对外经济贸易大学出版社，2017.

期缩短，用户体验大幅提升，也会导致用户重复购买，有利于突破销售"瓶颈"，因此海外仓越来越受到跨境电商企业的青睐。

海外仓既可以是自建的，也可以是租赁的。简单来说，可以将海外仓划分为以下3个步骤：第一步，头程运输，商家或跨境电子商务平台首先把商品运送至海外仓库；第二步，仓储管理，通过物流信息系统，对海外仓中的货物进行远程监控，对库存实施管理及控制；第三步，本地配送，依照订单详细信息，由海外仓发出指令，通过当地邮政或者其他快递将商品配送给客户。

海外仓得以迅速发展的主要原因有以下3点：

一是海外仓使得运输品类大大增加，同时降低了物流费用。国际邮政小包对物品的重量、体积和价值等方面都有一定的限制，导致许多大件或者贵重的物品无法采用邮政小包运输，只能转而使用国际快递。而海外仓不仅能够突破对物品重量、体积和价值等方面的限制，而且费用要低于国际快递。

二是海外仓能够直接从本地发货，大大缩短了货物的配送时间。跨境运输的路程较长，无法做到物流动态实时更新。但使用海外仓发货，由于当地物流一般都拥有透明的货物运输状态查询系统，也就可以实现对包裹的全程跟踪。与此同时，海外仓的头程采用传统的外贸物流方式，可以按照正常清关流程进行进口，大大减少了清关方面的障碍。

三是海外仓可以为卖家带来更大的价值。通过对大数据进行分析，卖家能够全程控制供应链，实现对海外仓内货物的控制，降低海外仓的使用成本。

（二）海外仓的费用结构

海外仓费用主要包括头程费用、仓储管理服务费、当地派送费用和税金（包括关税、增值税等）。

1. 头程费用

头程费用是指把货物从一国运送至海外仓的过程中所产生的费用，主要包括空运、海运、当地拖车等费用。采用航空运输方式的费用包括运费、清关费、报关费、文档费、拖车费和送货费等费用。海运货轮运输有集装箱拼箱和集装箱整箱两种方式。集装箱拼箱方式以实际体积计算运费，集装箱整箱方式以箱为单位计算运费。

2. 仓储管理服务费

仓储管理服务费主要包括仓储费和订单处理费两大部分。仓储费是产品储存在仓库中而产生的费用。如果租用第三方物流公司的仓库，第三方物流公司通常按周收取费用，以提高产品的周转率。订单处理费是买家下单后，完成订单拣货打包而产生的费用，通常会根据处理订单的数量、体积及重量制定不同的价目表。

3. 当地派送费用

当地派送费用也称二程派送费用，是指买家下单后，物品由仓库配送至买家地址所产生的费用。由于各国物流公司的操作不尽相同，该费用以具体国家具体物流公司的派送价格和规则为准。

4. 税金

税金是指货物出口到某国，按照该国进口货物政策而征收的一系列费用。通常主要指进口关税（import duty），即一个国家海关对进口货物和物品征收的税。进口关税的征收会增加进口货物成本，提高进口货物的市场价格，从而影响货物的进口数量。世界各国都把征收关税作为限制货物进口的一种手段。适当使用进口关税可以保护本国工农业生产，也可以作为经济杠杆调节本国的生产和经济的发展。有些国家不仅有进口关税，还有其他特定费用，如增值税（value added tax，VAT）。

（三）海外仓的优势

海外仓的优势主要体现在以下几个方面。

1. 运输时效性强

海外仓一般都设在需求地，可以做到直接从本地发货，能够极大减少货物配送所需的时间，同时减少货物在报关和清关等环节因烦琐的操作流程所耗费的时间，实现更快、更有效率地发货，从而提升顾客满意度。

2. 较低的物流成本

海外仓的头程运输采用传统的外贸物流方式，批量将商品运至境外，有效降低了卖家的物流成本；按照正常清关流程进口，大大降低了清关障碍，同时也突破了邮政大小包和国际专线物流对运输物品的重量、体积、价值等的限制，扩大了运输品类，降低了物流费用。

3. 良好的客户消费体验

消费者可全程查询物流配送信息；转运流程的减少使得快递破损、丢包率大大下降；客户收到的产品如果出现破损、短装、错发等情况，海外仓可以提供快速的退换货处理。这些增值服务既提升了客户满意度，也能为卖家节省运输成本，减少损失。

4. 有利于开拓海外市场

卖家通过海外仓运营和口碑营销，更能得到境外买家的认可，能够在短时间内用较低的成本获得海外市场，有利于卖家积累更多的资源去拓展产品销售领域与销售范围。

（四）海外仓的劣势

一是需要支付海外仓储成本费用。不同国家（地区）的海外仓储成本费用有所不同，但不管是租赁还是自建，海外仓的运营维护成本都较高。卖家需要对比海外仓发货与其他发货方式的成本进行选择。

二是存在货物滞销的风险。因为海外仓模式需要事先将货物运输至海外仓库，如果对海外需求没有做到准确预测，则很有可能出现货物滞销的情况。此时，滞销货物的运输费用和仓储保管费用就会给跨境电子商务企业带来很大的压力。

三是要求卖家有一定的库存量。一些买家特别定制的产品，就不适合选择海外仓销售。

四是要面临重重本土化挑战。

（五）海外仓的类型

1. 企业海外仓

从经营的主体划分，企业海外仓可分为卖家自建海外仓、第三方物流服务商经营的海外仓、电商平台运营商经营的海外仓3种模式。

（1）卖家自建海外仓模式

这是指跨境电商企业自己建立并且运营的海外仓库，仅为本企业的产品提供仓储、配送等服务。整个跨境物流过程都由跨境电商企业自身控制，换言之，管理权掌握在跨境电商企业自己手中。研究报告显示，个性化服务是大型电商选择自建海外仓的首要原因，此外还有第三方服务质量不可靠、降低自身综合成本的需求及销售产品本身的特性等原因。自建海外仓模式的缺点是，跨境电商企业需要面对当地的清关规则、税收制度、劳工政策等壁垒，需要自己解决仓储、报关、物流运输等问题，同时建造成本、风险等也较大。如果日均订单和运送货量不大的话，在运输方面很难得到有优势的价格。自建海外仓无疑是风险与成本很高的选择。

（2）第三方物流服务商经营的海外仓模式

这是指由第三方企业（多数为物流服务商）建立并运营的海外仓，可以面对多家跨境电商企业提供清关、入库质检、接受订单、商品分拣、配送等服务，有的第三方海外仓还可提供FBA退换货、转仓、重打或代贴标签、产品检测、代缴关税等服务。第三方海外仓管理权由海外仓建设企业掌握。换句话说，第三方海外仓模式就是由第三方企业掌控整个跨境物流体系。第三方海外仓主要有租用和合作建设两种方式。租用方式费用较高，会产生租赁费用、物流费用、仓储费用等；合作建设方式仅产生物流费用。

（3）电商平台运营商经营的海外仓模式

FBA 是亚马逊平台运营的海外仓，提供仓储、拣货打包、派送、收款、客服与退货处理等"一条龙"物流服务。FBA 的物流水平是海外仓行业内的标杆，除了运费贵、退货麻烦外，几乎让卖家无可挑剔。

2. 公共海外仓

一些地方政府为推动外贸发展，支持企业申报公共海外仓，并给予一定的优惠扶持政策。公共海外仓注重公共性特点，除企业自用外，还为其他外贸经营主体提供通关、仓储、分销、展示等境外综合营销服务。公共海外仓按照政府支持对象，可分为以下 3 种类型。

（1）物流型公共海外仓

这是指依托固定航线（海运、铁路运输、空运）和固定时间的优势约价，根据客户的需求，为客户提供运输、货物代理、仓储、配送等多种物流服务的海外仓，能够定时定量集中处理国际发运、仓储、分拣、打包、配送和转运等供应链一体化服务。优势体现在，其国际支线运输费用和目的国（地区）末端配送费用低于其他公共海外仓。

（2）贸易型公共海外仓

在固有贸易活动的基础上，依托目的国（地区）本地细分销售渠道和网络关系，在原有的国际贸易背景下，搭建境内卖家的线下销货和线上展示平台，依靠本地海外仓的时效性，实现良好的 B 端采购体验。

（3）平台型公共海外仓

这是指通过第三方平台下单，物流发货到海外仓分解、再包装、再配送到客户端的海外仓。平台型公共海外仓专注于境内卖家，海外仓和境外买家处于同一系统平台。优势在于方便三方沟通，可统一管理、统一解决问题，专注于系统性开发和国际支付等问题，力求提供良好的 C 端用户体验。

二、海外仓备货（BBC）模式

（一）第三方海外仓

第三方海外仓企业以国际物流、货代企业为主，具备强大而专业的国际物流服务能力，专注于经营跨境卖家的物流服务。境内较早涉足海外仓的专业公司有万邑通、出口易、中邮、递四方、飞鸟国际等。从出口形势来看，海外仓的需求越来越大，卖家呼吁海外仓提供更多如加工、金融、客服等增值服务[①]。

1. 第三方海外仓的优势

第三方海外仓的优势主要有以下几点。

第一，有助于提高单件商品利润率。eBay 数据显示，存储在海外仓中的商品的平均售价比直邮的同类商品高 30%。

第二，稳定的供应链有助于增加商品销量。海外仓可以提供包括物流配送、仓储管理和清关等环节在内的全产业链服务，能够大大提高竞争力。在同类商品中，从海外仓发货的商品的销售量是从中国本土直接发货的商品销售量的 3.4 倍。

第三，集中运输模式突破了商品重量、体积和价格的限制，有助于扩大销售品类。同时，大幅降低了单件商品的平均运费，尤其在商品重量大于 400 克时，采用海外仓的价格优势更为明显，这有效降低了电商的物流管理成本，从而提高了单件商品的利润率。

第四，稳定的销量、更多更好的买家反馈将提升卖家的账号表现。eBay 数据显示，海外仓可以使卖家的物流好评率提升 30%。

第五，第三方海外仓可以规避法律法规、行业政策、税收及海外人员管理等环节的风险。

2. 第三方海外仓的弊端

第三方海外仓也存在弊端，如存货量预测不准可能会导致货物滞销；货物追踪如果存在差漏会导致物品丢失；海外仓本身的本土化服务和团队管理不佳也会影响到客户的服务体验。

（二）平台海外仓

1. 电商自发头程海外仓

头程备货送仓，卖家可以选择自主送仓或由海外仓全程负责，前提是海外仓运营商有足够的承运和清关能力。很多海外仓为了规避交叉风险或连带责任，经常鼓励卖家委托代理自行送货。海运拼箱/整柜是主要的头程送仓方式，空运头程更适合紧急补货。为了物流成本和库存最优，头程频率要科学安排。

如果自主送仓，卖家要在提交海外仓入库单时，明确货物明细及运输方式、承运商、运单号等信息，作为预先发货清单（advanced shipping note，ASN），便于仓库验货入库；卖家需要自行安排货物境外清关并支付税费，都要以税后交货（delivered duty paid，DDP）的贸易模式发货。空运、海运的清关文件和装箱单等随货文件，海外仓不能体现为进口

[①] 蒋礼. 我国跨境电子商务海外仓模式选择的策略研究[D]. 长沙：湖南大学，2017.

商、付税人或货物所有人等角色,只能体现承运商的送货地址。

卖家自行包装时,单包超过 50 磅(约 22.68 千克)要堆码托盘、限重等,否则可能产生整柜散装卸货费。

入库单信息或预约不准确会产生卸货、入库及上架延迟,收货押车、押柜等额外费用。在口岸拥有公共集货仓的情况下,有些海外仓提供"进出双清"及提货方面的服务,统一进行收货查验、打标、包装打托、产品拍照、复核称重等,负责进仓入站、订舱、境内港口报关及目的国(地区)清关、托运至目的地等环节,并提供含 FBA 在内的送仓服务[①]。

2. 平台集货发海外仓

（1）B2B2C 模式

平台不提前备货,海外用户下单之后,由境内供应商在平台规定的时效内发货到平台在境内的集货仓。平台集货仓负责快递包裹签收、入库质检、上架、订单打印、拣货、扫描核验、包装、称重、集包、货物交接等,再由平台选择合适的跨境物流渠道,将商品运送至境外消费者手中。

（2）FBJ（fulfillment by Jollychic）模式

FBJ 模式与 FBA 模式一致,如图 3-6 所示。

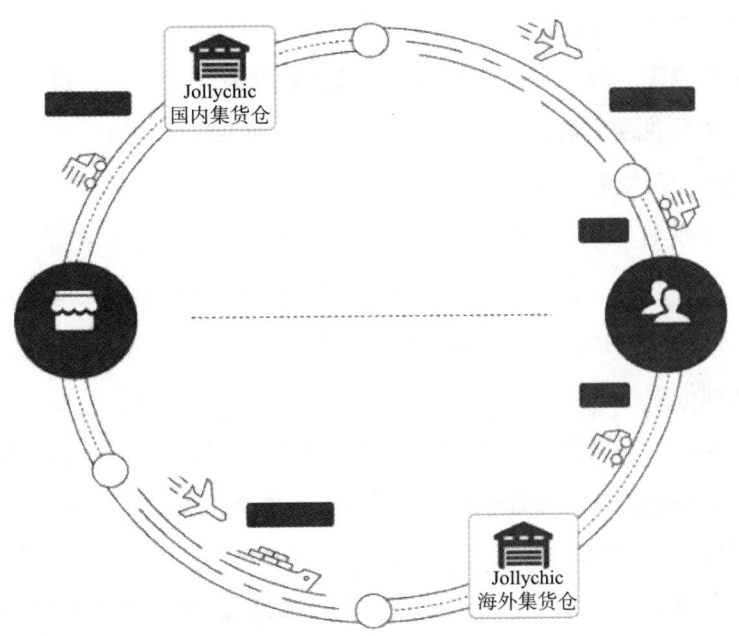

图 3-6　FBJ 平台海外集货仓模式

---

① 孙韬,老魏. 跨境电商宝典[M]. 北京:电子工业出版社,2018.

三、海外仓选品与选址

（一）海外仓选品定位

哪些产品适合海外仓？一般来说，可从跨境电商出口产品运输风险和利润两个维度来考虑。

一是体积大、超重等大件产品适合海外仓。这些产品具有高风险、高利润的特点，且境内小包无法运送或运送费用太贵，如大型汽配、户外用品、家具等。

二是日用快消品适合海外仓。这些非常符合本地需求、需要快速送达的产品，具有低风险、高利润的特点，如家居必需品、母婴产品、工具类产品等。

三是境内小包、快递无法运送的产品适合海外仓。这些产品具有高风险、低利润的特点，如液体类产品、家用化学品等。这些产品通过海外仓直接向买家发货，可减少压货，不但能加快收货速度，也能加快企业的资金回笼速度，从而进行资金周转。

四是季节性产品或节日产品。如服装、鞋类等季节性强的消费品，美国的感恩节所需要的产品等。卖家需要把握销售周期，做好海外仓库存和配送服务。

低风险、低利润的产品，或库存量单位（stock keeping unit，SKU）种类比较多、销售效果未知的产品等，并不适合海外仓。

（二）海外仓选址原则

一是系统性原则。海外仓的选址要具备长远战略发展的眼光，最大限度地将当下与未来发展需求统筹兼顾，整合当地物流运输、仓储和系统化物流网络资源，使配送区域的基础设施能够为跨境电商企业的发展服务。

二是适应性原则。海外仓的选址应该充分调研目的国（地区）和当地的政治、政府政策、法律因素、区域经济、人文因素等，尤其要掌握当地消费人群的特征及市场动态与潜力，结合该地区的物流资源，确保海外配送中心具有极强的适应性，使双方都能够通过海外仓实现最大受益。

三是协调性原则。海外仓的选址要平衡好物流网络的各个环节，力争建成后的生产和管理能够相互协调支撑。海外仓的设计要从不同影响因素入手，通过定性、定量的分析方法或量化模型选出最适宜的选址方案。

四是经济性原则。海外仓的微观选址要遵循建设成本经济性原则。通常来讲，应选在地价相对较低的地段，同时应与客户或供应商距离较近，能够形成一定的辐射。

具体来说，海外仓进行国家和地区布局时，应考虑可以覆盖周边市场的国家（地区），如美国仓覆盖加拿大，捷克仓、波兰仓覆盖中东欧国家，英国仓、法国仓、德国仓、西班牙仓、意大利仓覆盖西欧国家；也可以以某一个国家（地区）的专业市场为主布局，如俄罗斯的服装/服饰配件市场。

可以通过调研目的国（地区）的跨境电商出口平台把握卖家市场需求。除了主流跨境电商平台外，还需要特别关注俄罗斯、巴西、东南亚等新兴国家和地区的电商平台[①]。

四、海外仓服务规范

不同的平台对货物的包装运送有不同的要求。若卖家使用的是自建海外仓或第三方公共海外仓，则海外仓货物的包装主要原则就是保证货物安全、有效控制成本。当卖家使用的是平台建设的海外仓，则产品的包装就需要完全符合平台物流运营的要求。

以速卖通平台的菜鸟海外仓为例，平台要求备货到海外仓的卖家事先为每件货物自备物流包装；禁止透明包装、有颜色图片包装或无包装的产品；货物的包装需要封口，根据货物的类型做好包装内的货物保护，易碎品，如灯具、玻璃制品、电子屏幕等，需要有适当的填充材料保护。

粘贴货品标签时需要检查信息的完整性和清晰度，并且将标签尽量贴在最小面的左上角。货品的装箱尽量保证一箱一个 SKU，原则上只允许混箱混装 SKU，一箱最多允许装 5 个 SKU。每个箱子重量不超过 30 千克。粘贴箱唛标签时选用 A4 纸，需贴警示标示（如易碎标示），箱唛最好贴在箱子的侧面左上角，封箱时不得用胶带遮盖箱唛信息。

对于产品的退货，菜鸟海外仓也有自己的规范。针对无法投递的货物，菜鸟的当地配送商将免费退回仓库，物流商完成线下登记后将由卖家决定该商品是销毁还是重新上架，如超过 3 个工作日没有回复，则默认上架。针对买家退件的货物，需要卖家在速卖通平台海外退货仓服务模板中设置为自由海外仓，并将退货地址告知买家，收货人填写特定的收货人代码，以便海外仓通过收件人辨别、处理收到的不同类型的退件。买家发起退货后，卖家需要将退货信息告知仓库，包括但不限于，海外仓发货时的出库单号、买家寄出的快递单号、货品信息、处理意见。买家退件包裹到达海外仓后，物流商将进行线下登记，根据商家提供的买家寄回单号、海外仓出库单号定位到相应的包裹，与卖家协商后续的操作（丢弃或上架二次销售）。如果卖家无法提供或提供了错误的买家寄回单号，且买家寄回的包裹上没有原始的出库面单，将会导致海外仓无法定位包裹，产生无主件。

---

① 梅宝林. 跨境物流中海外仓选址研究 [J]. 南方企业家，2018（1）：118–120.

另外，海外仓一般是以大货的形式通过海运或者空运的方式将商品发到海外仓，如果选择的物流服务商不专业，或者涉及一些违禁品导致货物被扣关，问题就比较严重，因此跨境卖家需要选择业务能力强的物流服务商提供产品运输服务。

五、海外仓费用核算

（一）头程费用核算

1. 空运费用

空运费用包含空运头程运费、清关费、报关费、其他费用（拖车费、文档费等）。其中运费按照重量计算，有最低起运量限制（通常为5千克）。清关费则根据件数来计算。如4PX承运的英国空运业务，代理清关费为300元/票，提货费为2元/千克，若卖家自行进行增值税清关，则清关费为1200元/票。

2. 海运费用

海运可分为集装箱拼箱和集装箱整箱业务。

集装箱拼箱业务主要针对小件货物。通常会将多个卖家的货物放置于一个集装箱内，按实际体积计算运费，体积会分层计算，1立方米起运。

集装箱整箱业务以集装箱数量作为运费计算依据。

（二）海外仓仓储管理服务费核算

不同国际物流企业提供的海外仓仓储管理服务费不同，但大致都包含入库费用、仓储费用、出库费用、订单处理费用。下面主要介绍仓储费用和订单处理费用。

1. 仓储费用

仓储费用是指货物发至海外仓后，商品储存在仓库产生的费用。一般来说，为了保证产品的动销率，会按照一定时间范围收取相应费用。如亚马逊平台的仓储费用包括月度仓储费和长期仓储费。

月度仓储费在开通FBA第二个月的7—15日收取，费用按照货物的体积进行计算。1—9月，标准尺寸货物按0.64美元/立方英尺、超大尺寸货物按0.43美元/立方英尺收取。10—12月，标准尺寸货物按2.35美元/立方英尺、超大尺寸货物按1.15美元/立方英尺收取。月度仓储费的计算公式为：

月度仓储费 = 应收取6个月长期仓储费的商品数量 × 单位商品体积 × 对应月份每立方单位仓储费

在10—12月旺季期间，月度仓储费是淡季的3~4倍。

长期仓储费是当货物存放在亚马逊FBA仓库中超过365天时才收取的费用计算。每立方英尺及最低长期仓储费（按件），取两者中较高的收取，每件最少收取0.5美元。长期仓储费的计算公式为：

$$长期仓储费 = 应收取时间段长期仓储费的商品数量 \times 单位商品体积 \times 对应时间段每立方单位仓储费$$

2. 订单处理费用

海外仓的订单处理费用是指买家在平台上下单卖家的产品后，由第三方人员对其订单进行拣货打包产生的费用。通常情况下，订单处理费用是按件收取的。如FBA的订单处理费用（标准件物品）为美国站1.00美元/件，英国站0.82英镑/件，德国、法国、意大利、西班牙四国1.38欧元/件。

（三）海外仓税金核算

海外仓税金主要是指货物出口到目的国（地区），需按照该国（地区）政府相关进口货物政策而缴纳的一系列费用。

1. 进口关税

进口关税是一个国家海关对进口货物所征收的关税。可以说，进口关税是进口产品无法逃避的一种税种，它会增加进口产品的成本，提高产品在目的国（地区）市场的售价。

2. 增值税

增值税是指在进口国（地区）销售货物或提供服务，或将货物从境外进口到境内，进口商代国家税务局向消费者收取的税金。是否缴纳增值税需要根据公司注册地、各国的增值税起征点、是否在当地有库存等条件而定。根据欧盟相关法律规定，凡是货物已经在欧盟当地销售，即使是使用第三方物流仓储服务的商家，也需要依法缴纳增值税。大多数欧洲国家（地区）允许卖家在当地的税务机构网站上在线注册增值税。这部分费用会最终加到售价中。在合法的情况下，任何产品要流入市场，都免不了要缴纳增值税。欧盟内部成员之间的增值税情况相对复杂，但依旧可以理解为"不重复征收"。如果卖家将商品储存在任何一个欧洲国家（地区），或卖家在欧洲国家（地区）的销售超过了当地远程销售阈值，则可能将需要在这一国家（地区）注册增值税。所谓远程销售阈值，是指每个欧洲国家（地区）都为从其他欧洲国家（地区）跨境将商品销售给本国（地区）消费者的公司设置了增值税税号注册远程销售阈值，如果该公司在同一日历年的销售额超过了该阈值，则该公司可能需要在销售地当地注册增值税税号。

不同国家（地区）的增值税申报需要的资料会有所区别，以下对欧洲几个主要国家（地区）的增值税申报进行介绍。

（1）英国增值税申报

① 英国增值税概述

根据英国当地最新的增值税法案，如果卖家是非英国企业并且在英国存储商品，那么就必须在英国注册增值税税号，否则将被禁止在任何线上商城从事销售活动。

英国的主要优势是增值税税率低。英国税务局要求卖家合规申报，按时缴纳税金。英国低税率是不能够再享受进口增值税的抵扣的，但针对一些按正常税率申报的大卖家来说，卖家如果同时保留欧盟统一报关单（C88文件）和当月海关下发的进口增值税明细表（C79文件），是可以享受进口增值税抵扣的。很多卖家在拥有了英国增值税税号后，误以为若没有销售产品，则不须申报增值税。但实际上，在英国无论有没有销售产品，只要没有注销税号就需要申报增值税。如果卖家不及时申报增值税，英国税务局可以通过平台后端提供的数据直接计算税金。

② 需要在英国申请增值税的情况

第一，公司成立于英国境内，在英国有库存，并且在英国境内销售额超过增值税阈值（8.5万英镑）；第二，若公司成立于其他欧盟国家（地区），在英国有库存，或在英国的销售额超出英国远程销售阈值（7万英镑）；第三，若公司成立于欧盟之外的国家（地区），如中国，在英国有库存，或在英国无库存，从其他欧盟国家（地区）远程销售到英国的产品一年的销售额超出该国远程销售阈值。

③ 申请增值税时需提交的材料

包括营业执照、法人身份证或法人身份证明（护照）及英国税务局648文件。

④ 申报增值税时需提交的资料

包括进口缴纳增值税时获取的C79文件、企业在英国有销售行为时的销售账单及销售收入汇总表。

（2）德国增值税申报

① 德国增值税概述

自2019年3月1日起，德国增值税法规要求所有销往德国或从德国销售货物的欧盟境外卖家提供税务证书，而不能仅上传德国增值税号码。在上传税务副本证书之前，卖家向德国客户销售或从德国销售的权利将受到限制。

德国的增值税是正常税率，不存在低税率，德国税务局在监管方面很严格，对进口税金抵扣的要求也比较高。德国海关对"离岸公司在德国的清关，需要欧盟公司作为担保方"的执行力度比较强，只要给离岸公司提供申报都需要承担连带责任并且追诉期为6年。

②需要在德国申请增值税的情况

第一，企业在德国依法设立；第二，在德国有库存并从德国配送商品；第三，从存储库存的其他欧盟国家（地区）向德国客户配送货物，并且从所有销售渠道向德国客户销售商品的销售额超过了10万欧元/年；第四，从非欧盟国家发货给德国客户，同时卖家（或代表卖家的承运人）是登记进口商。

③申请增值税时需提交的材料

包括营业执照原件、翻译件；法人身份证原件、翻译件；非独资公司，需提供公司章程翻译件；电商平台注册时间；电商平台店铺名称；仓储地址；委托授权书；签订的税务代理协议。

④申报增值税时需提交的资料

包括销售报表、清关票据等。若是零申报，则需提交零申报函。

（3）法国增值税申报

①法国增值税概述

法国反欺诈法案已经实行，法国税务局在监管方面和德国税务局一样严格。法国的增值税是正常税率，不存在低税率。

②需要在法国申请增值税的情况

第一，若公司成立于法国境内，在法国有库存，并且在法国境内的销售额超过增值税阈值（8.22万欧元）；第二，若公司成立于其他欧盟国家（地区），在法国有库存或在法国的销售额超出法国的远程销售阈值（3.5万欧元）；第三，若公司成立于欧盟之外的国家（地区），如中国，在法国有库存，或在法国无库存，从其他欧盟国家（地区）远程销售到法国的一年销售额超出该国（地区）远程销售阈值。

③申请增值税时需提交的材料

企业营业执照；股东、法人及董事的护照、身份证，需翻译；企业最新法人、董事证明（中国内地公司）或企业的存续证明书、信誉良好证明书（商事团体登记截图，主要涉及中国香港及欧盟本地公司）；欧洲银行账号；法人的住址证明，如水电煤气单、房产证、结婚证、离婚证、出生证明、房屋按揭单据等，至少提供两种。

此外,卖家还需要提供电商平台交易截图、平台账号,在平台交易时显示的公司名和注册地址。

④ 申报增值税时需提交的资料

包括销售报表、清关票据等。若是零申报,则需提交零申报函。

(4) 意大利增值税申报

① 意大利增值税概述

意大利的增值税不存在低税率。意大利税务局针对意大利本土企业有专门的开票系统,开票系统数据和税务局数据后端相连接。虽然欧盟企业B2B交易的增值税税率为0,但企业需要对B2B交易的发票进行收集、申报,以便税务局对发票进行管理和比对。

② 需要在意大利申请增值税的情况

第一,公司成立于意大利境内,在意大利有库存并且在意大利境内销售;第二,若公司成立于其他欧盟国家(地区),在意大利有库存或在意大利的销售额超出意大利的远程销售阈值(3.5万欧元);第三,若公司成立于欧盟之外的国家(地区),如中国,在意大利有库存,或在意大利无库存,从其他欧盟国家(地区)远程销售到意大利的一年销售额超出该国远程销售阈值。

③ 申请增值税时需提交的材料

包括营业执照、法人身份证或法人身份证明(护照)、委托授权书,并需签订税务代理协议。

④ 申报增值税时需提交的资料

包括销售报表、清关票据等。若是零申报,则需提交零申报函。

(5) 西班牙增值税申报

① 西班牙增值税概述

西班牙的增值税税率由西班牙政府设定,目前一般为21%,在医疗、药品、旅客运输、文娱体育活动收费上降低至10%,食品和报刊则为4%。

② 需要在西班牙申请增值税的情况

第一,公司成立于西班牙境内,在西班牙有库存并且在西班牙境内销售;第二,若公司成立于其他欧盟国家(地区),在西班牙有库存或在西班牙的销售额超出西班牙的远程销售阈值(3.5万欧元);第三,若公司成立于欧盟之外的国家(地区),如中国,在西班牙有库存,或在西班牙无库存,从其他欧盟国家(地区)远程销售到西班牙的一年的销售额超出该国远程销售阈值。

③ 申请增值税时需提交的材料

包括营业执照及公司章程（需双认证）、法人身份证或法人身份证明（护照）、电子商务税号、临时绿卡号、委托授权书（需双认证），并需签订税务代理协议。

④ 申报增值税时需提交的资料

包括销售报表、清关票据等。若是零申报，则需提交零申报函。

（6）增值税核算

增值税是欧盟国家普遍使用的售后增值税，也是货物售价的利润税。按照欧盟法令，当货物进入欧盟，货物就需要缴纳进口税；进口税包含两部分内容：进口关税和进口增值税（import VAT）。当货物完成销售后，商家可以退回进口增值税，再按销售额及其他抵扣项缴纳计算出的相应销售税（sales VAT），即销售增值税（output VAT）。

进口关税、进口增值税、销售增值税的计算公式为：

$$进口关税 = 申报货值 \times 关税税率$$

$$进口增值税 = （货物货值 + 头程运费 + 进口关税）\times 增值税税率$$

$$销售增值税 = 市场销售价格 \div 6$$

当销售增值税>进口增值税时，卖家需补缴无法抵扣的销售税；当销售增值税<进口增值税时，卖家将获得退税（退税金额 = 进口增值税 – 销售增值税）。

欧洲主要国家增值税税率如表3-9所示。

表3-9 欧洲主要国家增值税税率 （%）

国家	德国	奥地利	丹麦	法国	爱尔兰	意大利	波兰	瑞士	比利时	英国	西班牙
税率	19	20	25	20	22	22	23	25	21	20	21

（7）增值税缴纳

通常情况下，卖家除了增值税申请之外，还需到相关国家的税务机关进行增值税缴纳，不仅要支付高额电汇手续费，如果不能及时缴纳还会产生连带后果。

增值税缴纳有两种方式：一种是找指定正规会计师或机构代缴；另一种是使用税务部门的官方在线操作系统自行申报。代缴服务费较高，且卖家通常不愿意透露完整的账户信息给代理机构用于报税。因此，很多卖家会选择自行缴税的方式。以下介绍派安盈（Payoneer）提供的增值税缴费方案，如图3-7所示。

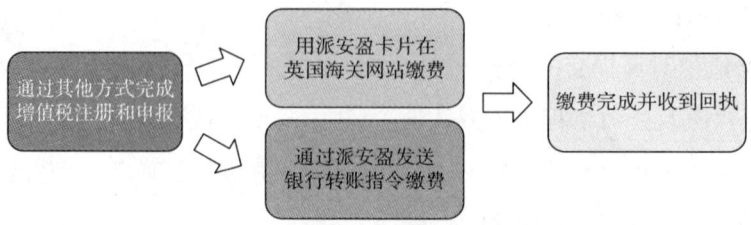

图 3-7 派安盈增值税缴费方案

派安盈两种快速缴税方案分别是派安盈万事达（Mastercard）卡片自行缴费和派安盈银行转账代为缴费。两种缴税方案对比如表 3-10 所示。

表 3-10 派安盈两种缴纳增值税方案对比

对比项目	派安盈万事达卡片	派安盈银行转账
详情	5000 英镑以下的小额缴费建议使用银行卡缴费，免费且快速	较大额度且无须当天到账的缴费建议通过银行柜台转账
方法	登录英国海关（HMRC）页面缴费	将缴费详情发增值税@Payoneer.com，派安盈代为电汇缴费
费用	使用同种币种（如英镑卡支付英国增值税）免费	免费
时效	4~7 个工作日	3~5 个工作日
缴费查询	登录派安盈账户及 HMRC 账户可查询缴费记录	派安盈通过邮件发送缴费回执，可以通过登录 HMRC 账户查询缴费记录

六、仓储管理

（一）概述

仓库管理（warehouse management，WM）也叫仓储管理，是指对仓储货物的收发、结存等活动的有效控制，其目的是为企业保证仓储货物的完好无损，确保生产经营活动的正常进行，并在此基础上对各类货物的活动状况进行分类记录，以图表方式明确表现仓储货物在数量、品质方面的状况，以及所在的地理位置、部门、订单归属和仓储分散程度等情况。

仓储管理可以用"收、管、发"三个字来概括，包括场地及人、财、物的多维度管理，以货物这一流动资产为管理中心，涉及"效率、质量、成本"三个目标，追求三者的平衡和效益最大化。

（二）仓储管理作业流程

① 验收：根据预先发货清单检查收货商品数量及质量。

② 上架：将验收的商品货架储位。

③ 拣货：根据订单需求取下商品。

④ 复核：核对订单、商品、种类等信息。

⑤ 包装：将商品打包或装箱打托盘。

⑥ 发运：按路向或承运商等规则分堆交运。

⑦ 盘点：核对库房内商品数量。

⑧ 移库：在不同货架间移动整理商品或补货。

⑨ 转仓：将商品在不同仓库间调拨。

（三）仓储管理目标

仓储管理目标可以被概括为"多、快、好、省"。

"多"是指仓储的规模。主要指仓库吞吐量大，收入规模大；货品多，存量多，单位面积利用率高或容积利用率高。

"快"是指仓储管理的效率。主要指货物的交期短，库存周转快，收货、拣货、包装及发货环节时效快，人均劳动生产率高。

"好"是指仓储管理的质量。主要指收货质量、存储质量完好，作业准确，库存无误差。

"省"是指仓储管理的成本。主要指货物库存的资金占用成本、仓储成本、呆滞成本、脱销成本低，配送功率高等。

仓储管理的目标即复杂的事情简单化、简单的事情标准化、标准的事情流程化、流程的事情自动化。

七、当地配送

海外仓最大的优势之一就是可以当地配送。小到贴纸、手机壳，大到钢琴、家具都可以以不同的当地配送方式发货。当地配送的优势是能够快速送货和退货，带来良好的客户体验，使销量迅速增加。比如，欧洲人非常注重寄送时效，大部分人希望1~2天到货，超过3天就会考虑其他替代商品，所以当地配送带来的销量增长十分明显。

目前美国及欧洲国家的物流配送方式主要有以下几种。

（一）邮政方式

各国（地区）邮政系统主要分为信件和包裹两类。可以使用签收也可以使用非签收。对于货值很低的商品，使用非签收会大大降低成本。货物重量一般不超过2千克。

（二）快递公司

如 UPS、FedEx、DHL 等。货物重量一般不超过30千克。

（三）卡车公司（托盘配送）

大型的家具和商品是电商卖家新的销售增长点，由于体积和重量大，无法使用小包发货，只能使用海外仓。重量超过30千克的货物，可以通过托盘配送。目前英国及其他欧洲国家（地区）的托盘运输很普及，一般1~2天可送达。

八、退换货、退货换标、坏货及滞销品处理

跨境电商卖家可能都会遇到本来2~4天可妥投却因各种原因导致账号被关、产品无法上架、客户退货等问题，使货物积压在海外仓不能销售的情况。在跨境电商业务中，会存在大量的退换货需求，直邮条件下基本只能重发，但使用海外仓就方便多了。海外仓可以帮助卖家处理很多售后问题，每个环节都可以提供很多增值服务。

产品不能销售的主要原因有运输过程中商品包装损坏，不能作为新品登记入仓；商品详情页（listing）审核不合格或无效；商品被告侵权、账号被封；等等。而这些积压滞销的商品，95%都是可以经过处理重新销售的。例如，包装损坏的商品，物品本身并没有损坏，可以重新包装后再次销售；listing审核不合格或无效，可以通过创建新的listing，或者跟卖同样的产品来解决；一个账号被关了，商品还在，可以换个账号，还可以发到另外的账号销售。但是，由于多数卖家在境内，没办法处理这些物品，因此，随着时间的推移，海外仓积压的滞销商品越来越多。平台会对此类滞销商品加收仓储费和销毁费，卖家还要承担货款积压、滞留在海外仓的货物的贴标费、头程运费、关税、商品预期收益等损失。处理积压货品成了中国卖家的痛点。因此，提供重新包装、换标、转运及二次销售等服务，让产品重新获得价值、避免货物损失，成为海外仓增值服务的重要内容。

（一）退换货

退换货需要逐件验收，比较耗费人力。退回的商品需要重新整理、清洁、包装、贴标、检测维修。有的组装和识别难度较大，会降低处理效率；如果吊牌或标识丢失，还要从SKU图库中查找或等待境外卖家反馈；如果被退回的货物已经残次，无法二次销售，则只能等待销毁；若还可以进行二次销售，则可以进行二次上架，并优先匹配销售订单发货。退货的隐性成本太高，要尽可能降低退货率，当遇到顾客反馈产品问题时，客服应首先试用优惠券等方式安抚消费者。

（二）退货换标

指协助客户退货并根据指令在对货物进行重新包装的同时，按照相关条码标准打印

相应产品标签,按照平台入仓要求,将标签粘贴于标准区域,再发货到 FBA 仓或指定地址。

退货换标一般要经过 13 个工序,依次为快递理货卸货、到货卸货—入仓登记—包裹上架—反馈入库数据—接到换标指令—按指令下架包裹—分拣—新旧 SKU 对照覆盖—按地址打包—返回打包数据—获得 FBA 外箱标签—出库—返回跟踪号。

(三)坏货及滞销品

因为运费高、手续繁,坏货及滞销品基本没必要运回境内。若滞销的货物还能清仓处理,则要及时"割肉止损";过季、过质保货物,残值不抵仓租时,可能成为废品,只能予以销毁;在 FBA 中,有瑕疵的退货都会被归类到无法履行(unfulfillable)库存中,无法再以 FBA 的方式销售。欧美有比较严格的治污法律,手机、3C〔计算机(computer)、通信(communication)、消费类电子品(consumer electronics)〕类产品的回收处理、销毁要付一笔环境保护费。针对这种情况,境外市场上还衍生出了专门处理卖家"存货报废"及滞销品"死货"的服务商。因此,使用海外仓,商家要注意集中销售资源,促成产品热卖,及时销售,加快流转,现金流比利润更重要。如今 FBA 对在库久的商品都要加收超期仓租。

九、海外仓库存

库存是零售业及电商的利润黑洞,甚至会成为压垮企业的大山。库存如同进餐,多了少了都无益。海外仓备货考验的是企业自身对市场的判断力和销售经验,库存量往往很难把控,无论是滞销还是脱销对于卖家来说都很不利。很多跨境电商之前采取的都是现买现卖的模式,库存很少,也就形成了忽略库存管理的习惯。但是,当企业使用海外仓,或销售规模大起来时,会发现退货、备货库存不准、库存超龄等问题造成了大量的资金占用。库存周转、销售、毛利、资金链本质上是相关的,高效的库存周转能带来更高的资金利用率。

海外仓库存管理,包括盘点、对账、批次跟踪、库存调拨、补货、下架等功能。对于卖家而言,应重点关注库存的准确性、滞销及缺货等情况。如发现库位不足或达到临界值,海外仓可从存储区自动补货;但如果库存短缺,则要从境内备货补发。

对财务报表上的存货金额,会计通常只会考虑库存价值对应的资金占用,而不会考虑资金的利息支付,可见隐性成本之大。

库存数据具有实时性,分为采购在途、发货在途、在库库存、冻结等类型,要分类合计，尤其要注意对可销售库存的监控。库存周期，即单位库存售出所需时间是衡量产品销售是否健康的一项重要指标，要了解行业相关基准指标，定时盘点统计滞销率。通过清点、过秤、对账等环节，检查仓库实际存货的数量和质量，查明存货盈亏的原因，发现超期或损毁的存货。库存差异多由错漏的"收、放、发"引起，海外仓要及时查账调平，避免超期商品形成坏账，引起双方赔付争议。

健康库存需要及时补货，但盲目补货也是库存积压的一个原因。畅销周期是短暂的，需要两种补货模型：一是经济货量，根据单位产品支付费用最小原则确定订货。二是再订货点，由于需求货量小、周期不确定，可使用合适的"安全库存"来缓冲或补偿不确定因素。安全库存也只是参考，不要成为实际运作的教条。线上销售的波动性大、可预见性差，要及时调整，绝不能拘泥于某种优化模型。模型都是建立在较为成熟的市场模式和假设条件下的。理想库存基于对需求的预测，通过模拟产品未来的一个时间点，作出提早备货、降价、退货等预判。但再多的销售数据也只能呈现事实和趋势，在月均价格、市场需求回归等的干扰下，决策并不容易。

总之，对于库存管理，跨境电商企业要做到两个基本点：一是爆款销量大，不能断货，必须设置一个库存预警值；二是动态补货，基于销售情况进行库存分析及补货周期分析，保证库存合理。要谨记，没有永远的热销品，要及时调整、控制库存。

十、海外仓技术

要做好海外仓业务，必须有一套好的海外仓信息技术系统，提高海外仓服务智能化水平，提升效率。京东、菜鸟、苏宁物流等都在研发与建立仓储自动化、智能化技术系统，亚马逊早已布局了完整而强大的仓储物流体系。大卖家使用FBA的占比很高，自建仓的发货占比不断降低，物流和人工成本也急剧增高。从物流角度看，不少卖家自营仓库是亏损的；而使用第三方海外仓，必须面临不断拓展市场、扩大业务范围、争取更多客户的难题。在跨境电商的整个业务链条中，承接的服务越多，对系统能力的要求就越高。本地化诉求所需要的服务，必须以降低海外仓成本为前提，这就依赖于技术。现代仓储技术包括装卸、搬运、计量、输送、单元容器等设备技术，条码、传感、射频识别等数据采集与识别技术，软件系统、电子数据交换、优化模拟等信息与仿真技术，自动分拣、辅助搬运、存储等自动化技术，以及更为宽泛的物联网技术。

海外仓仓配物流管理系统专门为海外仓的仓储与配送物流运营管理提供全面信息化解决方案，可以帮助各种业务模式的海外仓经营者实现高效而精细化的物流运营管理，并实现电子商务平台与海外当地物流服务渠道之间的信息互联互通。

(一)海外仓系统

掌握海外仓业务的最好方式就是学习海外仓的系统。物流偏重流程执行的过程管理,"无系统不流程",系统是物流业的中枢,与信息流不同步的物流是"失控"的物流。

云仓的概念源自云计算,通过计算能力集约化提高仓储管理效率。云仓是以多仓为据点的、通过信息和运输贯通的物流网络,同时建构网络内的库存分布逻辑。在这一模式下,多个分仓或平行仓可充分运用全社会的资源,提供迅速、快捷、经济的仓储配送服务。智能分仓和智能调拨可按照需求分布特征进行合理的库存决策。如果在欧美的不同国家(地区)设有多个分仓,那么在备货策略上就不得不考虑订单分布与物流时效等因素,而在不同仓的相同备货,也必须依靠系统来计算最优成本与时效,以选择订单履行方。亚马逊全球云仓平台在精准的供应链计划的驱动下,多库联动,管理就近备货和预测式调拨。

供应链领域的软件主要分计划、执行和管理三类,WMS 是典型的供应链执行系统(supply chain execution, SCE)。市面上的 WMS 软件价格不同,虽然很多功能看起来差别不大,但其实际价值是由该软件与流程的匹配程度决定的。面对规模性作业,性能和可靠性也很关键。

海外仓 WMS 要适应海外本土员工使用,能够获取上游电商平台、订单系统、外贸 ERP 的计划指令,控制并跟踪库内作业过程,与外部自动化及设备集成。企业依据海外仓系统提供的数据,建立计件、追溯和质量保证等统计数据库,通过系统规范流程,设立绩效指标,保证流程执行的规范性,实现精细化运营。ERP 仓储模块面向财务核算,主要提供采购辅助及库存成本的归集计算等功能,强调结果管理。WMS 则专注于过程控制及结果输出。不像客户关系管理(customer relationship management, CRM)、人力资源管理(human resource management, HRM)等管理系统,WMS 没有大量"云化"。高频交易且实时性要求高的系统放到云端,可能影响内部作业稳定。但在海外仓的开放服务模式下,外围与电商的订单衔接需要软件即服务(software as a service, SaaS)的应用。跨境电商企业不关心海外仓的内部流程,只在意服务结果,WMS 本身不需要个性化。如今,也有对 WMS 拆分后的"云化",如标签打印、仓库控制服务(warehouse control service, WCS)、自动化及硬件集成等技术,其他应用则放到公共平台。

(二)仓储自动化

人工作业的效率有极限,商品在拣选、清点、运输和装卸过程中易产生缺损等质量问题，智能化物流是未来趋势，高度自动化的"无人仓"已经接近现实。欧美发达市场的劳动力成本高、效率低，自动化仓储是海外仓规模化发展的必由之路。围绕 WMS 和 WCS，集成存储容器、搬运输送、拣选、条码检测、控制系统的高度自动化作业系统将是未来趋势。成套系统包括自动存取系统（automated storage/retrieval system，AS/RS）、高密度立体存储技术、高速分拣系统及自动导引运输车（automated guided vehicle，AGV）等，可有效提高仓储利用率、拣选准确率和效率，降低货物破损率。传统的灯光拣选、射频（radio frequency，RF）手持拣选、语音拣选等，都还是"人找货"模式，机器人 AGV 通过作业计划实现"货找人"。亚马逊的智能机器人 Kiva 技术，实现了库区的无人化。针对各个库位，AGV 自动排序到作业岗位，作业效率、行动里程是传统人工作业的 2~4 倍；DHL 也在其仓库提供自动手推车机器人；2016 年京东的"无人仓"首度曝光，AGV、货架穿梭车、delta 型分拣机器人、六轴机器人等悉数亮相。

亚马逊的仓储技术还包括大数据应用，在精准预测库存、智能拣货算法、包装分拨、配货规划、运力调配及末端配送等方面，数据驱动贯穿始终；亚马逊的 Cubi Scan 仪器会测量新入库的中小体积商品的体积，随机存储和混放，实现"见缝插针"的最佳空间利用；独特的"八爪鱼"分拣工作台，能快速区分包裹路向；亚马逊云服务（Amazon web services，AWS）技术能力输出之后，亚马逊输出其物流服务，如为网易考拉海购的宁波保税仓提供仓储运营服务，为其设计并搭建系统和全流程的运营体系[①]。

十一、海外仓趋势

早期做海外仓的企业都经历了扩张后的调整阶段，高昂的成本与前端卖家营销、订单规模的匹配不断优化。如今，伴随亚马逊全球开店及 FBA 的火爆，海外仓又开启了新一轮的扩张，直邮转当地发货的趋势不可逆转。海外仓并非"万金油"，也有些市场不适合海外仓。海外仓是跨境电商行业发展的一个重要里程碑，不能仅仅把海外仓作为一种物流的提升行为，而应该全方位地评估海外仓可能带来的各种潜在机会和挑战。

（一）本地化服务升级

海外仓是对跨境电商企业在供应、服务、成本、客户体验、精准销售等环节的全方位整合，也成为跨境电商企业展示品牌，提供售后、咨询服务的窗口。海外仓的这种整合属

---

① 孙韬，老魏. 跨境电商宝典 [M]. 北京：电子工业出版社，2018.

性，决定了其服务的不断优化升级能提升客户体验，实现产品的升级换代和品牌效应的提升。海外仓让许多厂家可以把货发到目的国（地区）进行直销，与当地公司面对面竞争，倒逼境内厂商树立起真正的服务意识、品牌意识和质量意识。

（二）低价竞争、免收仓租成为竞争常态

很多新兴中小型第三方海外仓开启了免费模式，意味着它们只能通过运费、操作费及增值服务来赚钱。部分海外仓巨头资金雄厚，仓库多，平台渠道和货源广，在境外市场经营多年，有较大的优势。中小型第三方海外仓为了争取客户，在前期往往会免收仓租，通过更快的发货和回复速度，更便利的退货服务、退款服务、保险服务及其他个性化服务等来填补收益。

（三）电商平台推动海外建仓，将带动第三方海外仓发展

海外仓促进了平台向 B2C 的转化，繁荣了大卖家的独立站点。亚马逊平台将继续服务大卖家占领的主力人群市场，特殊的、小众的市场卖家将使用直邮补位。小卖家在外围游走，生存下来的都具备产品特色或营销特色。具有优势的海外仓将直接成为平台的推荐物流渠道，平台与海外仓的绑定将更加紧密。

（四）在欧美等地设立跨境物流园承接境内业务，在新兴市场建设保税仓，与大型外贸企业和品牌企业合作，建设全链条海外运营中心

国际快递、邮政包裹、专线物流等产品将作为海外仓的互补物流渠道，继续在跨境电商物流行业生存，更多地为 C 端服务。很多海外仓商家将参与全程物流及头程专线运输，而中间商则将成为大物流企业的收货点。

十二、边境仓

边境仓是从海外仓衍生出来的一个概念与一种跨境物流模式。边境仓与海外仓的区别在于仓库所处的地理位置不同。海外仓是建设在跨境电子商务交易主体卖方所在国家（地区）之外的仓库，边境仓则是建设在跨境电子商务交易主体买方所在国家（地区）邻国的仓库。

边境仓具体是指在商品输入国的邻国边境租赁或建设仓库，预先将商品送达该仓库，通过跨境电子商务平台进行商品的陈列、浏览、下单、处理、支付及客服等一系列活动，直接从该仓库通过线下物流进行商品的物流运输与配送。

按照仓库所处的地理位置，边境仓可以分为绝对边境仓与相对边境仓两类。

绝对边境仓是指跨境电子商务交易主体所在国家（地区）接壤，仓库设在卖方所在

国家（地区）内，与买方所在国家（地区）相邻。如中国在中俄边境城市——如哈尔滨等城市——建立仓库，对接俄罗斯的跨境电子商务业务。

相对边境仓是指跨境电子商务交易主体所在国家不接壤，仓库设在买方所在国家邻国的边境城市或地区。如中国与巴西开展跨境电子商务交易，在与巴西接壤的阿根廷、哥伦比亚、巴拉圭、秘鲁等国家临近巴西的边境城市设立仓库。相对边境仓是一个相对的概念，相对于买方所在国（地区）而言属于边境仓范畴，相对于卖方所在国（地区）而言又归属于海外仓范畴。

边境仓具有海外仓无法企及的优势，是出于跨境电子商务业务发展需要而产生的一种新型跨境物流模式，可以规避商品输入国的政治、税收、货币、法律等风险，也可以利用区域政策，如南美自由贸易协定、北美自由贸易协定等[1]。一些国家的政局不稳定、税收政策苛刻、货币贬值及国内通货膨胀严重等，刺激了边境仓的出现与发展，如乌克兰政治危机、阿富汗国内政局动荡、巴西限制外来企业以及严格的税收政策。边境仓在一些自由贸易区极具优势，如可以利用南美自由贸易协定的优势，通过在巴西的邻国建立边境仓，规避巴西的本土保护主义及苛刻的税收政策，推动南美及巴西的跨境电子商务业务发展。

本章重点

1. 国际（地区间）邮政包裹的主要类型、资费标准、规格限制、时限标准、查询方式、优劣势、交寄方式和适用范围。

2. 掌握国际（地区间）各类型邮政包裹的主要操作流程。

3. 境外三大商业快递巨头的基本业务情况、资费标准、规格限制、时效标准、状态查询、交寄方式、优劣势和操作流程。

4. 境内主要商业快递的概况、资费标准、规格限制、时效标准和操作流程。

5. 跨境专线物流产品特点。

6. 美国专线、欧洲专线、澳大利亚专线、俄罗斯专线的基本情况。

7. 海外仓的基本情况、技术发展与趋势。

8. 边境仓的基本情况。

---

[1] 张夏恒. 跨境电商物流协同模型构建与实现路径研究[D]. 西安：长安大学，2016.

课后习题

1. 解释下列名词概念。

中国邮政小包、中国邮政大包、国际（地区间）商业快递、专线物流、仓储管理、边境仓

2. 简述中国邮政包裹服务的主要特点和操作流程。
3. 简述"AliExpress 无忧物流"的三类物流方案。
4. 简述 DHL、FedEx、UPS 的规格限制、时限标准与操作流程。
5. 简述"四通一达"主要国际业务类型。
6. 海外仓具有哪些优势和劣势？

参考文献

[1] 贺蓓蓓. 跨境电子商务与物流协同发展研究 [D]. 郑州：河南财经政法大学，2019.

[2] 蒋礼. 我国跨境电子商务海外仓模式选择的策略研究 [D]. 长沙：湖南大学，2017.

[3] 梅宝林. 跨境物流中海外仓选址研究 [J]. 南方企业家，2018（1）：118-120.

[4] 潘兴华，张鹏军，崔慧勇. 新手学跨境电商从入门到精通（速卖通＋亚马逊出口篇）[M]. 北京：中国铁道出版社，2016.

[5] 苏杭. 跨境电商物流管理 [M]. 北京：对外经济贸易大学出版社，2017.

[6] 孙韬，老魏. 跨境电商宝典 [M]. 北京：电子工业出版社，2018.

[7] 张夏恒. 跨境电商物流协同模型构建与实现路径研究 [D]. 西安：长安大学，2016.

第四章
跨境电商物流系统

本章概要

本章主要在介绍基本概念与功能的基础上，探讨如何构建科学高效的跨境电商物流系统，共分为三节。第一节是跨境电商物流系统的定义与基本功能，主要介绍了跨境电商物流系统的定义、主要功能、特点；第二节是跨境电商物流系统的构成要素，主要包括一般要素（劳动者、资金、实物）、功能要素［采购、包装、储存保管（仓储）、流通加工、商品检验和通关、装卸搬运、运输、物流信息处理］、支撑要素（体制、制度，法律，规章，行政、命令，标准化系统）、物质基础要素（物流设施、物流装备和物流工具、信息技术及网络、组织及管理）；第三节主要介绍了跨境电商物流系统规划的基本原则、要解决的问题和层次。

学习目标

了解掌握跨境电商物流系统的定义，了解跨境电商物流系统的主要功能，熟悉跨境电商物流系统的特点。

掌握跨境电商物流系统构成的一般要素。

熟悉跨境电商物流采购、包装、储存保管、流通加工、商品检验和通关、装卸搬运、运输、物流信息处理八个子系统的基本概况。

了解跨境电商物流的支撑要素和物质基础要素。

在熟悉跨境电商物流系统规划基本原则的基础上，能够进行科学合理的物流系统规划。

中国提出的"一带一路"倡议快速在沿线国家得到响应，中国跨境电商市场发展迅猛，行业保持高增长率。数据显示，2020年中国跨境电商进出口额达1.69万亿元，增长了31.1%。但是，跨境电商在迅速发展的同时，面临着多种问题，以通关便利性和仓库管理为最大痛点，因此，解决自身仓储问题成了跨境电商持续发展的首要问题。同时，电商企业间的竞争日益激烈，想在"龙争虎斗"中占有一席之地，做好物流仓库管理、提升客户满意度格外重要。电商企业必须成为拥有先进管理系统和管理经验的专业整体服务商，才能在新时代、新形势、新经济、新竞争中占有优势。

第一节　跨境电商物流系统的定义与基本功能

对于跨境电子商务企业来说，系统管理是对订单包裹实施的跟踪、转运、妥投等一系列物流跟踪数据的管理，以及对产品物流成本的财务报表分析，是实施物流关键业绩指标（key performance indicators，KPI）考核的重要参考手段。

一、跨境电商物流系统的定义

跨境电商物流系统是对跨境电商环境下采集、处理、分析、应用、存储和传播物流信息过程的集成。在这个过程中，企业对涉及物流信息活动的各种要素（人工、技术、工具等）进行管理。

系统管理强调运用系统化和集成化观念来处理企业经营活动中的问题，以求得系统整体最优化为目的。它既要求信息处理的及时性、准确性和灵活性，也要求信息处理的安全性和经济性。

二、跨境电商物流系统的功能

跨境电商物流系统是跨境物流企业和跨境电商之间的桥梁，从提高企业管理效率的角度，跨境电商物流系统的作用主要体现在：

第一，改善物流企业内部流程和信息沟通方式，满足跨境电商客户以及业务部门对信息处理和共享的需求。

第二，提高办公自动化水平，提高工作效率，降低管理成本，实现成本优势。

第三，通过国际物流信息系统对货物的跟踪和监控，及时掌握货物运输情况，加强管理者对业务的控制，为管理者的决策提供数据支持。

第四，为客户提供实时的货物跟踪，提供个性化服务，提高服务水平。

市场是变化的，用户对物流企业的要求、物流企业自身发展的需求也在不断发生变化，信息技术本身也在不断发生变化。因此，国际物流信息处理系统会不断地在用户的需求上进行改进，不断完善。这是一个循环。

跨境电商的飞速发展和物流信息技术的不断提高，两者相辅相成。跨境电商利用物流信息系统实现企业管理的高效化、流程化和成本最优化；物流信息系统根据跨境电商不断改变的市场需求来调整自己的功能，改善跨境电商企业的物流流程。

三、跨境电商物流系统的特点

综合跨境电商物流信息及智慧物流发展的趋势，跨境电商物流系统的特点主要体现在以下几个方面。

（一）综合性更强

随着跨境电商全球化进程的加快，物流系统提供综合服务的能力更加显著。物流系统不仅要满足物流企业内部的作业要求，还要满足跨境电商企业对区域性仓库的库存管理、订单处理的需求。两者在需求和功能上相互促进和完善。

（二）专业性更强、接口趋于透明

随着国际物流的发展，各种运输方式趋于完善和成熟，并且体现在了物流企业满足跨境电商企业的定制化物流需求上。相比传统物流开发商"大而全"的一体化物流解决方案，跨境电商物流系统提供更加专业的服务，满足跨境电商企业B2B、B2C的业务需求，并且对接专业的物流数据跟踪网站。

（三）决策支持功能加强

跨境电商物流系统不仅提高了物流企业内部的运营效率，其库存数据、包裹跟踪数据、物流成本财务数据在很大程度上为跨境电子商务企业提供了企业管理的决策依据。

（四）自动化程度不断提高

跨境电商物流系统的自动化程度不断提高，体现在仓储设施和配送作业的自动化、智能仓库的建设，以及机器人分拣作业等方面[1]。

---

[1] 韩玲冰，胡一波. 跨境电商物流[M]. 北京：人民邮电出版社，2018.

第二节 跨境电商物流系统的构成要素

跨境电商物流是一个复杂而巨大的系统工程。跨境电商物流系统的基本构成要素包括一般要素、功能要素、支撑要素和物质基础要素。

一、跨境电商物流系统构成的一般要素

跨境电商物流系统构成的一般要素由劳动者、资金和实物三方面构成。

（一）劳动者要素

劳动者要素是跨境电商物流系统的核心要素和第一要素。提高劳动者的素质，是建立一个合理化的跨境电商物流系统并使它有效运转的根本。

（二）资金要素

交换是以货币为媒介的，实现交换的跨境电商物流过程实际上也是实现资金运动的过程。同时，跨境电商物流服务本身也需要以货币为媒介。跨境电商物流系统是资本投入的一大领域，离开资金这一要素，跨境电商物流系统就不可能实现。

（三）实物要素

实物要素首先包括跨境电商物流系统的劳动对象，即各种商品。缺少了商品，跨境电商物流系统便成了无本之木。此外，实物要素还包括劳动工具，如各种物流设施、工具、消耗材料（如燃料、保护材料）等。

二、跨境电商物流系统构成的功能要素

跨境电商物流系统构成的功能要素是指跨境电商物流系统所具有的基本能力。这些基本能力有效地组合、联结在一起，形成了跨境电商物流系统的总功能，企业由此便能合理、有效地实现跨境电商物流系统的总目的，实现其时间和空间效益，满足跨境电商贸易活动和跨国公司经营的要求。

跨境电商物流系统的功能要素一般有采购、包装、储存保管（仓储）、流通加工、商品检验和通关、装卸搬运、运输、物流信息处理等。从跨境电商物流活动的实际工作环节来考察，跨境电商物流也主要由上述八项具体工作构成。也就是说，跨境电商物流

能实现以上八项功能。这八项功能要素也相应地形成各自的子系统。

（一）采购子系统

随着跨境电商物流管理内涵的日益拓宽，采购功能在企业中变得越来越重要，涉及企业的各个部门。采购功能是指从适当的来源（包括全球采购），以适当的价格、适当的送货方式（包括时间和地点）获取适当数量的原材料，真正做到低成本、高效率地为企业跨境电商物流服务。

（二）包装子系统

杜邦定律（由美国杜邦化学公司提出）认为，63%的消费者是根据商品的包装装潢作出购买决策的。跨境电商市场和消费者是通过商品认识企业的，而商品的商标和包装就是企业的脸面，甚至反映了一个国家的综合科技文化水平。在考虑出口商品的包装设计和具体作业过程时，企业应把包装、储存、搬运和运输有机联系起来，统筹考虑，全面规划，实现现代跨境电商物流系统所要求的"包、储、运一体化"，即从开始包装商品时就考虑储存的方便、运输的快速，以加快物流速度、减少物流费用，符合跨境电商物流系统设计的各种要求。

（三）储存保管子系统

商品的储存、保管使其在流通过程中处于或长或短的相对停滞状态，这种停滞是必要的。因为商品流通是一个由分散到集中，再由集中到分散的源源不断的过程。跨境电商中的商品从生产厂家或供应部门被集中送到装运港口，有时需在此临时存放一段时间，再装运出口。这是一个"集"和"散"的过程，主要是在各国的保税区和保税仓进行的，主要涉及各国的保税制度和保税仓库建设等方面。

从物流的角度看，企业应尽量减少商品的储存时间和储存数量，加速货物和资金的周转，实现跨境电商物流的高效率运转。

（四）流通加工子系统

流通加工是指为了促进销售、提高物流效率和物资利用率、维护产品质量而采取的，能使物资或商品发生一定的物理变化的加工过程，可以确保进出口商品的质量达到要求。

进出口商品流通加工的方式有两种：一种是指装袋、贴标志、配装、挑选、混装、刷标记（刷唛）等出口贸易商品服务；另一种则是指生产性外延加工，如剪断、平整、套裁、打折、折弯、拉拔、组装、改装、熨烫等。其中，后一种流通加工不仅能最大限度地满足客户的多元化需求，还可以实现货物的增值。

(五) 商品检验和通关子系统

由于跨境电商贸易投资大、风险高、周期长等特点，商品检验成为跨境电商物流系统中重要的子系统。企业可通过商品检验，确保交货品质、数量和包装条件符合合同规定，如发现问题，可厘清责任，并向有关方面索赔。买卖合同中，一般都有商品检验条款，主要内容包括检验时间与地点、检验机构与检验证明、检验标准与检验方法等。另外，商品出入境还须申请通关。

(六) 装卸搬运子系统

装卸搬运子系统主要包括跨境电商货物的运输、保管、包装、流通加工等物流活动，以及在保管等活动中为检验、维护、保养而进行的装卸活动。在跨境电商物流活动中，装卸活动频繁发生，成为产品损坏的重要原因。对装卸活动的管理，主要是确定最恰当的装卸方式，减少装卸次数，合理配置及使用装卸机具，以做到节能、省力、减少损失、加快速度，最终获得较好的经济效益。

(七) 运输子系统

运输的作用是将商品的使用价值进行空间移动。物流系统依靠运输作业，克服商品生产地和需求地的空间阻隔，创造了商品的空间效益。跨境电商货物运输是跨境电商物流系统的核心。商品通过跨境电商货物运输作业由卖方转移给买方。跨境电商货物运输具有路线长、环节多、涉及面广、手续繁杂、风险性大、时间性强等特点。运输费用在跨境电商贸易价格中占有很大比重。物流运输子系统主要包括运输方式的选择、运输单据的处理及投保等内容。

(八) 物流信息处理子系统

物流信息处理子系统的主要功能是采集、处理及传递跨境电商物流的信息情报。没有功能完善的物流信息处理系统，跨境电商贸易将寸步难行。跨境电商物流信息主要包括进出口单证的作业过程、支付方式信息、客户资料信息、市场行情信息和供求信息等内容。

跨境电商物流信息的特点是信息量大、交换频繁，传递量大、时间性强，环节多、点多、线长。因此，企业要建立技术先进的跨境电商物流信息处理系统。

企业应将上述八个子系统有机联系起来，统筹考虑，全面规划。其中，运输子系统和储存保管子系统分别解决了供给者与需求者之间场所和时间的分离，分别是跨境电商物流创造"空间效用"及"时间效用"的主要功能要素，因而在跨境电商物流系统中处于主要功能要素的地位。跨境电商物流主要通过跨境电商货物的储存保管和跨境运输实现其自身的"时空效应"，满足跨境电商贸易的基本需要。

三、跨境电商物流系统构成的支撑要素

跨境电商物流系统的运行需要许多支撑手段。尤其是在复杂的社会经济系统中，要确定跨境电商物流系统的地位、协调与其他系统的关系，这些支撑要素必不可少。主要包括以下内容。

（一）体制、制度

物流系统的体制、制度决定了物流系统的结构、组织、领导和管理方式。国家对物流系统的控制、指挥和管理，是跨境电商物流系统的重要保障。

（二）法律、规章

跨境电商物流系统的运行，不可避免地涉及企业或人的权益问题。法律、规章一方面限制和规范了物流系统的活动，使之与更大的系统相协调；另一方面则给予了保障。合同的执行、权益的划分、责任的确定都要靠法律、规章来维系。各个国家和跨境电商组织有关贸易、物流方面的安排、法规、公约、协定、协议等也是跨境电商物流系统正常运行的保障。

（三）行政、命令

物流系统和一般系统的不同之处在于，物流系统关系到国家的军事、经济命脉，所以，行政、命令等手段也是跨境电商物流系统正常运转的重要支撑要素。

（四）标准化系统

标准化系统是保证跨境电商物流系统各环节协调运行、与其他系统在技术上实现联结的重要支撑条件。

四、跨境电商物流系统构成的物质基础要素

跨境电商物流系统的建立和运行需要大量的物质基础要素。这些要素的有机联系对跨境电商物流系统的运行具有决定意义，对实现跨境电商物流和某一方面的功能也必不可少。具体而言，物质基础要素主要包括以下内容。

（一）物流设施

物流设施是跨境电商物流系统运行的基础设施，包括物流站场、仓库、跨境电商物流线路、建筑物、公路、铁路、口岸（如机场、港口、车站、通道）等。

（二）物流装备和物流工具

物流装备和物流工具是跨境电商物流系统的物质保障。物流装备包括仓库货架、进出库设备、加工设备、运输设备、装卸机械等；物流工具包括包装工具、维护保养工

具、办公设备等。

（三）信息技术及网络

信息技术及网络是掌握和传递跨境电商物流信息的手段，根据信息水平的不同，包括通信设备及线路、传真设备、计算机及网络设备等。

（四）组织及管理

组织及管理是跨境电商物流网络的"软件"，起着联结、调运、协调、指挥其他各要素以保障实现跨境电商物流系统目的等作用[①]。

第三节　跨境电商物流系统规划

一、物流系统规划的概念和基本原则

物流系统规划是为实现一定的目标而设计的，由各相互作用、相互依赖的物流要素（或子系统）构成的有机整体。要建立一个物流系统，首先需要在物流系统规划阶段进行物流系统的分析、物流系统的建模和物流系统的评价，然后作出决策。物流系统中的决策是在充分资料的基础上，根据物流系统的客观环境，借助经验、科学的理论和方法，在已提出的若干物流系统方案中，选择一个合理的、满意的方案的决断行为。

物流系统规划要坚持三个基本原则：一是发挥优势、整合资源的系统性原则；二是可行性原则；三是高效率、低成本原则。具体体现为物资流动顺畅、柔性化、资源的高利用率。

二、物流系统规划要解决的问题

（一）客户服务水平目标设计

当客户服务水平目标较高时，可以保有较多的库存、利用较昂贵的运输方式。当服务水平接近企业能力上限时，物流成本比服务水平上升得更快，因此，物流系统规划的首要任务是确定客户服务水平。

（二）设施选址

好的设施选址应考虑所有物品的流动过程及其相关成本。在保证客户服务水平的前提下，寻求利润最高、成本最低的配送方案是选址战略的核心。主要包括确定设施的数

---

① 韩玲冰，胡一波. 跨境电商物流 [M]. 北京：人民邮电出版社，2018.

量、地理位置、规模，规划各设施所服务的市场范围，等等。

（三）库存管理与规划

库存管理分为将存货分配到需求点的推动式库存管理和通过补货自发拉动库存的拉动式库存管理。库存规划的主要内容有仓库内部的布局设计、安全库存水平的设定、订货批量的确定、供应商的选择等。

（四）运输网络规划与设计

物流系统上的各个节点主要是通过运输连接起来的，运输网络规划与设计主要包括运输方式、运输批量的选择，运输时间和运输路线的确定，等等。

三、物流系统规划的层次

物流系统规划可分为战略、策略、运作三个层次。

战略层次的规划侧重于宏观控制，解决的是影响企业长远发展的战略决策等问题。物流系统战略层次的规划是各种规划层级中最高的，时间最长的。战略规划的内容都是战略层次上的引导，考虑的是企业的目标、总体服务需求及管理者通过何种方式来实现这些目标。

策略层次的规划是在战略规划框架下更为细致的指导性规划，通常是一个中期的计划。它在内容上比战略规划更为具体，可以包括配送策略规划、供给策略规划、国际物流策略规划等。

运作层次的规划是在操作层次上的计划，是企业物流系统规划的最后一层，用来指导每时每刻的物流活动。它的内容比较繁杂，涉及的领域也极为广泛，包括建立合理的流程计划、确定车辆调度方案、简化环节、合理整合资源、构建 IT 系统等。

本章重点

1. 跨境电商物流系统的定义、基本功能与特点。
2. 跨境电商物流系统构成的一般要素。
3. 跨境电商物流系统构成中八个功能子系统的基本情况。
4. 跨境电商物流的支撑要素和物质基础要素。
5. 电商物流系统规划基本原则、要解决的问题和规划层次。

课后习题

1. 解释下列名词概念。

   跨境电商物流系统

2. 从提高企业管理效率的功能角度，跨境电商物流系统的作用主要体现在哪些方面？

3. 简述跨境电商物流系统的特点。

4. 跨境电商物流系统构成的一般要素、功能要素、支撑要素分别是什么？

5. 跨境电商物流系统构成的物质基础要素包括哪些内容？

6. 跨境电商物流系统规划应遵循什么原则？

参考文献

[1] 韩玲冰，胡一波. 跨境电商物流 [M]. 北京：人民邮电出版社，2018.

[2] 赖瑾瑜，姚大伟. 国际物流实务 [M]. 北京：中国商务出版社，2006.

[3] 李凤鸣，付同青. 会计制度设计学习指导与实训 [M]. 北京：中国财政经济出版社，2008.

[4] 李海波，苏元章. 物流基础实务 [M]. 北京：北京理工大学出版社，2018.

[5] 刘学之，沈凤武. 国际物流学 [M]. 北京：化学工业出版社，2017.

[6] 逯宇铎，苏振东，李秉强. 国际物流学 [M]. 北京：北京大学出版社，2007.

[7] 朱耀勤，王斌国，姜文琼. 物流系统规划与设计 [M]. 北京：北京理工大学出版社，2017.

第五章
跨境电商出口物流管理

本章概要

本章主要介绍跨境电商出口物流的主要方式、发货方式和包装要求，共分为四节。第一节是跨境出口物流模式的相关情况，总结了我国跨境出口物流现存的问题，对比了跨境电商出口物流的几种主要方式；第二节是跨境电商物流的发货流程，包括线上发货与线下发货的主要模式和优劣势比较；第三节是跨境电子商务物流包装，包括包装的概述、分类、原则；第四节是跨境出口供应链，在介绍跨境出口供应链相关概念的基础上，总结其痛点，并提出优化方向。

学习目标

了解跨境电商出口物流的主要方式，能够根据不同产品和目的国（地区）情况选择合适的跨境出口电商物流方式。

掌握跨境电商出口物流线上发货流程。

了解跨境电商物流线上发货与线下发货的主要模式与优劣势比较。

根据不同产品和海关要求，选择合适的包装。

熟悉跨境出口供应链的结构和流程，根据出口电商问题，精准定位供应链阶段。

第一节　跨境出口物流模式的相关情况

跨境电子商务运营中，运营和管理的能力缺一不可。运营主要是指平台选择、选品、服务设计、营销渠道、引流等活动；管理则是指产品包装、运输、供应链设计、仓储等活动。物流管理作为管理的核心环节，首先要判断货物的属性和品类，再决定运输的模式及操作。目前来看，由于中国制造成本较为低廉，并且采取低价开拓市场的战略，大部分中国出口 B2C 类产品的客单价较低，如速卖通客单价仅为 10 美元，亚马逊最高的客单价才 17 美元，因而对出口物流以及其他方面的成本管理至关重要。

一、我国跨境出口物流现存的问题

（一）物流成本高、时效性差

1. 物流成本

我国的跨境出口物流发展始终面临着基础设施不完善带来的成本增加问题。跨境电商运营成本由平台佣金、产品总成本、运费构成。在新冠肺炎疫情背景下，国际快递价格相继上涨，邮包价格紧随其后。而跨境电子商务物流小批量、多批次的特点，对 B2C 企业提出了更高的要求，高频配送、地点分散、物流规则混乱使得物流成本难以估算。跨境电商货物运输过程中涉及不同国家的关税以及商检政策，并且面临基础设施不完善带来的运输难度增大、成本增加的问题，影响了跨境物流的效率。

2. 物流时效

受不同国家或地区基础设施水平、检验检疫政策等因素的影响，跨境货物运输无法像境内物流一样准确把握运输和配送的时间。货物损坏、偏远地区物流信息无法更新、货物丢失的现象频发。物流配送的时间从 1~2 周到 1~2 个月不等，容易产生食品安全问题和货物遗失问题。因此，大多数跨境电商企业会采用自建保税仓或自建物流的方式减少中间环节，提高物流配送效率。

（二）物流信息系统不健全

物流企业跨境物流信息化水平较低，物流信息更新速度慢，极大影响了物流完成效率。而且物流包裹无法跟踪，货物离开本国（地区）后没有任何的物流信息，破坏了买卖双方的体验。

最近几年，跨境电商产业的发展带动了传统物流企业物流信息系统的不断更新。我国物流企业在信息系统建设和应用方面不断地进行探索并取得了显著成就，但依旧处于初级阶段。在信息系统建设过程中，各系统之间相互独立、没有任何联系，企业商品信息处于较低的集成水平。在信息系统的实际应用中，传统的收集、传输和处理等基础阶段仍然耗费了企业较大的精力。对于大多数企业而言，依旧无法实现利用信息系统优化自身的运营系统、提高库存管理效率。对于高级的物流供应链管理，极少有企业能够进行高级信息技术的开发。

（三）存在清关问题

近年来，经济安全问题不断增多，中国海关和检验检疫部门为了应对新矛盾，出台了一系列新政策，不断提高进出口安全检查质量，简化相关部门所需的程序。然而，跨境电子商务的快速发展仍然存在许多障碍，如货物出口手续、税收和边境货物储存。许多中小型跨境电商公司由于无法按照海关要求获得正式的采购发票或提供报关单，因此无法享受基于B2C跨境电商出口物流模式的退税政策。跨境物流的通关障碍主要来自：跨境电子商务的卖家不注意相关的监管制度和进口国政策，如未能报告货物的价值或未能及时获得相关的产品认证。

二、跨境电商出口物流选择

跨国电商出口涉及不同国境、不同的社会背景和法律条文、不同的文化以及风俗习惯，物流时间长、风险较大、情况复杂，电子商务企业难以通过自营物流解决所有物流问题。对于跨境物流的选择，卖家首先看性价比，其次才是可追溯性、时效性、安全性等因素。当然，差异化产品除外。

根据《2020年跨境电商行业报告》，跨境电商出口物流模式主要分为两大类：国际物流模式及海外仓模式。国际物流模式仍是当前使用最多的物流方式，尤其是对于一些中小型外贸企业，邮政小包和国际快递仍然是第一选择[①]。目前主要的国际物流方式对比如表5-1所示。一方面，邮政小包覆盖面广、价格低，但丢包率高。受新冠肺炎疫情影响，时效缓慢且不稳定，高峰季节一般需要20~30天。另一方面，国际快递速度快但价格昂贵。专线物流往往采用空运客舱的方式，增加运输规模，降低成本。近几年，国内快递企业加紧跨境业务布局，但目前覆盖的地区有限。FBA发展迅速，布局全球，衍

[①] 方友熙，黎元生. 跨境电子商务原理[M]. 北京：经济科学出版社，2018：9-11.

生出了专线服务。海外仓模式逐渐兴起，成为企业跨境出口的另一选择。

表 5-1 主要的国际物流方式对比

指标	邮政小包	国际快递	专线物流	国内快递企业的跨境物流业务
时效	30 天以上	7~15 天	15~30 天	2~7 天
价格	80~90 元/千克	120~130 元/千克	100 元/千克	110~120 元/千克
代表企业	中国邮政	DHL、UPS、FedEx	俄速通	顺丰、"四通一达"、EMS
优点	价格便宜、覆盖地区广	速度快、服务优、丢包率低	成本低、速度中等	速度快
缺点	速度慢、丢包率高	价格昂贵	国内揽收范围小，覆盖地区有限	覆盖地区有限

资料来源：网经社，安信证券研究中心整理。

跨境电商出口物流选择的几个要素：一是价格。运费直接影响产品的定价以及利润率，不是越低越好，而是要可控。重要的是，要看供应商是否提供了透明、合理和稳定的报价。二是时效。首先要符合买卖双方对时效的预期，在可控的成本下，时效越稳定越好。建议跨境电子商务卖家在淡季尽量多联系几家物流供应商，同时拿货测试，为旺季做准备。还要考虑物流商在旺季的承载能力，看看他们过去对单量暴涨有没有好的应对方法和相应的赔偿机制。三是物流匹配度。产品是企业选择物流方式时的关键因素。低成本轻货适合国际小包，成本低，但重量限制为 2 千克。如果超重，应该选择国际专线或者快递，这样效率更高，也更安全。贵重商品需要依赖国际快递，时效性更强。小包裹物流方式对比情况如表 5-2 所示。

表 5-2 小包裹物流方式对比

方式	优点	缺点	价格	时效
UPS、FedEx、DHL	速度快、服务好，丢包率低，发往欧美国家十分方便	价格昂贵，资费变化大，只在货值高、时效性强的情况适用	价格高	3~7 天
中国邮政、EMS 及区域快递	速度快，费用略低于三大国际快递，EMS 在中国境内的出关能力强	缺乏经验，并非专注于跨境业务，路径有限	价格中高	5~10 天
国际 e 邮宝	速度快，费用低于 EMS，出关能力差	仅限 2 千克以下包裹，路径少，上门取件城市有限	价格低	7~20 天
邮政小包	网络基本覆盖全球，价格便宜	无法享受退税，速度较慢，有重量尺寸限制	价格低	20~50 天
专线物流	集中运输，价格低廉，速度快于邮政小包，丢包率低	费用较高，揽收范围有限，需要卖家自己送货	价格中等	俄罗斯专线 10~30 天
FBA	成本低廉，退换货灵活，发货周期短，速度快	有库存占用，适用于热销品，对卖家的供应链管理有更高要求	价格中等	本地快递 3~5 天

（一）邮政包裹

邮政网络已经覆盖全球，中国卖家有 1/3 以上的包裹是通过邮政网络发出的。邮政渠道包括邮政小包、邮政大包、国际 e 邮宝和 EMS 等，个人邮包形式通过万国邮联出口发货。

邮政小包分为中国邮政小包和外邮小包，以新加坡、中国香港、德国、瑞士、荷兰、英国、比利时、马来西亚等邮政小包最为常见。有些偏远小国、岛国走小包最省运费。通常大卖家为了保证投递准确，会直接把货物送到中国邮政分局，而有些卖家会为了折扣把货物交给外邮代理。外邮小包利用全球邮政网络共享能够覆盖全世界大多数地区，但价格优势不明显，物流信息上网速度会晚 1~2 个工作日，中转丢包、难跟踪、价格波动大。考虑到饰品、配件等商品微利环境的要求，以及特轻、小件、不带电且非紧急的特性，邮政包裹成为卖家的第一选择。

清关方面，对于邮政特有的 CN22 报关单，各国驻邮办海关查验比例较低。但由于在偶然的抽样检查中发现问题，因此，俄罗斯、巴西等国的海关开始采取行动，拦截了大量的跨境包裹；欧盟也开始在税收方面向小包施压。

在运营中，邮政会先将邮件在海关过机、铅条关封，发至航空口岸，再把从各地收到的货物按照目的国（地区）打包成大的总包，安排航线，即交航发运。交航后还有一个交机安检环节。不同于邮局安检倾向于查验有没有法律禁止货物流出，机场主要从运输安全性方面进行检查，因此货物在机场仍可能被退回。到达目的国（地区）后就是清关，以及目的国（地区）内的邮政转运、分拣与派送。很多欠发达国家（地区）的物流基础设施较差，只能提供最基本的邮件服务。

（二）商业快递

UPS、DHL 等跨国快递公司拥有全球网络和代理清关资质，针对跨境网购的国际快件业务高效、安全，且能提供全程跟踪查询，从美国到中国的全程寄递时限为 3~7 天。相比邮政渠道，商业快递报关程序复杂，查验严格，关税征收概率较高。DHL 发往欧洲、日本、韩国价格较有优势，在西欧国家通关速度最快；FedEx 和 UPS 美国路向时效性强，东南亚国家能做到隔天送达。但商业快递对产品要求高，仿牌、含电、特殊类产品基本上都不能递送，并且价格昂贵，即使企业能够拿到很好的折扣价，价格也还是很高。商业快递收费名目繁多，如偏远地区附加费、清关费、燃油附加费、更改地址费、住宅交付附加费、高托运申报价值附加费、纺织品费用等，一旦出现偏远地区附加费，价格就会相当惊人。常态化使用此类物流方式邮寄小包的商家非常少，高价值商品毕竟是少数。

海外网络的匮乏，使得我国快递企业一直无法独立承担全程寄递业务，我国约 80%

的国际快递业务被几家大型国际快递巨头掌握。从事国际快递业务需要国际快递业务经营许可和报关单位相关资质。近年来，我国快递企业加紧布局跨境物流，顺丰、"四通一达"的国际快递业务逐渐兴起，多采用邮路合作模式，与国外快递企业合作，利用对方的区域配送能力，弥补对方在我国境内揽收范围不足的弱点。

（三）专线物流

国际专线物流是指专门派送到一个国家或地区的特定的物流路线，比如日本专线、美国专线、英国专线等。集中大批量货物发往目的地，通过规模效应降低成本，国际专线物流在价格上要比商业快递低。针对性强，加上没有太多中转，所以丢包率低，在运输时效上也更加高效。

首先，专线物流由于是分环节的专业分工，谁是运作主体取决于资源整合能力，运作主体最终主导着商品的全程门到门物流服务。专线物流头程多采用全货包机运输，节约时间，价格和耗时均介于邮政小包和国际快递之间。其次，专线物流在清关方面比较专业，采用大包DDP交货清关（所有费用由发货人承担）较顺利，如果境外有贸易公司配合清关，可能会在更大程度上降低清关成本（针对起征点低的国家）。SKU要归类，清完关后进行拆包配送。最后，货物分拣完成后一般由当地邮政或快递负责接收派送。很多区域快递，如澳大利亚的Toll、中东的Aramex、日本的oCS、印度的GATI等，货物送达时间基本固定。专线物流针对某一个国家或地区的跨境电商来说是比较折中的物流解决方案，大部分国家或地区已形成了一些专线通道。例如，针对发往俄罗斯的小包，有国际e邮宝、赛诚、俄速通、速邮宝、燕文等产品。寄往美国的专线包裹到达美国后，进入当地FedEx和USPS派送网络。专线物流的特点主要体现在"专"上，兼顾规模经济性及点到点线路时效性。

另外，专线物流还引申出跨境电商的"仓配一体"模式，与国内电商类似。由跨境电商B2C平台主导，在全国几个城市建立大型仓储中心，卖家将货物发至平台指定仓库，当海外消费者通过B2C平台下单后，平台直接将订单传递给仓储中心，仓库进行拣选、包装、发运，货物通过平台的合作物流商发送至目的国家或地区，最后运送到消费者手中。

（四）中欧班列

中欧班列是指按照固定车次、线路等条件开通，往返于中国与欧洲和"一带一路"沿线各国的集装箱国际铁路联运班列。中欧班列物流组织日趋成熟，班列沿途国家经贸往来日益密切，国家间铁路、口岸、海关等部门的合作日趋成熟，为铁路运输进一步发挥国际物流骨干作用、将丝绸之路从原先的"商贸路"转变为"经济带"起到了重要作用。

铁路运输是一种比海运更安全的运输方式，还可以大大缩短中欧之间的距离和运输时间。随着我国沿海加工业向中西部地区转移，中欧陆运的重要性将越来越突出。但目前，整个欧亚"铁路桥"的运输能力较低，沿线国家的铁路基础设施薄弱，车站线路紧张，换装能力不足。沿线国家相关部门和企业对中欧班列进行中短期运营，侧重于挖掘现有资源和设施的潜力，以满足中欧班列日益增长的需求，不太愿意大规模扩建和增加相关基础设施，限制了未来可持续发展的空间。与海运相比，中欧班列运力有限，对中国与沿线国家整体贸易往来和产业合作规模的影响仍然较小。由于渠道缺乏、垄断管理强、市场化程度低、运输和转运手续繁杂等缺点，托运人关心的物流信息跟踪查询问题一直没有完全解决。

（五）境外配送

任何跨境出口物流方式，最终都无法避免海外的终端配送。俯瞰全球物流网络，"最后一公里"的配送是最简单也是最难的。各国情况各异，全程时限差异很大，新兴国家和欠发达地区基础设施短板明显，几乎没什么可选择的服务。而发达国家（地区），从投递上来说，邮政及快递的投递分层服务做得很好，一分价钱一分服务，完全差异化。例如在法国，用户可以选择物流送货上门（home delivery）、送货到旗下的门市或派送点自取，送货上门又分为标准、跟踪和签名，另外，预约、消息通知、查询等服务也比较到位。而在美国，电商大部分使用"老三家"。USPS收费相对便宜，小件30克平均起步价1美元，4~6个工作日送达。如果选择商业快递送货，价格就会贵得多。UPS有陆运和航空两种，陆运不保证时效，一般为1~5天，价格一般为4~8美元。FedEx航空件有次日达、次晨达等多项服务，当然价格也高。签收方式默认都是送达通知，即把快件送到客户住宅附近即可。本人签收、他人代收、改址、定时配送都属于附加服务，需额外付费。另外，欧美很多快递休息日是不送货的，如果需要休息日送货，也会加收费用。

每个国家（地区）都有一些本地分销商，相对其他物流商可以提供更有效率的服务。如英国Hermes、日本黑猫、韩国三友、法国DPD等公司，无论是价格、速度，还是清仓能力，都比其他公司更有优势，成为各大物流商"最后一公里"分销唯一的，也是最安全的选择。

第二节 跨境电商物流的发货流程

根据商家实力和运营的跨境电商平台的能力，跨境电子商务的发货方式一般可以分为线上发货和线下发货两种。

一、线上发货

随着跨境电商的发展，买卖双方对物流的可靠性提出了更高的要求，依托于跨境电商平台的可选物流成为买卖双方的首选。线上发货操作简单，无论是快递小包还是大宗商品的集装箱物流，其操作流程基本类似。

发货的流程一般为在线选择物流商—在线创建订单—交货给物流商—点击发货完成。下面以一达通服务平台为例进行介绍。

（一）海运

在线查询物流方案，如有方案满足产品需求，则：

——根据所在城市选择合适的港口，选择"在线订舱"；

——接收平台发送的舱位确认信息，通知工厂备货；

——提交船舶信息给客户，确认信息；

——在线支付货舱费、港杂费等费用；

——确认客户将费用打到账后，寄送提单。

如无查询方案结果，则：

——点击"人工询价"；

——平台会联系客户所在城市的物流合作公司跟客户联系；

——确认船舶仓位信息；

——在线订舱，支付费用，安排发货。

（二）海运拼箱

海运拼箱涉及货物的尺寸、重量等问题，因此，在查询页面，除了选择始发港和目的港之外，还需要写上拼箱货物的具体尺寸、重量和件数。对平台支持上门提货、送货到门的方案，可直接勾选"上门提货""送货到门"选项。在勾选"上门提货"后的方框内点选提货地址后，平台将自动根据查询方案时录入的货物信息，显示相应的"起运港上门提货费用"。

（三）国际快递

FedEx、DHL、UPS、EMS等快递公司同各大跨境电商平台合作，在客户完成线上下单、支付后，提供快递公司上门取件服务。亚马逊主要采用FBA物流模式。

用户在线选择合适的物流服务商，根据要求填写产品的尺寸、重量和件数，在线下单。为了节省运费、方便运输，跨境电商平台一般在全国各地建立集货仓，用户在线下单后，由国内的合作物流公司上门取件，将货物寄送到集货仓。进入集货仓后，平台工作人员会将产品贴上收货人信息和规格，转交给国际物流公司，根据货物的体积和重量核算运费，以在线通知或者打电话的方式通知发货人付费，在收到发货人的付费后安排运输。总体而言，随着平台的完善和物流系统的发展，各大平台不约而同地开始为用户提供更加全面的服务，吸引卖家入驻。

二、线下发货

线下发货是相对于线上发货而言的。除线上的物流渠道外，商家用任何非线上物流方式发运订单均称为线下发货。线下发货是跨境电子商务的传统发货方式，商家可以通过万国邮联或者三大国际商业快递公司的官方渠道发货，但更多的还是选择和货代公司合作。一般的中小商家由于日常订单量不大，不足以和邮政或三大快递公司谈折扣，因此需要借助货代公司拿到折扣价。

商家直接跟物流公司对接，根据物流公司的要求对货物进行包装，对货物出现异常问题的相关处理就会更直接。商家不需要重新打印地址标签、报关单等，可以直接收货和出货，直接和物流公司结账。物流企业会更加热衷于线下配送，也会提供多种物流渠道供企业选择。

根据卖家选择的物流方式不同，线下发货流程也不尽相同，总体上可以分为邮政物流模式、快递物流模式、海外仓模式三种。

（一）邮政物流模式

买家在平台下单后，卖家对商品进行包装，联系邮政快递公司。一般由快递公司对货物进行上门揽收，也就是邮政快递员从邮政网点中提取卖家所要邮寄的国际小包，将所有快递包裹统一收集到相应的地点。

包裹集中存放地的负责人将包裹卸货，并根据相应的渠道出货时间对包裹进行分拣、再装包，以达到统一邮寄的效果。

邮政快递的工作人员根据收货单与系统中的相关数据，来核对国际邮政小包的相关物品信息，以剔除包裹中存在问题的不合格产品，达到合法合规的目的。

相关负责人检查出库数量与录入数量是否吻合，如果出现偏差，就需要展开进一步的检查与核对工作，情况严重时甚至会直接邮寄回发货地点。

邮政快递的工作人员对商品实物进行称重，并检查与系统中录入的重量是否一致。根据称重计算运费，在收到发货人的运费之后，安排寄送，上传单号。

卖家在跨境电商平台后台录入邮政快递单号，即算完成发货。

（二）快递物流模式

快递物流一般由国际快递公司承运，需要报关，需要卖家提供正规的单据。在发货过程中，卖家根据快递公司要求及商品特性，对商品进行包装。

一般来说，卖家可在商业快递公司官网查询报价，录入商品信息。需要录入商品的海关编码及真实货值，方便报关和退税。

完成商品信息填报后，快递公司会安排人上门揽收。商品揽收入库后，由快递公司的工作人员对尺寸和重量进行测量，根据重量计算运费。对于长期合作的卖家，通常采取月结或者季结的方式结算运费，先寄件，再收费；对于短期合作的卖家，一般要求先支付运费。

提交报关信息后，快递公司安排寄送。一般通过航空公司运送包裹，时效性强，物流信息可追踪。

卖家获得快递公司提供的单号之后，在平台输入发货单号或者上传发货凭证完成发货。现在越来越多的平台只有在查验单号真实有效之后，才会帮助卖家完成发货。

（三）海外仓模式

近年来，海外仓模式异军突起。海外仓通常由跨境电商平台在目的国（地区）建立，并且和当地的物流服务商建立合作关系，搭建库存管理系统。卖家可以通过库存管理系统，完成发货。

一般要求卖家在跨境电商平台注册成为库存管理系统的用户，将计划在未来一段时间内销售的产品打包，通过国内的物流商将货物运送到头程仓。所谓头程仓是指跨境电商平台在国内建立的物流集散地，用来接收来自全国各地的卖家的货物。货物的报关和清关工作也在头程仓完成。

平台将来自全国各地的卖家的货物集中起来后，使用船舶、铁路或者飞机等运输工具将货物运送到海外仓。物流商接收货物后，根据商品编码对货物进行分拣和归类，录入库存管理系统。

买家在平台下单后，卖家根据要求，对海外仓的工作人员下达指令，将指定商品包装好并且寄送到客户手中。因为货物已经到达目的国（地区），因而海外仓模式时效性强，能够提升用户体验。物流商一般通过库存管理系统帮助卖家完成发货，卖家也可以自己录入单号完成发货。

三、线上发货与线下发货的比较

线上发货与线下发货的特点和对比如表5-3所示。

表5-3 线上发货与线下发货的特点和对比

发货类型	特点	说明
线上发货	运费低廉	平台运用自身规模优势，和承运企业签订代理合同，为卖家赢得一个折扣价格，即使单量很小，也可以享受折扣价格
	平台监控	网上发货的订单发生纠纷，商家无须再提供发货证明，为广大商家节省了大量时间，同时对商家服务等级的改善有很大帮助。平台直接监控物流过程，出现问题可以及时联系买卖双方解决，避免信息传递不及时带来的损失
	范围广	线上发货可以将包裹送到该物流公司在本国境内的仓库，然后在那里进行处理。这样可以较好地照顾城市货运代理行业欠发达的地区，打消商家的疑虑，降低进入门槛
线下发货	方便	在跨境电子商务发展成熟的地区，往往邮局、三大国际商业快递和货代公司及相关配套措施也很成熟。联系物流商的方式多样，实体店面、电话、微信都可以，甚至还有专门的客户经理。不管是送到网点去发货还是请物流商上门收货都很方便
	渠道多	渠道多是相对于线上发货来说的，因为毕竟不是任何商品都能符合严格的线上发货要求的。如带电池甚至纯电池商品，放到线下发货则相对好处理。部分货运代理公司甚至还开设了一些特色渠道，如品牌货的渠道等
	系统无缝衔接	一是物流公司或者货代公司的内部系统可以和商家使用的ERP系统很好地对接，如直接生成DHL跟踪号；二是物流公司或者货代公司可以很好地配合商家日常发货的时间，如晚上8点上门取货等

资料来源：速卖通大学.跨境电商物流：阿里巴巴速卖通宝典[M].北京：电子工业出版社，2016.

第三节 跨境电子商务物流包装

包装（packaging）是各种容器、材料和辅助物的总称，用于在跨境物流过程中保护产品，便于统计、储存和运输，是跨境电子商务末端环节的工作。由于跨境电子商务产品的运输时间长、运输环境复杂甚至需要经常变换运输工具，因此对产品的包装必须严格要求。跨境电子商务物流包装的水平直接影响客户体验。

一、包装概述

人类社会出现，包装也随之出现。最早，人们使用植物、兽皮和木头作为包装材料，包装的目的比较单一，以保护产品为主，随后出现了为产品造势的精美包装。随着科学技术的进步和商品经济的发展，人们对包装的理解不断加深，包装也被赋予了新的内容，包装让消费者满意已经成为赢得跨境电商竞争的关键因素之一。

（一）包装的含义

一件商品从生产线到消费者手中，一般都需要用到包装。包装除了通常意义上的操作技术，如物品包裹、捆扎等操作过程，还指能够容纳物品、抵抗外来侵蚀的容器，用作宣传工具的图像和文字。例如，电脑包装除了正常的泡沫纸箱外，外包装箱的图文还能起到宣传、诱导消费者的作用。

包装材料和包装操作技术构成了现代包装。现代包装是指在流通过程中为方便运输、保护商品、促进销售而使用的容器、材料和辅助材料的总称。也指为实现上述目的将某些技术方法应用于容器、材料和辅助材料的操作活动。

（二）包装与物流的关系

在电子商务运营的整个过程中，包装是生产和销售的终点，也是物流的起点。物流系统受到包装的制约，对于不同的包装，物流的要求也不同；同时，物流模式也影响着包装模式，例如，在海运集装箱运输中，要求货物配备标准托盘，方便装卸。包装与物流是相互制约、相互影响的关系。

1. 包装与运输

运输是物流过程中，将货物从一地转移到另一地的过程，保证货物在空间上实现安全、快速、便捷的转移。运输中的首要要求就是安全，包装的好坏直接关系到运输成功的概率。不同的运输方式，对包装也有不同的要求。包装设计必须和运输方式、运输环境及运输距离等相适应，这样才能提高效率、避免损失。

2. 包装与装卸

装卸是物流运输的起始和终点，和物流过程中的运输和储存紧密相连，主要包括起始端的装上和终端的卸下。由于装卸环境一般在工厂或仓库，对便利性的要求很高，如果包装材料和包装方式选择不当，会造成包装破损，进而增加物流成本，也容易对货物造成损伤。因此，必须适应货物装卸的环境和要求，选择合适的包装材料和包装方式，便于装卸和储存。

3. 包装与储存

储存是货物生产以及运输完成后必不可少的流程。在储存过程中，包装保护的功能受储存环境的影响很大。例如，仓库的温湿度对瓦楞纸箱的强度、性能有较大影响。一般情况下，随着相对湿度的增加，纸箱含水量增加，纸箱的各项物理性能均有下降，须采用防潮包装技术。同时考虑到储存空间的大小，包装也必须有足够的承压能力。

二、包装的分类

（一）按是否需要包装分类

按跨境电商中的货物是否需要包装分类，货物可以分为散装货物、裸装货物和包装货物三类。

散装货物是指不加包装，基本上以其自然形态装上车、船、飞机等运输工具运送的进出境货物，如煤炭、矿砂、食盐和粮食等大宗商品。

裸装货物又称"无包装货物"，是指在运输和储存过程中，能抵抗外界影响，不需要包装的货物，如铲车、捆好的钢管、机器设备等。

包装货物是指用各种容器、材料盛装、包扎的货物。

（二）按包装功能分类

按包装功能分类，包装可以分为运输包装和销售包装。

1. 运输包装

运输包装又称大包装或外包装，是指为最大限度地降低产品在运输和流通过程中的损坏风险，保证产品安全，便于储存、运输、装卸和加快交接点验而采用的包装。运输包装的方式主要有两种：单件运输包装和集合运输包装。单件运输包装是指根据商品的特点和表现形态，将一件或数件商品装入一个容器内的包装方式，在运输过程中作为一个计件单位，通常体积较小。常用的包装器具有箱、桶、袋、包、篓及罐等。集合运输包装是指将一定数量的产品或包装件组合在一起，形成一个合适的运输单位，以便于装卸、储存和运输，又称组合包装或集装单元。集合运输包装主要有集装箱、集装袋、托盘等。

2. 销售包装

销售包装又称小包装或内包装，是指直接和最终消费者见面的包装，通常添加生产商的商标以及精美的图画，除了保证商品质量外，还有着促销的作用。

（三）按有无特殊要求分类

贸易中的特殊要求一般是指因客户自用或者转售而对货物包装提出的要求，可以分为一般包装、中性包装和定牌包装。

一般包装就是普通包装，用于货主对包装没有任何特殊要求的情况。在这种情况下，卖家一般出于促销考虑，使用自己的包装，产品多用于客户自用。

中性包装是指商品和内外均不标明生产国别、地名和厂商的名称，也不标明商标或牌号的包装。主要是为了适应国外市场的特殊要求，如转口销售。中性包装包括无牌中性包装和定牌中性包装。

定牌包装是指卖方根据买方要求，在商品和包装上采用指定的商标或者牌号的包装，需要注明生产地。一般对于境外大品牌或者长期稳定的订货，可以接受买方指定的商标。

三、跨境电商包装原则

（一）适应商品和运输特性

由于运输时间长，涉及的运输环境和各国的要求不同，包装必须适应商品和运输的特性，必须考虑到不同国家对包装材料的要求。例如，阿拉伯国家规定进口商品的包装禁用六角星图案；德国进口商品的包装禁用类似纳粹和军团符号标志；利比亚进口商品的包装禁止使用猪的图案和女性人体图案。若海关发现货物使用了本国禁止的包装图案或包装材料，轻则禁止货物入境，重则当场销毁，由此产生的一切费用由卖家承担。

（二）运输包装的标志要标准、清晰

运输包装的标志按用途可分为以下三种。

1. 运输标志

运输标志又叫唛头，通常是为了在集散地区别不同客户的货物而贴的标志，由一个简单的几何图形及一些字母、数字和简单的文字组成，如图 5-1 所示。一般包括收货人代号，目的港（地）名称，参考号（信用证号、合同号），件数，批号。此外，有的运输标志还包括原产地、合同号、许可证号、体积与重量等内容。运输标志的内容繁简不一，由买卖双方根据商品特点和具体要求商定。

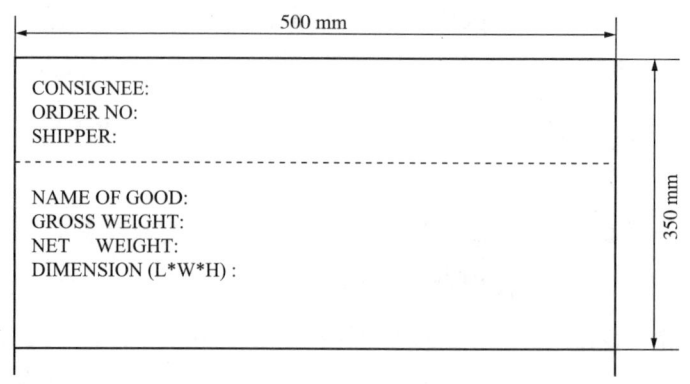

图 5-1 唛头示例

2. 指示性标志

指示性标志又称安全标志，如图 5-2 所示，是指根据商品的特性，对一些容易破碎、残损、变质的商品，用图形或文字表示的，在运装卸工作和存放保管条件方面所提出的要求和注意事项。例如，"防热""由此开启"等。一些国际组织，如国际标准化组织（ISO）制定了包装储运指示性标志，并建议各会员国予以采纳[1]。

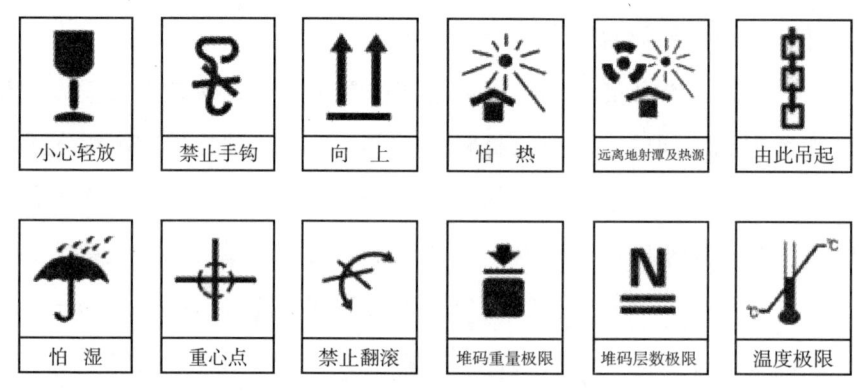

图 5-2 指示性标志示例

3. 警告性标志

警告性标志又称危险品标志，是指在装有爆炸品、易燃物品、腐蚀物品、氧化物和放射物质等危险货物的运输包装上，用图形或文字表示各种危险品的标志，如图 5-3 所示。警告性标志的作用是警告装卸、运输和保管有关人员按货物特性采取相应的措施，以保证人身和货物的安全。联合国、国际海事组织、国际铁路合作组织和国际民航组织分别制定了国际海上、铁路、航空危险货物运输规则，以降低危险品运输的风险[2]。

---

[1] 郝玉柱. 国际贸易理论与实务 [M]. 北京：中国社会科学出版社，2005.
[2] 张琦. 进出口贸易实务 [M]. 北京：中国财政经济出版社，2007.

图 5-3 警示性标志示例

（三）根据运输环境确定最优包装

跨境物流相对于国内物流，一个重要的区别就是运输过程中经历的环境不同，装卸条件、运输条件、储存条件、气候条件、机械条件、化学和生物条件等都对包装提出了要求。包装合理，不仅仅指单独一个产品的包装合理，而是指这个包装与整个物流体系相符，最终形成合理化的物流。

不同的装卸方法决定了不同的包装。例如，在一些狭窄地区，需要人工进行装卸，所以包装一定要便于搬运。企业在确定包装时，应根据不同的储存条件和方法采用不同的包装强度。例如，潮湿环境下，必须使用防潮的包装材料。运输工具的类型、输送距离、线路情况等对包装都有影响。国际运输形式多样，如远洋运输、国际铁路运输、国际航空运输、国际多式联运等，不同的运输方式对包装有着不同的要求和影响。

（四）推崇绿色包装

绿色包装是指不会伤害生态环境和人体健康，能够循环使用和再生利用，且能够促进可持续发展的一种商品包装。一些发达国家对包装作出了一些规定，坚持低消耗、开发新绿色材料、再利用、再循环和可降解的"4R + 1D"原则[1]。

随着全球经济的快速发展，人类生产了大量的产品，消耗了自然资源，也加剧了生态环境的恶化。而绿色包装是以环境和资源为核心概念的包装，符合可持续发展的基本战略，必定会引领世界包装发展的趋势，成为对传统包装的一次革命。如今，各国的包

---

[1] 张增红. 绿色食品需要绿色包装 [J]. 食品工程，2003（2）：8-9.

装设计师都将绿色包装、生态包装作为共同追求的目标。

第四节　跨境出口供应链

一、跨境出口供应链的相关概念

进入21世纪以来，随着互联网、物联网技术的不断创新，产业垂直解体，全球价值链深度分解，全球生产要素重组、服务外包、产业转移掀起高潮。在这一过程中，逐渐形成了跨境出口供应链。

（一）供应链服务

所谓供应链服务，即全球服务外包中的业务流程外包（business process outsourcing，BPO），致力于为客户提供跨境出口供应链规划与运筹、流程管理、物流管理、信息管理、融资支持等服务，是通过协同客户需求，降低运营成本、提高劳动效率的一种新兴商业模式和企业组织模式。其商业平台及服务外包网络具有广阔的辐射与聚集效应，为原材料供应商、物流供应商、产品分销商、资金供应商、生产制造企业等供应链中的所有参与方提供一个资源对接平台，使各方致力于核心业务的强化[1]。

跨境出口供应链服务最初是从为加工贸易企业代理通关、退税等业务升级而来，其演变过程大致分为三个阶段：第一阶段以进出口代理为主，融合物流和信息流，并逐渐以供应链金融为切入点将服务扩展至采购和分销执行；第二阶段以提供全链条集成式服务为特点，为客户提供供应链方案设计、采购、分销、库存管理、资金结算、通关、物流、生产管理以及信息系统支持等服务，建立商流、物流、资金流、信息流"四流合一"的供应链一体化服务平台；第三阶段是供应链服务网络化延伸拓展阶段，致力于打造供应链绩效优化、生态圈互利共赢模式[2]。

（二）跨境出口供应链的构成

跨境出口供应链的构成和传统供应链的构成基本相同，主要包括供应商、生产商、经销商及消费者，如图5-4所示。

---

[1] 潘皓青. 基于财务视角的供应链服务企业风险分析——以怡亚通为例[J]. 国际商务财会，2019，369（9）：38-43.
[2] 郑艳玲. 价值链增值[M]. 北京：中国人民大学出版社，2013.

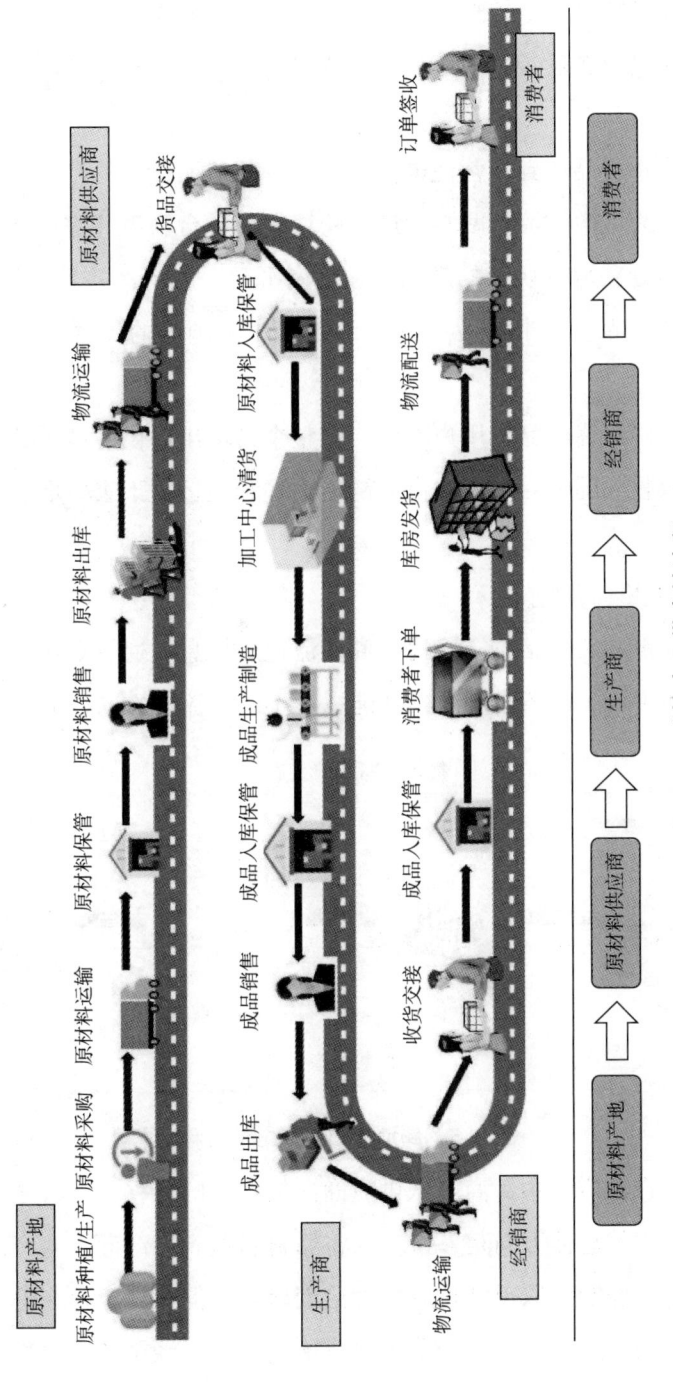

图 5-4 跨境出口供应链流程

供应商是指给生产商提供原材料或零部件的企业，是产品生产的源头。产品质量由供应商的实力和原材料来源决定。对于目标是赢得全球市场的跨境电商企业而言，把控好上游原材料的质量是严格把控整个跨境出口供应链的重中之重。

生产商即产品制造企业，处于产品生产的最重要环节，负责产品生产、开发和售后服务等。

经销商是指为将产品送到经营地理范围的每一角落而设立的产品流通代理企业。跨境电商的经销商分为境内、境外两端，通过跨境电商平台联系并完成交易。境内经销商主要负责从生产商处获取高质量的产品，在电商平台上展示，并且出售给境外经销商；境外经销商在取得产品后，将产品一级一级地销售给国内的零售商，进而到达消费者手中。

消费者是指使用最终产品的用户群体，在整个跨境出口供应链中处于末端环节，也是整个供应链获取收入的唯一来源。供应链能否顺利地运行下去，取决于消费者对产品的认可度的高低。

（三）跨境出口供应链的流程

跨境出口供应链一般包括物资流通、商业流通、信息流通、资金流通四个流程。四个流程的参与主体不同，有各自不同的功能以及不同的流通方向，如图5-5所示。

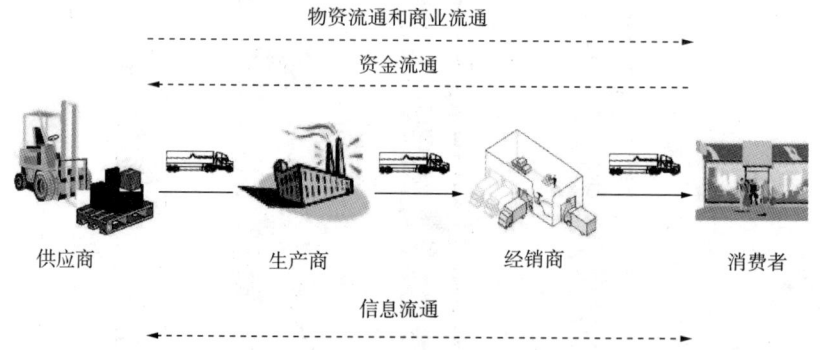

图5-5 跨境出口供应链的流程

物资流通是指在供应链中，商品从供应商向消费者的转移。简言之，是一个商品流通的过程。这个过程的总体方向是，供应商将原材料送到生产商，生产商生产产品并将其送到经销商手中，经销商取得货物后售卖给消费者。但是由于存在退货的现象，因此物资流通也存在逆向的过程，即由消费者退货给经销商，经销商再退货给生产商或者直接销毁。

商业流通主要是指买卖的流通过程。与物资流通不同，商业流通仅限于商业往来，无商品实物，供应商、生产商、经销商之间签订购销合同即构成商业流通。该流程是在供应商与消费者之间双向流动的。与传统的线下交易签订纸质合同不同，跨境电商由于存在平台，可以签订电子合同，由平台监管，节省了时间和成本，极大地促进了商业流通的发展。

信息流通是指商品及交易信息的流通。信息流通过程一般是双向的，除了传统意义上人们对物流信息流通的要求，下游市场对上游市场的反馈越来越重要。上游企业根据下游企业和终端消费者的反馈，及时更新产品，占据市场竞争的主动权，保证整个供应链的顺利运行。

资金流通是指货币的流通。参与供应链的企业要想正常运营，必须保证资金的及时回收，否则就无法建立健全的运营体系。这个过程的方向是从消费者到供应商，通过零售商、批发商、物流商、生产商等，与物资流通过程方向相反。

二、跨境出口供应链的痛点

（一）物流问题

我国跨境电商出口物流虽然渠道比较多，但是配送时效性比较长，对于一些偏远区域，配送时间更长，由此导致用户体验不佳。在当今时代，消费者对交易周期的要求越来越短，如果跨境电商出口企业，不能在物流成本和用户需求之间做到平衡，就会给自己的业务发展带来严重的制约。

（二）客户需求问题

跨境电商出口贸易涉及的消费者来自世界各地，不同的生活环境必然会形成不同的购物要求和生活习惯。为了满足多元化的用户需求，就需要跨境出口供应链随着社会和市场经济的发展不断改善。

（三）库存问题

库存的作用就是通过维持一定量的存货来避免市场需求变化和供应不确定风险对供应链造成的不利影响。然而，在实际管理活动中，由于各种不确定性，物资流通和信息流通往往存在障碍，进而导致货物积压严重，影响企业资金回收，甚至会导致企业经营崩溃。

（四）追踪问题

我国境内的物流系统基本已经全部实现包裹的实时查询，然而跨境电商出口中还是有很多包裹在出境之后就"石沉大海"。在小语种或者物流欠发达的国家和地区，更难及时查询到包裹的实时信息，很容易导致丢包丢件，给消费者带来糟糕的购物体验，造成客户流失。

三、跨境出口供应链的优化

跨境出口供应链出现上述问题，一个重要的原因就是单一企业分散式管理，没有形成供应链管理系统，因此要形成集成式的供应链管理思想，建立起系统的从供应商到消费者的物流计划和控制等职能，通过改善上、下游供应链关系，整合和优化供应链中的信息流、物资流、资金流，以获得企业的竞争优势，主要包括计划、采购、制造、配送、退货五个方面。

计划是指上下游企业共同出台一项策略，来管理所有的资源，以满足客户对产品的需求。主要是建立一系列的方法来监控供应链，使其能够有效、低成本地为顾客递送高质量和高价值的产品或服务。

采购是指通过行业对比，选择能提供最优质产品和服务的供应商，与供应商建立一套定价、配送和付款流程，创造方法监控和改善管理，并把为供应商提供的产品和服务的管理流程结合起来，包括提货、核实货单、转送货物到制造部门并批准对供应商的付款等。

制造是供应链中需要测量内容最多的部分，包括质量水平、产品产量和工人的生产效率等，要求生产企业公开透明地向上下游合作企业，尤其是下游经销商展示生产流程。优质的生产流程可以帮助企业获取更多的市场，各大平台也在采取措施鼓励优质厂家展现实力，如阿里巴巴国际金品诚企服务。

配送即物流，跨境电商物流涉及国内、国外两大部分，在国内物流企业很少涉足跨境物流的情况下，要因地制宜，跟当地有实力的物流商建立合作关系，取得折扣价格，形成稳定的物流通道，为用户提供实时的物流信息，降低丢件率。

退货是供应链中的问题处理部分。过去大部分跨境电商企业很少重视退换货，主要是因为退换货对于卖家而言只有损失。货物退返的快递费用高，相比于寄回换新，很多企业宁愿直接退款，甚至"拉黑"客户。因此，建立网络接收客户退回的次品和多余产品，并在客户使用产品出现问题时提供支持，是现代跨境电商出口供应链的一个核心环节，可以帮助跨境电商平台和卖家赢得消费者信任，进而赢得市场。

本章重点

1. 我国跨境出口物流现存的问题。
2. 跨境电商出口物流的几种主要方式概况与对比。
3. 跨境电商物流线上发货与线下发货的主要模式与优劣势比较。
4. 跨境电子商务物流包装的概述、分类、原则。
5. 介绍跨境出口供应链的相关概念、痛点、优化方向。

课后习题

1. 解释下列名词概念。

国际物流专线、中欧班列、包装、供应链服务

2. 我国跨境电商出口物流有哪些主要方式，分别具有哪些优缺点？
3. 选择合适的跨境电商物流出口方式应考虑哪些因素？
4. 比较线上发货与线下发货之间的优劣势。
5. 跨境电商包装应遵循哪些原则？
6. 跨境出口供应链由哪几部分构成？一般包括哪些流程？各流程涉及哪些主体？

参 考 文 献

[1] 老魏. 亚马逊跨境电商运营宝典 [M]. 北京：电子工业出版社，2018.

[2] 孙韬. 跨境电商与国际物流——机遇、模式及运作 [M]. 北京：电子工业出版社，2020.

[3] 速卖通培训中心. 跨境电商物流：阿里巴巴速卖通宝典 [M]. 北京：电子工业出版社，2015.

[4] 张良卫，等. 国际物流学 [M]. 北京：机械工业出版社，2019.

[5] 郝玉柱. 国际贸易理论与实务 [M]. 北京：中国社会科学出版社，2005.

[6] 郝冰. 现代物流基础 [M]. 北京：中国劳动社会保障出版社，2019.

[7] 苏杭. 跨境电商物流管理 [M]. 北京：对外经济贸易大学出版社，2017.

第六章
跨境电商进口物流管理

本章概要

本章主要介绍跨境电商进口物流的主要模式与跨境进口供应链管理的相关情况，共分为三节。第一节是跨境电商进口物流模式，介绍了跨境进口电子商务的运输方式和途径，以及转运模式、国际直邮模式、保税进口模式三种模式的概况和基本流程；第二节是跨境进口供应链，包括跨境进口供应链概述，采购、物流、销售三个过程的基本情况，跨境进口供应链管理的作用和策略；第三节是跨境进口通关便利化，包括其改革的基本情况，对进口查验方式、进口通关模式、行邮税的基本介绍。

学习目标

了解跨境电商进口的运输方式和途径，熟悉不同跨境电商进口物流模式的特点和适用环境，能够根据具体情况灵活选择合适的跨境电商进口物流模式。

了解跨境进口供应链，熟悉跨境进口供应链的构成，了解跨境进口供应链管理的作用和策略。

了解跨境进口物流通关便利化改革的基本情况和相关操作，了解行邮税的概况，掌握行邮税的计算方法。

第一节　跨境电商进口物流模式

一、跨境电商进口电子商务的运输方式和途径

在传统的 B2B 模式下,海运依旧是大宗商品运输的首选。B2C 和 C2C 模式下的散货、高价值商品以及对时效要求较高的商品,则以空运为主。随着中欧班列以及其他跨境铁路的大规模使用,越来越多的跨境电子商务产品也通过铁路运输。

目前,跨境电子商务进口在 B2C 和 C2C 模式下,主要通过国际邮政系统和国际快递物流向 C 端寄送物品。但是国际邮政系统物流慢、投递时间长,很多时候需要 20~30 天才能送达并且容易丢件,因此该模式适用于纺织品、日用品等体积小、重量轻、时效性要求不高的商品。

现实中,我国消费者多选择使用国际快递物流。以亚马逊跨境电商进口业务中的海外购为例,有 3 种不同的配送方式供用户选择:标准配送的配送时长平均为 9~15 个工作日,加快配送的配送时长平均为 5~9 个工作日,特快配送的配送时长平均为 3~5 个工作日。配送方都是三大国际商业快递,通过空运将商品运送到中国,再清关,最后送到消费者手里。时效越高,运费也越高,因此适合体积小、重量轻、价值高的物品。

此种物流模式由配送方报关,若消费者和配送方信息沟通不及时,容易延迟配送,影响配送效率。由于国际快递是海外直邮,电子商务平台的发货较保税区发货要慢,部分电子商务平台的发货时间是下单后 10 天左右,但这种物流模式在很大程度上丰富了电子商务平台的商品种类[①]。

二、我国跨境电商进口物流模式

由于涉及多国、多段、多种交易模式、多种运输方式、多种物流途径,跨境电商进口的物流比较复杂,主要可以分为转运模式、国际直邮模式、保税进口模式,如图 6-1 所示,还有近些年兴起的海外仓直邮模式。

---

① 蔡依萍,张梦云.进口跨境电子商务及其物流模式的选择[J].上海电力学院学报,2017(S1):52-55,64.

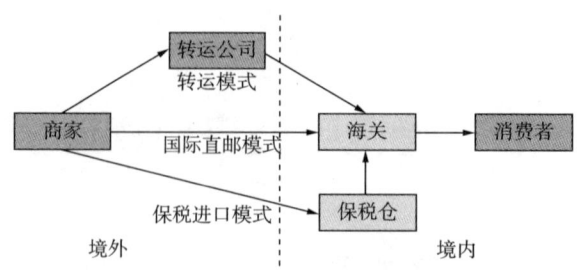

图 6-1　跨境电商进口物流模式

（一）转运模式

转运模式，即转运公司提供一个境外当地的仓库地址给买家，买家在电商平台下单时，在收货人处填写的是转运公司仓库的收件人和地址。转运公司收到货物后称重，买家支付运费，商品就可以转运回境内。由于大部分境外海淘网站不支持直邮，货物会由转运公司集中运送至境内，报关后拆分包裹发送给各个消费者。转运模式需要平台与转运公司合作，买家注册会员方能转运，对非合作商户限制颇多。

转运模式是目前海外购物的主流运输模式，但存在诸多不便。消费者需要在网上搜索转运公司，且转运公司的灰色清关会导致消费者税负不确定。对于希望便捷且合法的主流消费者，转运模式过于复杂且存在法律风险。虽然转运模式相对于直邮模式运费较低，但是转运模式需要货物达到一定规模之后才会统一转运，周期很长，用户体验感较差。其流程如图 6-2 所示。

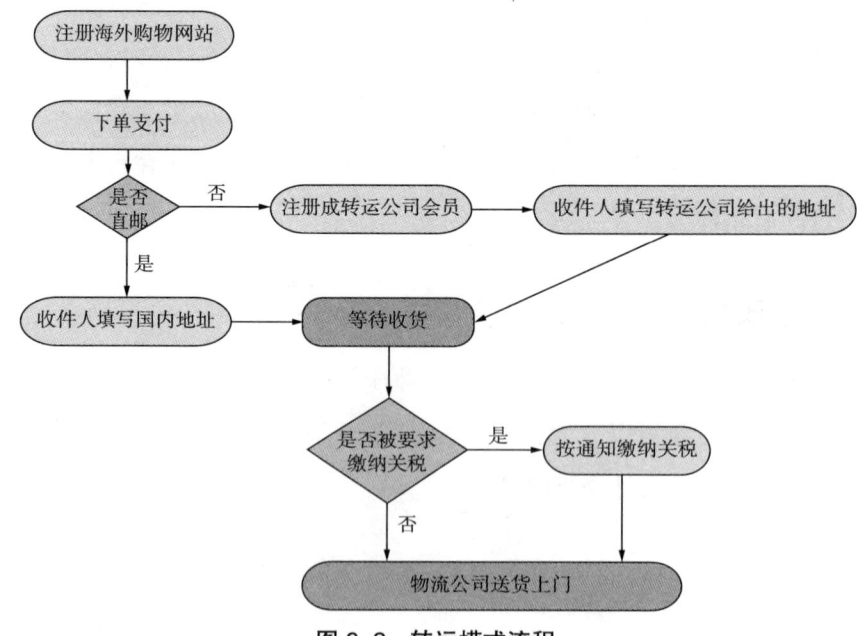

图 6-2　转运模式流程

转运模式主要分为转运公司参与寄递、报关企业参与寄递两种。

1. 转运公司参与寄递

转运公司参与寄递的原因主要有两个：境外不提供直邮服务、直邮费用过高。转运公司作为中介，为消费者在境外签收货物，再将货物发回国内。转运公司的主要运作模式如下：选取合适的地点租用房间做仓库；建立网站，搭建IT系统，为每个注册用户分配一个唯一的名字，用来收取和管理货物；签约合适的货运公司发货回国。转运公司的收益主要来源于两方面：①通过揽收再寄递货物，赚取中间差价；②提供货物的增值管理。转运公司一般按照重量收费，有若干线路回国，如天津口岸、重庆口岸、上海口岸、广州口岸，还有港澳线（港澳线最贵，主要是基于避税考虑）。

2. 报关企业参与寄递

报关并不是寄递企业的核心业务，但却是跨境电商进口中最复杂的环节之一，对整个寄送服务的时效性、可达性和费用等都有影响。报关企业参与寄递，本质上是两国合作直邮中快递合作寄递和转运公司参与寄递的延伸，这两种模式下的报关环节一般由专业报关企业承担。报关企业参与寄递，在寄递服务方面并没有独特之处，实质就是转运公司将货物运输至国内后，交给报关企业完成余下流程[①]。

（二）国际直邮模式

国际直邮模式是国内消费者下单后，货物直接空运到中国，由中国邮政或国外快递公司进行清关，然后交付消费者。特点是能够满足海淘客户的需求，合法快捷；货量小但价值高；运输周期 10 天左右；大部分商品是食品、美容化妆品等重量轻、体积小、价值高的产品。相比转运模式，直邮模式操作简单，货物丢失、损坏、被盗的风险相对较低，更不用担心快递公司跑路。然而，目前，直邮商品大多由国际快递公司运送，虽然送货时间快，但运费很高。支持跨境直邮服务的海外购物网站也很少。国际直邮模式流程如图 6-3 所示。

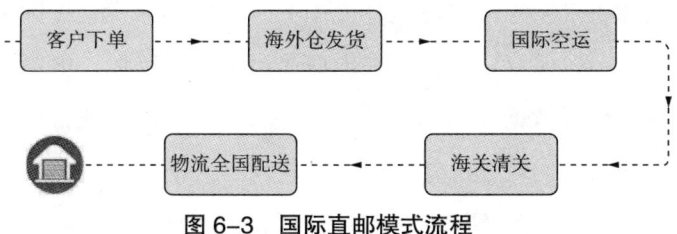

图 6-3 国际直邮模式流程

按照参与企业的不同，一般可以分为商业快递直邮和两国合作直邮。

---

① 朱壮华. 新零售背景下进口跨境电商物流分析研究 [J]. 山西财政税务专科学校学报，2020，22（6）：3.

1. 商业快递直邮

承运人是 FedEx、UPS、DHL 三大商业快递公司。

优势：①安全性高。全球网络下的时效性快和配送环节的安全性高是三大商业快递公司的核心竞争力。在商业快递直邮模式下，从国外到国内全程由三大商业快递公司自行配送，保证服务质量。②清关速度快。报关时，三大商业快递公司往往自行报关，并与海关实现数据对接，属于清关速度最快的快件系统。

劣势：在包裹的跨境运输上并没有明显的价格优势。

2. 两国合作直邮

该模式根据承运人性质的不同，又能细分为通过万国邮联渠道（UPU 框架）和两国快递公司合作运输渠道。通过万国邮联渠道，国内外的承运人必须都是万国邮联的成员，在我国，国外承运人包括美国邮政、英国皇家邮政等，国内承运人为 EMS。两国快递公司合作类似于 UPU 框架，但区别在于两国的快递企业不受万国邮联公约的约束，重视价格和时效性，往往是邮政或信誉良好的快递企业[1]。

优势：万国邮联走邮政清关途径，批量报关，缩短了清关时间，包裹的抽检率也要低于其他方式。

劣势：物流时效性不高。

（三）保税进口模式

在这种模式下，商家通过大数据分析，得出未来一段时间内该地区的热销产品；企业完成备案和通关手续，电商货物批量入境，进入保税区；网上订单产生后，在保税区内打包并且申报清关，清关完成后由境内物流企业完成最终配送。一方面，保税进口模式节省了商家的物流和人力成本，物流速度几乎和国内电商物流相同。另一方面，通过保税模式进入仓库的货物，在税收和检验检疫环节更有优势。

保税进口模式是两段物流，一段是国际段，另一段是境内段。跨境电商网站在商品被售出之前将货物整批发至境内保税物流中心，在境内保税仓（区）拆分、检验、备案、清关、分拣、打包、储存。消费者在电商平台下单付款后，电商平台将相应生成的订单、支付单、物流单等数据发送到海关系统进行申报。海关放行后，保税仓（区）根据订单将商品打包并由境内快递送达收件人。售出一件清关一件，没卖掉的商品不能出保税中心，但也无须报关，卖不掉的可直接退回，但不允许即买即取（部分试点区域除外）和买家转手再次进行销售。其流程如图 6-4 所示。

---

[1] 朱壮华. 新零售背景下进口跨境电商物流分析研究 [J]. 山西财政税务专科学校学报，2020，22（6）：3.

图 6-4　保税进口模式流程

保税进口模式有以下好处。首先，规模运输的方式有利于降低运输成本，相比其他跨境电商进口物流模式，在物流配送成本上具有很大的优势。其次，海外供应商根据市场走向，提前将可能的热销品备货至保税仓（区），保税仓（区）系统与海关和商检等部门对接，因此订单产生后能够及时清关，消费者收货速度快，一般在下单 2~3 天后就可以收到货品，物流体验基本等同于国内购物。最后，在保税进口模式下，买家退货有保障，可以将货物退到境内保税仓（区）或购物平台，避免了直接从海外购物退货无门的困境。

对于订单量较大的大型电商企业而言，保税进口模式是开拓海外市场的首选。但是对于消费者来说，保税进口模式商品种类较为单一，只能保证消费者购买到当下较热门的一些产品。另外，大量海外产品涌入国内市场也会对本土产品的消费市场造成冲击[①]。

（四）海外仓直邮模式

近些年，海外仓直邮的跨境电商进口物流模式逐渐兴起，是典型的单一的跨境物流模式。海外仓直邮是指将货物集中存放在海外卖家的仓库，当国内消费者下单后通过物流直接清关寄送到消费者手里，或者将货物先寄送到国内保税仓（区），清关后再进行国内配送。这种模式的主要特点是货物从海外仓库寄出后，中途基本不需要再次分包、转运或长时间储存。从形式上看，有点类似保税进口模式，但是在下单顺序和清关方式上与其有较为明显的区别。保税进口模式先入境，消费者下单后才清关；海外仓直邮模式在消费者下单后开始递送，在入境时才清关[②]。

---

① 吕莲. 多视角下的进口跨境电商物流分析 [J]. 商业经济，2017（12）：41-43.
② 邹莉. 基于进口 B2C 跨境电商业务的物流模式及发展研究 [J]. 电子商务，2020（10）：8-9.

第二节　跨境进口供应链

一、跨境进口供应链概述

跨境进口供应链是指专业服务于商品跨境进口销售的供应链体系，商品的设计、生产、物流、仓储、分发等供应环节的工作都由供应链完成，可以使销售方专注于销售运营，大大降低了销售方的成本和风险。

跨境进口供应链是专门为进口零售商家服务的。进口贸易利润丰厚，但涉及环节复杂、流程冗长、成本高昂、风险因素多。大进口商有自己的供应链体系和供应链控制能力，一般来说不需要第三方提供全程的供应链服务，但是这种服务对于中小卖家来说就显得尤为重要。如果能集成国外供应商、物流、仓储、合规、检疫、关务等服务商，形成一个自适应、自平衡、自生长、自演进的供应链生态，中小卖家在这里能找到所有需要的进口商品供应链服务，那么只要它自身具有商品零售能力，就完全可以参与进口商品销售。

跨境进口供应链总体上可以分为采购、物流、销售三个过程，如图6-5所示。

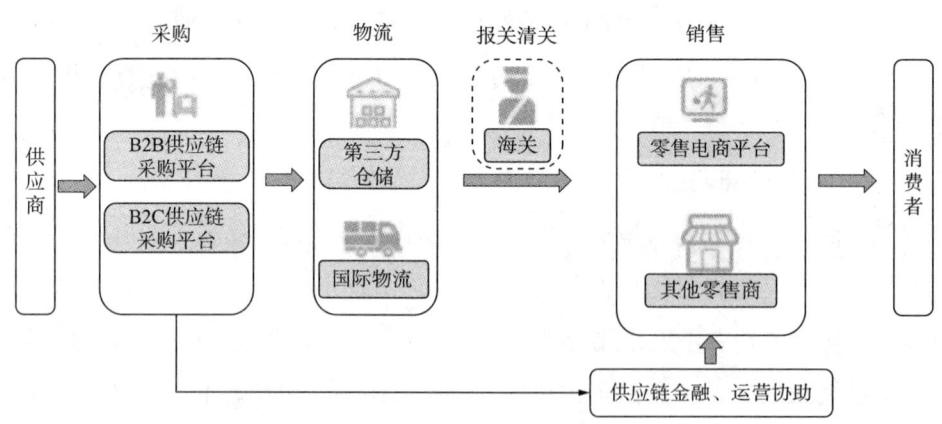

图6-5　跨境进口供应链流程

（一）采购

主要包括品牌授权代理、从经销商处自采、散买集货、代理采购、OEM模式下的采购和分销平台采购几种模式。

1. 品牌授权代理

品牌授权代理已成为跨境电商供应链上避免假货的一个重要手段。例如，美妆产品的渠道和货源问题一直是行业的隐忧，没有授权，即便直采直邮，暴利之下仍屡现以次充好现象。力争获得品牌商或大型国际零售商的授权，通过直采减少中间的流通环节，可以获得较低的采购价格，定价优势大；有厂商品牌背书，货源质量和稳定性有保证。跨境供应链两端巨人的信息差已经开始转为透明，跨境进口零售电商和国外品牌供应商直接对话的机会正在增多。

2. 从经销商处自采

由于跨境进口电商初期的采购量较小，厂家通常不会直接与其合作，而是把产品委托给下一级批发商。海外品牌经销（代理）优先保证本国的市场供应，在有余货的条件下才会分拨货物给跨境进口电商。这种方式相对于厂商直供，通常定价偏高，有时还会遭遇厂商不承认货物正品资质的问题，同时，难以保证货物供应，容易导致卖方市场的出现，从而在价格和货源稳定性上对跨境进口电商形成冲击，增加采购垫资。

3. 散买集货

一般的代理没有能力与国际品牌商直接合作，在拿不到代理权限和上级渠道时，只能从销售链末端入手，从国外小批发商或零售商手中买货。这种方式增加了采购成本，拉长了采购周期，品质上也没有绝对的保障，但可以解决一部分产品的供给问题。海外商超扫货是比较直接的采购形式，但国内普通消费者也只能拿到零售价，甚至还要加中介费，没有价格优势，而且爆款容易断货、限购，品质及供应也无法保证，有一定法律风险。在缺口较大或有临时性采购需要时，企业才会采用该类方式。

4. 代理采购

代理采购俗称跨境进口供应链 B2B 供货，采购主体以上市公司、国际物流和贸易商转型为主。这些企业资金雄厚，批量采购货物，在保税仓（区）分销给 B2B 各家电商。它们在早期传统贸易中，熟悉了贸易规则和国外渠道或货源，积累了足够的经验。首先，积累上游资源，从品牌、规模、成本、效率等方面严格把控，完成代理谈判、采购计划、快速补单、规模集采、订单履行等。其次，获取代理权限，成为国外二、三线品牌分销商，降低了建立品牌知名度和分销网络的成本。最后，完成物流运输，打通从国外到国内终端的资料备案、报关检疫、打包代发、物流仓储、配送等所有环节，满足单品小批量发货，降低下游库存，供应方式可选择境外自提、FOB、CIF 等[①]。

---

① 孙韬，老魏. 跨境电商宝典 [M]. 北京：电子工业出版社，2018.

5. OEM模式下的采购

原始设备制造商（original equipment manufacture，OEM）模式又称"代工生产"，是一种委托他人生产的生产方式。在传统的OEM模式中，品牌生产者不直接生产商品，而是利用自己掌握的核心技术设计和开发商品，控制销售渠道，将具体的加工任务通过合同订购的方式委托生产同类商品的其他厂商生产，之后将所订商品低价买断，并直接贴上自己的品牌商标。承接加工任务的制造商被称为OEM厂商。目前很多OEM厂商转型升级为跨境电商企业，自主设计商品，创建自主品牌，在价格上拥有更多的主动权。

6. 分销平台采购

分销平台采购是中小型电子商务企业采用的，在分销平台获得零库存、零成本的供应链支持，将跨境贸易的风险降到最低的采购模式。由于境外采购、入驻保税区门槛较高，规模较小的电子商务企业因自身渠道、资源等的限制，难以开展跨境电商业务。而分销平台采购在跨境电子商务的环境下，打破了时间、地域的限制，依托互联网建立销售渠道，不仅能满足中小型跨境电子商务企业追逐行业红利的需求，还能扩大分销渠道、丰富商品形态、对接境外市场。分销平台结构如图6-6所示。

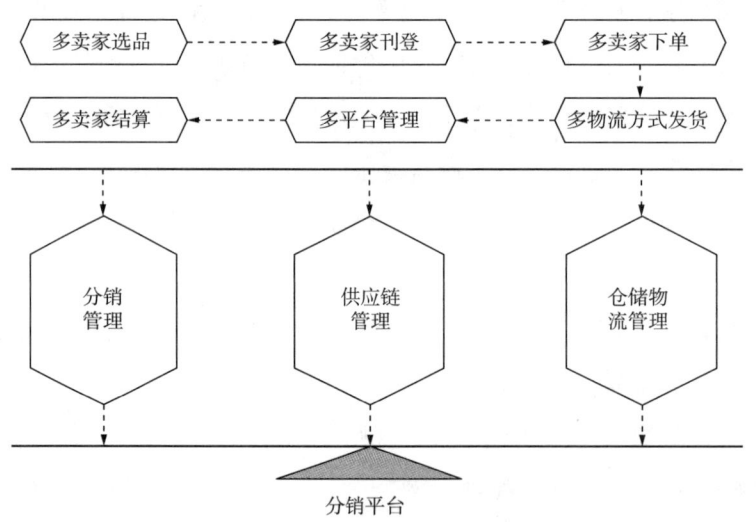

图6-6　分销平台结构

（二）物流

不同的企业因为产品和服务的不同，在选择物流方面也存在差异。

卖家应该为买家所购买的货物做全方位的考虑，包括运费、安全性、运送速度、是否有关税等，根据买家所处的国家（地区）和社会环境选择合适的物流模式。卖家也可以把选择权交给买家，只需要在物品描述中表明所支持的运输方式，再确定一种默认的运输方式，如果买家有特殊需要可以联系卖家。

卖家应在满足物流安全性和速度的情况下，尽量为买家选择运费低廉的服务。在跨境物流方面，EMS无论是服务还是时效性都比UPS、DHL、FedEx逊色，但价格优势非常明显。

（三）销售

跨境进口供应链中的销售与国内电商基本类似，一方面依托淘宝、天猫、京东等各大电商平台进行商品的展示与销售，另一方面微商等个人卖家采取国际直邮模式进行销售[1]。

二、跨境进口供应链管理的作用

供应链是围绕核心企业，通过对信息流、物资流、资金流的控制，采购原材料，制成中间产品以及最终产品，最后由销售网络把产品送到消费者手中的，将供应商、制造商、分销商、零售商、消费者连成一个整体的精益管理功能网链结构。供应链不仅是连接供应商到用户的物资链、信息链、资金链，还是一条增值链。物料在供应链上因加工、包装、运输等过程而增加价值，给相关企业带来收益[2]。

（一）降低库存量

供应链管理可以有效减少成员之间的重复操作，消除流程中的冗余步骤。此外，通过建立公共电子数据交换系统，不仅可以消除信息交换不充分造成的信息扭曲，还可以使供应链参与企业实现全流程无缝作业，大大提高工作效率，减少差错。

很多企业长期存在库存的不确定性，因此必须利用一定的人力物力来应对这种不确定性。这种不确定性存在于物流过程中，也存在于信息流过程中。供应链管理通过对组织内部业务流程的重组，实现物料的顺畅、信息的共享，从而有效消除不确定性，减少各个环节的库存量，并减少人工的消耗。

（二）为决策人员提供服务

主要表现在以下几个方面：分析供应链中的不确定因素，确定库存，制订订货计划，优化投资；评估并选择最有利的方案；评估不同供应链运作方案对库存和服务政策的影响，通过协调提高整体效率。

（三）改善企业之间的关系

供应链管理使企业之间的竞争转变为供应链之间的竞争，强调核心企业通过与上下游

---

[1] 孙韬，老魏. 跨境电商宝典[M]. 北京：电子工业出版社，2018.
[2] 李宸. 基于供应链管理环境下的订单管理[J]. 现代营销（下旬刊），2020（3）：174-175.

企业建立战略合作伙伴关系，让每一个企业都发挥出自己的优势，达到"共赢"的目的。这一竞争方式将会改变企业的组织结构、管理机制、企业文化以及企业与企业之间的关系。

（四）提高服务质量，刺激消费需求

供应链通过企业内外部之间的协调与合作，大大缩短了产品的生命周期，把适销对路的产品及时送到消费者手中。供应链管理还使物流服务系列化，在储存、运输、流通、加工等服务的基础上，新增了市场调查与预测、配送、物流咨询、教育培训等项目。快速、优质的服务可以塑造企业良好的形象，提高消费者的满意度，提高产品的市场占有份额。

（五）实现供求的良好结合

供应链把供应商、生产商、销售商紧密结合在一起，并对它们进行协调、优化，从而使企业与企业之间形成和谐的关系，使产品、信息的流通渠道缩短，进而可以使消费者的需求信息沿供应链逆向迅速地、准确地反馈给销售商、生产商乃至供应商。它们可以据此作出决策，以保证供求的良好结合。

三、跨境进口供应链管理的策略

（一）需求和供给的协同战略

在制订供应链计划时，无论是使用通用平台还是专业供应链计划平台，都有可能为了应对跨境市场变化而调整计划。比如，跨境市场的变化会导致市场需求减少，产品价格下降，供应链上下游企业的利润受损，因此需要及时进行协调，使供应链上游厂家减少供给，维持市场平衡，保证利润率。高效的协同系统不仅可以在市场变化时保证供应链上下游企业的利润，还可以提高整个供应链企业的竞争力，在跨境电商市场赢得一席之地。

（二）集成战略

跨境进口供应链相对于国内供应链而言，涉及的企业众多、环节众多，导致供应链过长。

从整个跨境进口供应链的角度来看，外包工厂的可视化水平低、库存高、客户响应度低都是企业面临的问题。因此，企业必须通过标准化的供应链协作来降低风险，提高可视性和敏捷性，并及时进行规划仿真分析、能力协作和物料拉动，以实现供应链集成的目标。集成战略将整个供应链置于一个管理系统之下，主要体现在以下几个方面：

其一，仓储可视化管理。产品的库存、库位清晰可见，提高仓储的效率和库存准确性。

其二，制造车间精益化管理。制造过程全程可控，生产用料配比准确，生产产品合格。通过对制造车间实施透明化高效有序管理，提高产品生产效率。

其三，运输管理执行高效。通过物流和分销的同步，减少运输花费，节省运输时间。

需求供给快速同步、卓越执行、可视化与协同化、可持续发展等都是供应链集成的努力方向，只有实现应用平台的信息整合、流程整合，才能够帮助企业供应链实现优化，才有可能提高供应链上下游企业的竞争力。

（三）绿色战略

随着绿色意识的觉醒，各国消费者对"绿色产品"的需求量急剧增加。跨境电商涉及不同的国家（地区），各国（地区）对产品的检验检疫标准也不尽相同，以往为了追求低成本而选择不符合绿色产品标准的供应商的做法已经不再适合现在的跨境电商市场。

供应链在设计之初就要奠定整体的"绿色基调"，从供应链上游的供应商入手，严格把关，选择产品符合标准的企业，在产品包装时也要考虑各国（地区）对包装的要求，选择合适的包装方法。跨境进口供应链的绿色战略可以帮助相关企业赢得社会关注度，也符合我国可持续发展战略的要求，帮助企业承担社会责任，提高在整个供应链上的竞争力。

第三节　跨境进口通关便利化

跨境电商物流市场规模巨大但尚处于粗放时代，存在价格贵、速度慢、后期追踪难、便利性差等难题，以及关税、清关等政策性问题。而进口通关更是跨境电商中的一大难点，每个国家都是对进口贸易管得更严，导致进口通关远比出口通关复杂。

一、我国进口通关便利化改革

《海关全面深化业务改革2020框架方案》已经全面实施。该方案紧扣重要战略机遇新内涵，坚持底线思维、提高风险防控能力，推进"政治建关、改革强关、依法把关、科技兴关、从严治关"，以"统一执法、分类施策、精准监管、协同高效"为原则，在全国通关一体化框架下，持续推进重点领域和关键环节改革，从2020年开始，建立高效便捷的申报制度、协同优化的风险管理制度、衔接有序的监管作业制度、统一规范的通关制度、自由便利的特定区域监管制度，形成符合新职能需要的监管制度体系。

本次改革在"两轮驱动"当中健全了"双随机、一公开"的监管手段，一定程度上提升了海关监管的透明度。改革后，通过大数据分析和专家研判，可实现对风险目标的精准锁定，意味着海关对企业风险监控的手段更为精准，对企业的申报准确性和自身风险监控能力提出了更高要求。以推进通关便利化为最终目的，实行"两步申报"，一方面加快了货物口岸流转时间，货物可快速提离，另一方面也避免了企业一次性全口径申报引发的申报差错。未来企业可自行选择"两步申报"或"一次申报，分布处置"模式，提升企业适应度和选择上的灵活自主性。实行"两轮驱动"，构建随机抽查与精准布控协同分工、优势互补的风险统一防控机制，减少高信用、低风险企业被海关抽查的比例。实行"两段准入"，以口岸放行为界，在卡口前实施"准许入境"监管，在卡口后实施"合格入市"监管，使涉及商品检验类的货物更快提离，提高企业通关效率，降低仓储成本。完善主动披露的认定、处置等程序和要求，在一定程度上解决了前置条件太多导致企业不敢主动披露、不知是否该主动披露的困惑，保证了企业的"守法容错"红利[①]。

二、进口查验方式

海关的基本职能包括税收征管、出入境监督、进出口统计、稽查、知识产权保护、打击走私、口岸管理等，对于跨境进口电商而言，主要涉及进境货物的监督管理。进口货物根据商品编码确定监管条件（前提是正确归类）。如果货物要做商检，就要先报检，由商检查验；如果货物不用做商检，就直接报关，由海关查验[②]。

商检查验是指商检人员对提供的书面材料进行审核，根据书面材料对货物的描述，来判定是否需要对货物进行场地查验。商检主要是检查质量卫生，具有一票否定权，不合格即无法入境。商检合格后出具入境通关单才能向海关申报。

海关查验是指海关人员核对实际进口货物与报关单证所报内容是否相符，有无错报、漏报、瞒报、伪报等情况，审查货物的进口是否合法，确定货物的物理性质和化学性质。进口货物，除海关总署特准免验的之外，都应接受海关查验[③]。

海关查验流程如下：

---

① 关务人员必看！《海关全面深化业务改革 2020 框架方案》最新解读！[EB/OL]. 搜狐网，[2019-04-02]. https : //www.sohu.com/a/305787135_368679.
② 孙韬，老魏. 跨境电商宝典 [M]. 北京：电子工业出版社，2018.
③ 尤宏兵，李灵稚. 国际贸易 [M]. 北京：科学出版社，2018.

① 人工查验。查看外观、开箱抽检或全检。货物的收货人或其代理人必须到场，并按海关的要求负责办理货物的搬移、拆装箱和重封货物的包装等工作。人工查验无异常转入机检查验确认。

② 机检查验。扫描货物有无夹带，体积、重量是否与申报一致。

③ 对已查验进口货物进行复检。海关有权对进口货物实施径行查验，由监管区管理人员签字确认。

④ 取样化验。收货人或代理人到场协助，并签字确认。样品如涉及商业秘密须提出申请，海关依法给予保护。

⑤ 海关如在查验过程中损坏被查验货物，按照《中华人民共和国海关法》相关规定实施赔偿[①]。

三、进口通关模式

（一）BC 直邮进口通关模式

主要针对跨境电商平台和企业，需要跨境电商主体向海关和商检进行企业和商品的备案，通过技术对接报送订单信息、物流信息和支付信息给海关预审。

消费者在跨境电商网站（平台）下单后，电商或申报企业通过跨境电子商务系统（涵盖备案、申报、征税、查验、放行等环节）进行申报，系统向海关推送订单、支付、物流等信息。在系统完成信息对接后，这些跨境商品会在海外仓库完成打包，并以个人包裹的形式入境。入境时会在检验检疫、海关等部门完成通关、查验、征税等环节，直至完成清关。最后通过国内快递，将跨境商品送到消费者手中。相较于保税仓（区）进口通关模式，此模式的新品入境传播速度更快。

BC 直邮包括小包裹的直邮模式和大量商品的集货模式两种模式。两者的区别在于，前者是消费者下单后，直接将国际物流包裹运输到目的国（地区），再通过通关、快递等方式交付消费者；后者是消费者下单后，不直接将商品发给消费者，而是统一存放在海外仓库，直到累积到一定数量时，包裹才被运送到目的国（地区）进行清关，再完成最终配送。

（二）CC 个人物品直邮进口通关模式

主要是指个人邮寄的包裹，满足个人使用的合理范围。个人物品直邮不需要平台和

---

① 进口货物的查验方式和流程[EB/OL]. 应届毕业生网，[2020-11-16]. http://edu.yjbys.com/baoguanyuan/322579.html?ivk_sa=1024320u.

商品的备案，操作相对简单。主要包括跨境电商包裹、海外转运商包裹、海外快递物流商包裹。

在此模式下，商家确认订单后，直接从海外通过国际快递将包裹邮寄给消费者。优点是具有灵活性，有交易发生时才发货，无须提前备货；缺点是与其他快件混在一起，物流清关效率低，包裹数量大的时候成本会迅速上升。这种模式适用于业务量少，偶尔有零星订单的阶段。

（三）BBC保税仓（区）进口通关模式

保税仓（区）进口通关模式采用的是试点货物暂存模式，是指跨境电商卖家将准备好的货物整批发至目的国境内保税物流中心，采用跨境电商模式报关报检，再进行网上零售。当消费者在电商平台下单付款后，电商平台将相应生成的订单、支付单、物流单等数据并发送到海关系统，以便完成申报、征税、查验等通关手续和环节。海关放行后，保税仓（区）根据订单将商品打包并由国内快递送达消费者手中。

相较于BC直邮进口通关模式，此模式到货更快、通关效率更高，可及时响应售后服务要求，用户体验最佳。但这种模式下，如果商品放在保税仓（区）过期了，则需要在海关的监督下进行销毁，跨境电商平台和商家需要承担商品销毁的费用。因此这种模式适用于业务规模较大、业务量稳定的阶段，以及爆款商品、利于销售的商品[①]。

以上就是跨境电商进口通关的三种模式。如果跨境电商企业需要快速开展跨境进口业务，可以选择适合企业发展阶段的清关模式，并且对接关务管理系统（CMS）。该系统对接全国多口岸和单一窗口，支持跨境电商多业务模式的申报管理及外贸相关服务。

四、行邮税

行邮税是行李和邮递物品进口税的简称，是海关对入境旅客行李物品和个人邮递物品征收的进口税，是关税、进口增值税及消费税三者合一的替代税种。课税对象包括入境旅客、运输工具、服务人员携带的应税行李物品、个人邮递物品、馈赠物品及以其他方式入境的个人物品等。

行邮税的征收主要发生在跨境直邮的物流通关模式下，只针对个人物品而非大宗商品，课税对象主要为非贸易属性的进境物品，故而税率普遍低于同类大宗商品的进口税率。一旦征收行邮税就不再加征其他方面的税。

---

① 跨境电商BBC（保税仓模式）清关流程详解[EB/OL]. 大黄蜂进口跨境电商系统，[2019-12-09].https：//www.dhfapp.com/archives/476.

根据海关相关条例规定，对进境个人邮递物品依法征收行邮税，但应征进口税税额在人民币 50 元以下（含 50 元）的，海关予以免税；超过 50 元起征点的，全额征收税款。行邮税计算公式较为简单，行邮税 = 完税价格 × 税率。完税价格不是商品本身的价格，而是海关根据规定确定的价格；税率则根据不同商品而有所不同。物品归类和完税价格由海关总署 2012 年第 15 号公告的《入境旅客行李物品和个人邮递物品进口税税则归类表》《入境旅客行李物品和个人邮递物品完税价格表》确定；完税价格表中未列明的物品，由海关按照当时的国际市场价格估价；物品实际购买价值是完税价格表列明 2 倍及以上，或者 1/2 以下的，进境物品所有人应向海关提供销售方依法开具的真实交易的购物发票或收据，并承担相关责任。海关可以根据物品所有人提供的上述相关凭证，依法确定应税物品的完税价格。

近几年，随着电子商务的发展、网购的兴起，海外代购也日渐红火，空姐代购，游客、导游、旅行团代购，幼儿园老师代购等所谓的"人肉代购"花样繁多。它们的相同点是，商品都是以出入境旅客行李的名义通关进境的。根据海关总署 2010 年第 54 号《关于进境旅客所携行李物品验放标准有关事宜》，免税额度为 5000 元。另根据财政部《口岸进境免税店管理暂行办法》，允许个人在口岸进境免税店增加一定数量的免税购物额，连同境外购物额总计不超过 8000 元则享有进境免税优惠。

海关要求，旅客随身行李的物品，以个人使用的合理数量为参考，超出这个限度的就需要办理手续并交进口税。现在很多海淘及代购大量使用邮政包裹将商品寄送回国，甚至为了降低邮费而和海外邮政公司签订代理协议，用邮件方式通关。如果进境被海关抽查到，发现超出了免征税额，就会被征收行邮税。

本章重点

1. 跨境电商进口电子商务的运输方式和途径。
2. 跨境电商进口物流模式的选择。
3. 跨境进口供应链的构成。
4. 跨境进口供应链管理的作用和策略。
5. 跨境进口通关便利化的基本情况、进口查验方式、进口通关模式。
6. 行邮税的基本介绍和计算方式。

课后习题

1. 解释下列名词概念。

转运模式、国际直邮模式、跨境进口供应链、供应链服务、行邮税

2. 我国跨境电商进口物流模式有哪几种，分别具有哪些优缺点？
3. 简述跨境进口供应链的主要环节。
4. 跨境进口供应链管理应采取哪些策略？
5. 进口通关模式有哪几种？

参 考 文 献

[1] 阿里巴巴商学院. 跨境电商基础、策略与实践 [M]. 北京：电子工业出版社，2016.

[2] 蒋长兵. 物流概论（第2版）[M]. 北京：电子工业出版社，2012.

[3] 柯丽敏，洪方仁. 跨境电商理论与实务 [M]. 北京：中国海关出版社，2016.

[4] 马述忠，卢传胜，丁红朝，等. 跨境电商理论与实务 [M]. 杭州：浙江大学出版社，2018.

[5] 许丽洁. 外贸跟单业务从入门到精通 [M]. 北京：人民邮电出版社，2020.

第七章
跨境电商运输管理

> **本章概要**
>
> 本章的主题是跨境电商运输管理,主要介绍了四种运输方式以及相对应的单据和运输条款,共分为八节。第一节介绍了跨境电商运输管理的含义,跨境电商运输的特点、运输方式的选择;第二节介绍了海洋运输的特点、优缺点、运输流程和几种主要类型;第三节介绍了陆地运输,主要包括国际公路运输、铁路运输;第四节介绍了航空运输的流程,并进一步介绍了几种货物运输方式的分类与特点;第五节介绍了多式联运的概念、形成条件、费用、基本流程和优点;第六节介绍了跨境物流合同的装运条款,包括交付时间、交付地点、装运通知;第七节介绍了跨境物流运输单据,主要包括海洋运输单据、铁路运输单据、航空运输单据、邮包收据、多式联运单据;第八节介绍了跨境物流运输保险的基本术语、基本原则和主要类型。

> **学习目标**
>
> 了解跨境电商运输管理的含义,掌握不同跨境运输方式的特点,能够根据产品特点和客户要求选择合适的运输方式。
>
> 了解海洋运输的特点、优缺点、运输流程和几种主要类型。
>
> 了解国际公路运输、铁路运输两种陆地运输的基本情况。
>
> 熟悉航空运输的流程,了解几种主要方式的特点。
>
> 了解多式联运的概念、形成条件、费用、基本流程和优点,能够为多程运输的产品设计合理的运输方案。
>
> 了解跨境物流合同装运条款的主要内容和制定方式。
>
> 掌握跨境物流运输单据的特点及作用。
>
> 了解跨境物流运输保险的基本术语、基本原则和主要类型。

第一节 跨境电商运输管理的概念

一、跨境电商运输管理的含义

跨境物流不仅需要将货物从一地转移到另一地，还涉及出口国清关、国际物流、进口国清关、进口国物流以及最终派送等环节，作业过程复杂繁多，包括接单、收货、仓储、分类、编码、理货、分拣、转运、包装、贴签、装检、国际清算、报关、纳税、售后、退换货等，整个物流链涉及不同国家（地区）的不同企业，对协调性有很高的要求。

跨境电商运输管理由跨境电商物流活动引起，是人们掌握、管理、指挥跨境电商物流活动实际状况和变化，对跨境电商物流进行有效干预，使整个跨境电商物流链实现成本降低、效率提高的目的的活动，对整个跨境电商物流活动有着十分重要的作用[1]。

二、跨境电商运输的特点

（一）涉及的文化背景复杂

跨境电商运输是从一个国家将货物运送到另一个国家。各个国家（地区）的政策法律不同，金融货币政策不同，运输习惯和经营做法也不尽相同，再加上政治局势、经济形势的影响，会对跨境电商运输产生较大影响，存在潜在风险。

（二）运输的时间性强

随着全球化的不断加深，国际市场的竞争日趋激烈，商品价格瞬息万变，进出口货物如不能及时到达目的地，很可能造成巨大的经济损失。尤其是对于某些季节性较强的生鲜产品，超出预定的到达时间极有可能导致商品的腐坏，不仅会在经济上遭受损失，还会使承运商的信誉遭到质疑。为此，按照装运条款中的交货期及时交货直接关系到承运商的信誉和合同履行能力，对贸易和运输产生了巨大影响。

（三）运输的距离长，风险大

跨境电商运输涉及不同国家和地区，地理环境多变，运输环境复杂，货物可能经过

---

[1] 苏杭.跨境电商物流管理[M].北京：对外经济贸易大学出版社，2017.

极寒和极热的极端环境,并且由于不同国家基础设施建设的水平不一,货物在转运过程中承担较大风险。为此,为了转移运输过程中的风险,各种进出口货物和运输工具都需要办理运输保险。

三、跨境电商运输方式的选择

运输方式的选择是物流系统决策过程中的重要环节,也是物流合理化的重要内容。合适运输方式的选择标准包括运输时间、可预测性、成本和非经济因素等。即使货物可以通过铁路和汽车运输到国外,在国际运输中还是会采用海运或空运的方式,而这两种方式却很少在国内运输中使用。此外,国际运输可结合多种运输方式,如陆运和海运,即混合的运输方式。

（一）运输时间

海洋运输从出发地到目的地的时间远远长于航空运输。例如,转换成空运,45天的海运时间可以直接减少到12小时。运输时间的长短对整个物流运作有很大影响。快速的运输延长了产品在国外市场的销售时间。如果由于生产原因无法将产品在规定时间内送达目标市场,那么为了按时交货,企业将选择空运取代海运。

（二）可预测性

无论是海运还是空运都会受到自然因素的影响从而导致延误。准确地预测有助于海外分销商为消费者提供一个准确的产品到货时间。

（三）成本

在选择国际运输方式时,成本是企业需要考虑的一个重要因素。国际运输价格通常取决于运输服务的成本和货物的价值。为了降低成本,货运企业可以结成联盟合作运输。为了减少总成本和时间,也可以选择性地使用混合运输的方式。

（四）非经济因素

非经济因素通常也会影响运输方式的选择。比如,一些物流企业或被政府收购,或依赖政府补助,因此,其他企业即使有更好的选择也必须使用国内运输公司。在政府货资需要运输时也通常会受此影响。例如,在美国,无论是政府物资还是政府官员都必须搭乘国家航空公司的航班[①]。

---

① 韩小蕊. 跨境电子商务 [M]. 北京:机械工业出版社,2018.

第二节　海洋运输

海洋运输又称"国际海洋货物运输",是指使用船舶通过海上航道在不同国家和地区的港口之间运送货物的一种运输方式。随着经济全球化的不断发展,海洋运输逐渐成了国际商品交换中最重要的运输方式之一,货物运输量占国际贸易总运量的 2/3 以上,中国进出口货运总量的约 90% 都是利用海上运输[①]。

一、海洋运输的特点

随着集装箱的兴起,海运成为国际贸易的重点。

海运可以节省国家外汇支出,增加外汇收入。一般海运发达的国家,都会十分积极地建立自己的船队,注重海外货物运输,而外汇收入也成为这些国家的重要经济支柱,例如,MSC 地中海航运已成为航运界的领头羊,为改善瑞士的国际收支作出了贡献。

海运有利于改进国家的产业结构。海运主要是依靠海上活动实现,而海上活动离不开轮船制造业、航海技术、海员培养等,有利于促进工业、制造业、电子技术、服务业的发展,改善国家的产业结构。

(一) 优点

1. 承载能力强

国际货轮吨位大多数在万吨至十几万吨不等。例如,一艘超大型集装箱货轮——"中远荷兰"号长 366 米、宽 51 米、高 67 米,一次可装载 13386 个标准集装箱,其运载量为铁路运输的 500~800 倍。

2. 运费便宜

由于港口设备一般都由政府修建,因此货物的运输成本相对来说比较实惠,尤其是对于大型货物来说。同时,随着货轮运载量的提高,大规模的产品运输可以分摊运费成本,产生规模经济效应。每一单位的运费价格约为铁路运输的 1/20、空运的 1/30。

3. 适应能力强

是指对货物的适应。海运基本上可以适应各种货物的运输,一些其他运输方式不方

---

① 杨海芳,李哲. 国际货物运输与保险 [M]. 北京:北京交通大学出版社,2013.

便运输的货物，海运基本都可以运输。

4. 路线自由

由于全球特有的地理条件，海洋运输可以利用四通八达的航道，不受路线的限制。

（二）缺点

1. 运输速度慢

由于船体的面积巨大，在装卸时间上花费的时间长，水中阻力强，因此海运的速度相比其他运输方式要慢许多。现代化的超级集装箱船的最高速度仅为 30 节 / 小时（合 55 公里 / 小时），从中国到欧洲直航仍需 15~25 天。

2. 风险性大

海运路途遥远，环境复杂，并且受自然环境和季节风的影响，在运输途中可能会出现许多意外情况，并且容易受到海盗的侵扰，遇险的可能性很大，存在很大风险。

3. 不能实现"门到门"服务

由于航道和港口的限制，海运的可达性、灵活性不高，往往需要地面运输系统的配合才能完成货物运输的全过程。

二、海洋运输流程

（一）托运

托运人和承运公司或货代公司签订运输合同，按照要求提交相关单据。

首先，提供收货人信息、发货人信息、通知人信息、箱型、箱量、重量、体积、起运港、目的港、出运时间、货物中英文品名等信息。

其次，确定货物运输条款、运输方式（整柜运输、拼箱运输、大宗散货运输）等。

最后，提供完整的出货资料，包括发票、箱单、合同、报关报检委托书、申报要素、海关要求的其他单证。

（二）订舱

承运公司根据托运人提供的货物规格，选择合适的舱位。目前一般商品主要采用集装箱运输。集装箱按照规格不同可以分为以下几类。

① 20 尺柜：内容积为 5.69 米 × 2.13 米 × 2.18 米，配货毛重一般为 17.5 吨，体积为 24~26 立方米。

② 40 尺柜：内容积为 11.8 米 × 2.13 米 × 2.18 米，配货毛重一般为 22 吨，体积为 54 立方米。

③ 40 尺高柜：内容积为 11.8 米 ×2.13 米 ×2.72 米，配货毛重一般为 22 吨，体积为 68 立方米。

④ 45 尺高柜：内容积为 13.58 米 ×2.34 米 ×2.71 米，配货毛重一般为 29 吨，体积为 86 立方米。

⑤ 20 尺开顶柜：内容积为 5.89 米 ×2.32 米 ×2.31 米，配货毛重一般为 20 吨，体积为 31.5 立方米。

⑥ 40 尺开顶柜：内容积为 12.01 米 ×2.33 米 ×2.15 米，配货毛重一般为 30.4 吨。体积为 65 立方米。

⑦ 20 尺平底货柜：内容积为 5.85 米 ×2.23 米 ×2.15 米，配货毛重一般为 23 吨，体积为 28 立方米。

⑧ 40 尺平底货柜：内容积为 12.05 米 ×2.12 米 ×1.96 米，配货毛重一般为 36 吨，体积为 50 立方米[①]。

（三）装箱

上门装箱方式分为工厂装箱（需提供工厂地址）和仓库装箱（货物送到装运口岸仓库后再装箱）。

1. 工厂装箱

承运人根据托运人的货物完成日期，在航班起航前一周，安排集装箱到托运人工厂，由托运人工厂负责装货，当面点清数量，确认无误后，承运人将集装箱铅封，直接将货物运抵至装运港，装货上船。

2. 仓库装箱

承运人提供转运港仓库的地址，由托运人安排物流公司将货物送至指定仓库，承运人在接收到货物并且点清数量规格后安排装箱，一般适用于拼箱运输方式。

（四）报关

货物由承运人接收后，托运人将报关资料发给报关行完成报关或者自行报关。

（五）目的港到货交付货物

船公司通知目的港收货人支付所有费用，凭提单换取提货单。航运公司签发提货单。如果费用没有支付，船公司可以根据提单的"留置权条款"扣留货物。

---

① 集装箱常用柜型 [EB/OL]. 百度文库 .https: //wenku.baidu.com/view/2bee7ce8f8c75fbfc77db2fd.html.

三、海洋运输的类型

海洋运输按船舶经营的方式，主要分为班轮运输（liner transport）和租船运输（charter transport）。

（一）班轮运输

班轮运输也称定期运输，是指承运人接受众多托运人的托运，将属于不同托运人的多批货物装载于同一船舶，在固定的航线上，以既定的港口顺序，按照事先公布的船期表航行的水上运输方式。班轮运输适合货流稳定、货种多、批量小的杂货运输，一般承运的是价值较高的成品、半成品货物，其运量约占国际货物贸易的20%[①]。

1. 班轮运输的特点

（1）船期、航线固定

班轮运输的船期和航线是固定的。船公司会公布船次的运行路线和启航时刻，有固定的航运时刻表、固定的航线（有的直航、有的有经停、有的有中转，但航线是事先确定的）。类似高铁有固定的运行路线和运行时刻。

（2）挂靠港固定

班轮运输的挂靠港是固定的。船舶从出发港至目的港的途中所停靠港口称为挂靠港，有点类似于汽车或火车的经停站。班轮运输是"固定挂靠港"的，各国不同的港口连接起来就形成了货轮的航线。

（3）运费费率固定

班轮运输的运费费率是相对固定的。它有公开公布的费率——公布运价，而在大多数情况下，班轮公司和托运人都是按照协议费率结算——这个费率一般都低于公布运价。托运人具体能拿到多大的折扣，取决于货量、淡旺季等因素。

（4）承运人负责装和卸

班轮运输还有一个很重要的特点是"承运人负责装船和卸船"。班轮运价中已经包含了货物在码头（港口）的装船和卸船费用，承运人和托运人双方不计滞期费和速遣费，也不规定装卸时间。

总而言之，班轮运输具有"四定一负责"的特点。所谓"四定"，就是船期固定、航线固定、挂靠港固定和运费费率固定，这是班轮运输的最基本特征。所谓"一负责"，

[①] 陆爽. 国际商法[M]. 重庆：重庆大学出版社，2002.

就是承运人负责装和卸[1]。

（5）非特定货主

班轮运输是面对不特定的众多货主的大众化服务，区别于服务特定的、唯一或少数货主的租船运输。提供班轮运输服务的航运公司也叫公共承运人。

（6）承运人和托运人责任

承运人对货物负责的时段是从货物装上船起，到货物卸下船止，即"船舷至船舷"（rail to rail）或"钩至钩"（tackle to tackle）。承运双方的权利义务和责任豁免以签发的提单为依据，并受统一的国际公约的制约。

2. 班轮运费

班轮运费由班轮运价表规定，包括基本运费和各种附加费。

基本运费分成两大类：一类是传统的件杂货运费；另一类是集装箱包箱费率。

件杂货运费基本上以运费吨为计费单位。按毛重计费时，运费吨为公吨，在运价表内用"W"表示。按体积计费时，运费吨为立方米，在运价表内用"M"表示。运价用"W／M"表示时，即按货物毛重（公吨数）或体积（立方米数）从高计费。按运费吨计价的货物一般分为20个等级，第1级货物运费率最低，第20级货物运费率最高。件杂货也有按商品价格或件数计收运费的。大宗低值货物可由船、货双方议定运价。

集装箱包箱费率有三种方式。① FAK（freight for all kinds），即不分货物种类，按每个集装箱收取的费率。② FCS（freight for class），即按货物等级制定的包箱费率。③ FCB（freight for class & basis），即按货物等级及不同类型的计价标准制定的费率。

集装箱包箱费率计算表中，分别定有20英尺和40英尺包箱费率，如果货物拼箱装运，即未装满一个集装箱的货物，FAK和FCS方式按W／M方式列出基本运费，FCB则按不同类别的计价标准列出基本运费。集装箱运输费用中，除上述海运运费外，还需包括有关的服务费和设备使用费。

班轮运费中的附加费名目繁多，包括超长附加费、超重附加费、选择卸货港附加费、变更卸货港附加费、燃油附加费、港口拥挤附加费、绕航附加费、转船附加费和直航附加费等。

此外，对不同商品混装在同一包装内的，班轮公司按其中收费较高者计收运费。同一票商品，如包装不同，其计费等级和标准也不同；如托运人未按不同包装分别列明毛重和体积，则全票货物按收费较高者计收运费。同一提单内有两种以上不同货名的，如

---

[1] 焦国栋，梁丹. 国际贸易理论与实务 [M]. 北京：九州出版社，2004.

托运人未分别列明毛重和体积，亦从高计费。

（二）租船运输

租船运输也称不定期海洋运输，是海洋运输的主要方式之一，指船舶出租人（船东）和承运人（租船人）签订租船（舱）协议，租船人向船东租赁船舶，船东收取租金，用于货物运输的海洋运输方式。有关航线和港口、运输货物种类、租船价格条件、船舶种类以及航行时间等，都由租船人和船东商定，但租船谈判往往通过经纪人进行[①]。

1. 租船运输的特点

（1）适合大宗低值货物的运输

租船运输的成本比班轮低（亏舱少，途经港口少，装卸货物品种类单一，可选择直达航线，船舶成本低，有规模经济），因此一般适用于大宗低值货物的进出口。

（2）船、货双方协商条件订立合同

租船运输是一种"四无运输"（无固定航线和港口、无固定货物种类、无固定租船价格、无固定航次）。事实上，国际租船市场是一个国际自由市场，根据货主的需要和船东提供船舶的可能性，协商条件，订立租船合同，作为双方责任和权利的基础。

（3）随行就市的运价

国际自由市场很难受到各国当局的监管，也很难被单一或少数公司所垄断，因而国际租船市场的租船价格基本上只由供求关系决定。

（4）固定的交易市场

租船运输有固定的交易市场（固定的场所或网站），其中活跃着大量的货主、船东和二级船东、经纪人（这类人往往拥有大量的信息和专业知识）。

（5）受到的约束较少

挂靠港、航线、运输时间、运费和装卸费灵活多变，可满足临时性需要。

（6）各种租船合同均有相应的标准合同格式

为方便谈判，市场上有标准租船合同格式供参考，在具体谈判中，对标准租船合同格式略加修改，对合同条款进行适当取舍，即可适用。

2. 租船方式

租船方式主要有定期租船（time charter）和定程租船（voyage charter，trip charter）两种，最近几年也发展了一些其他形式。

---

① 2020年中国海洋交通运输行业发展现状及发展前景分析[EB/OL].产业信息网，[2021-05-06].https：//www.chyxx.com/industry/202105/949398.html.

（1）定期租船

又称期租船，是指按一定期限租赁船舶的方式，即由船东将配备船员的船舶出租给租船人在规定期限内使用，在此期限内，租船人自行调度和经营管理，并支付租金。船东一般负责船员工资、船员伙食、船舶维修保养、船舶保险费、物料、供应品、船舶折旧费、部分货损货差索赔等，而租船人则一般负责燃油费、港口使用费、扫舱洗舱费、垫舱物料费等，并负责部分货损货差索赔。租期可长可短，短则数月，长则数年[1]。

（2）定程租船

又称程租船或航次租船，是根据船舶完成一定的航程来租赁的。船东负责提供一艘船舶，在指定的港口之间进行一个航次或数个航次指定货物的运输，分为单航次、来回航次、连续单航次和连续来回航次等多种方式。定程租船无固定航线、固定装卸港口和固定航行路线，而是根据租船人的需要和船东的可能进行协商。船舶由船东调度，燃料费、港口费等营运费由船东承担。

（3）光船租船

又称船壳租船、净租船，是海洋运输中的一种特殊的租船方式。这种租船方式不具有承揽运输性质，只相当于一种财产租赁。在租期内，船东不提供船员，仅提供一条空船供租船人使用，租船人自行配备船员，供应给养、船舶的营运管理以及一切固定或变动的营运费用都由租船人负担。在租赁期间，船东除了收取租金，不再承担任何责任，租船人实际上拥有对船舶的支配权和占有权，租金按时间计算。因此，那些不愿经营船舶运输业务，也缺乏经营管理船舶经验的船东就可将自己的船舶以光船租船的方式出租。

（4）光船租购

光船租购是光船租船的一种特殊形式，是指船东向租船人提供不配备船员的船舶，在约定期间，由租船人占有、使用和营运，并在约定期间届满时将船舶所有权转移租船人，由租船人支付租购费。光船租购实际上相当于分期付款购买船舶，船东在收到全部付款前对船舶拥有正式的所有权，租船人支付每期租金相当于分期付款，租期结束船价全部付清，船舶就归租船人所有。光船租购的租金要远远高于光船租船，光船租购只是实现买卖船只的一种途径。

（5）包运租船

包运租船是指船东提供给租船人一定吨位（指运力），在确定的港口之间，以事先约定的时间、航次周期和每航次较均等的货运量，完成运输合同规定的全部货运量的租

---

[1] 仲岩. 国际物流与货运代理 [M]. 郑州：河南科学技术出版社，2009.

船方式。包运租船合同中不指定某一船舶及其国籍,仅规定租用船舶的船级、船龄及技术规范等。船东必须根据这些要求提供能够完成合同规定的每个航次货运量的船舶。这给船东在调度和安排船舶方面提供了方便。船东负责船舶的营运调度,并负责有关的营运费用。运费按船舶实际装运货物的数量及商定的费率计算,按航次结算。租期取决于运输货物的总运量及船舶的航次周期所需要的时间。运输的货物主要是运量较大的干散货或液体散装货物。

（6）航次期租船

又称日期租船,是一种以完成一个航次运输为目的,但租金按完成航次所使用的天数和约定的日租金率计算的租船方式。在装货港和卸货港条件较差,或者航线的航行条件较差,难以掌握一个航次所需时间的情况下,这种租船方式对船东比较有利,可以使船东避免因难以预测的情况而使航次时间延长所造成的船期损失。

第三节　陆地运输

陆地运输是人类运输的主要方式之一,主要指公路运输和铁路运输。在跨境运输中,当货物的装运地点或目的地不是港口,或海运距离过长时,一般采用国际公路运输或国际铁路运输。

一、国际公路运输

公路运输是指以公路为运输线,利用汽车等陆地运输工具,将货物进行跨区域或者跨国的移动,以完成货物位移的运输方式,是对外贸易运输和国内货物运输的主要方式之一,既是独立的运输方式,也是货物集散的重要手段[1]。国际公路运输是指货物借助一定的运载工具,沿着公路跨越两个或者两个以上国家的运输过程。

公路运输主要承担近距离、小批量的货运,水运、铁路运输难以到达地区的长途、大批量货运,铁路、水运优势难以发挥的短途运输。公路运输的主要优点是灵活性强。公路建设期短、投资较低,易于因地制宜,对到站设施要求不高。近年来,在有铁路、水运的地区,较长途的大批量运输也开始使用公路运输。公路运输还可以采

---

[1] 田源. 物流运作管理[M]. 北京:清华大学出版社,2007.

取"门到门"运输形式,即从发货者门口直到收货者门口,而无须转运或反复装卸搬运。公路运输也可作为其他运输方式的衔接手段。公路运输的经济半径,一般在200千米以内[1]。

随着基础设施的建设和完善,公路运输的重要程度和适用范围逐渐扩大。为了推进"一带一路"建设,中国于2016年7月加入联合国《国际公路运输公约》(简称"TIR公约",应用此公约的跨境公路运输称为"TIR运输"),2018年5月,TIR公约正式在中国落地实施。获得TIR运输资质的企业,仅凭一张单据就可以在同样实施TIR公约的60多个国家间畅通无阻,只需要接受始发地和目的地国家的海关检查,途经国一般情况下不再开箱查验。2020年6月13日,国内首单跨境电商TIR国际公路出口运输业务在新疆乌鲁木齐启动。这是全国首票欧洲个人网购商品通过TIR国际公路出口运输的业务,标志着我国针对跨境电商扩充了除空运、海运和铁路运输之外的第四种灵活快捷的运输方式[2]。

二、铁路运输

铁路运输是陆地运输的主要方式,也是国际贸易运输中仅次于海洋运输的主要运输方式。对于一些距离港口较远的内陆地区,大部分货物要通过铁路运输进行集中和分散。铁路运输不易受气候条件的影响,运输过程中遭受风险的可能性较小,一般可以保障长年的正常运输。优点主要有:运量较大,成本低,速度较快;安全可靠,连续性和可达性好,和其他运输方式配合可以实现"门到门"的连续运输;手续简便,发货人和收货人都可以就近在始发站(装运站)和终点站办理托运和提货手续;无论经过几个国家,只需办理一次托运手续,全程使用一份统一的国际联运运单[3]。

(一)国际铁路货物联运

在两个或两个以上国家的运输中,国际铁路货物联运使用一份运输单据,发货人发货后,承运人负责货物的全程运输任务。采用这种运输方式,在由一国铁路向另一国铁路移交货物时,发货人和收货人无须参加,承运人负责办理相关手续。发货人只需在始发站办理一次性托运手续即可将货物运抵另一国的铁路终点站。这种运输方式充分利用铁路成本较低、运输连贯性强、运输风险小、不易受天气和季节变化影响等优

---

[1] 杨振科,冯国苓.现代物流与配送[M].北京:对外经济贸易大学出版社,2005.
[2] 范梓萌.国际公路运输为"一带一路"创造新活力[N].光明日报,2019-05-03.
[3] 尚玉芳,阎寒梅.新编国际贸易实务[M].大连:东北财经大学出版社,2005.

势，也便于选择运输路径，从而缩短运输时间，减少运输费用，为发展国际贸易创造了有利条件[①]。

1. 国际铁路货物联运出口的程序

（1）托运前的工作

在托运前，对货物的包装和标记，必须严格按照合同有关条款以及国际铁路货物联运协定的条款办理。货物包装应能充分防止货物在运输过程中灭失和腐坏，保证货物多次装卸不致毁坏。货物标记、标示牌及运输标记、货签的内容主要包括商品的记号和号码、件数、站名、收货人名称等；字迹应清晰，不易擦掉，并能保证在多次换装中不致脱落。

（2）出口货物交接

首先，联运出口货物实际交接在接收方国境站进行。口岸货运公司接到铁路交接所传递的运送票据后，依据联运运单审核其附带的各种单证是否齐全、内容是否正确，遇有矛盾、不符等缺陷，则根据有关单证或函电通知更正、补充。

其次，报关报验。运送单证经审核无误后，将出口货物运送单截留三份（易腐货物截留两份），然后将有关运送单证送各联检单位审核放行。

最后，货物的交接。单证手续齐备的列车出境后，交付方在邻国国境站的工作人员会同接收方工作人员共同进行票据和货物交接，依据交接单进行对照检查。交接可分为一般货物铁路方交接和易腐货物贸易双方交接。

2. 国际铁路货物联运进口的程序

首先，确定货物到达站。国内订货部门应提供确切的到达站车站名称和到达路局名称，除个别单位在国境站设有机构者外，均不得以我国国境站或换装站为到达站，也不得以对方国境站为到达站。

其次，必须注明货物经由的国境站。

再次，正确编制货物的运输标志。各部门对外订货签约时必须按照商务部的统一规定编制运输标志，不得颠倒顺序和增加内容，否则会造成错发、错运事故。

最后，向国境站外运机构寄送合同资料。进口单位对外签订合同后应及时将合同的中文副本、附件、补充协议书、变更申请书、确认函电、交货清单等寄送至国境站外运机构，在这些资料中订有合同号、订货号、品名、规格、数量、单价、经由国境站、到达路局、到站、唛头、包装及运输条件等内容。事后如有变更事项，也应及时将变更资料抄送外运机构。

[①] 范泽剑. 国际货运代理[M]. 北京：机械工业出版社，2009.

3. 国际铁路货物联运的分类

第一，按货物量的多少可分为整车和零担两种。整车是指按一张运单办理的一批需要单独车辆运送的货物；零担是指按一张运单办理的一批重量不超过 5 吨，并且按体积不能满足单独车辆运送的货物。

第二，按照货物运送速度的快慢、办理托运货物的类别又可分为快运和慢运两种。快运托运的货物，铁路方面优先托运、优先发车、优先装车、优先编车和挂运。快运运费比慢运运费要多一倍左右。要求随旅客列车挂运的整车货物，运费比慢运货物多收一倍左右。

4. 国际铁路货物联运的费用

联运货物的运输费用包括货物运费、押运人乘车费、杂费及其他有关费用。国内铁路运输费用按我国现行《铁路货物运价规则》，由发货人以人民币付给发送站。过境铁路运送费用，按《国际铁路货物联运统一过境运价规程》（简称《统一货价》）规定，可由发货人向发货站支付，也可由收货人在终到站支付。到达铁路的运送费用，按到达国的国内规章，由收货人向终到站支付。国际铁路货物联运运费的计算主要根据《统一货价》和《铁路货物运价规则》。发送国和到达国铁路的运费，均按铁路所在国家的国内规章办理。过境国铁路的运费，均按承运当日统一规定运价计算，由发货人或收货人支付。我国出口联运货物的交货条件一般规定在卖方车辆上交货，因此我方仅负责将货物运至国境站一段的运送费用；对于进口联运货物，我方则要负担过境运送费用和我国铁路段的费用[①]。

（二）大陆桥运输

大陆桥运输（land bridge transport）是指使用横贯大陆的铁路、公路运输系统为中间桥梁，把大陆两端的海洋连接起来的运输方式。从形式上看是海—陆—海的连贯运输，但实际上已在世界集装箱运输和多式联运的实践中发展出了多种形式。

大陆桥运输是集装箱运输开展以后的产物，出现于 1967 年。当时苏伊士运河封闭，航运中断，而巴拿马运河又堵塞，远东与欧洲之间的海上货运船舶不得不改道绕航非洲好望角或南美，致使航程距离和运输时间倍增。加上油价上涨，航运成本猛增。而当时正值集装箱运输兴起，在这种历史背景下，大陆桥运输应运而生。从远东港口至欧洲的货运，于 1967 年年底开辟了美国大陆桥运输路线，把原来的全程海运改为海—陆—海运输方式，取得了较好的经济效果，达到了缩短运输里程、降低运输成本、加速货物运输的目的。

大陆桥运输一般都是以集装箱为媒介。因为采用大陆桥运输，中途要经过多次装

---

① 季铸. 国际商务 [M]. 北京：中央广播电视大学出版社，1993.

卸，以集装箱为运输单位，可大大简化理货、搬运、储存、保管和装卸等操作环节。同时，集装箱经海关铅封，中途不用开箱检验，可以迅速、直接转换运输工具[①]。

1. 西伯利亚大陆桥

（1）西伯利亚大陆桥的概念

西伯利亚大陆桥是利用俄罗斯西伯利亚铁路作为陆地桥梁，把太平洋远东地区与波罗的海和黑海沿岸以及西欧大西洋口岸连接起来。此条大陆桥东起符拉迪沃斯托克的纳霍特卡港口，横贯欧亚大陆，至莫斯科后分三路：一路自莫斯科至波罗的海沿岸的圣彼得堡港，转船往西欧、北欧港口；一路从莫斯科至俄罗斯西部国境站，转欧洲其他国家铁路（公路）直运欧洲各国；一路从莫斯科至黑海沿岸，转船往中东、地中海沿岸。所以，从远东地区至欧洲，通过西伯利亚大陆桥有海—铁—海、海—铁—公路和海—铁—铁三种运送方式[②]。

（2）西伯利亚大陆桥的营运情况及主要问题

20世纪70年代初以来，西伯利亚大陆桥运输发展很快。整个20世纪80年代，日本利用此大陆桥运输的货物数量每年都在10万个集装箱以上。为了缓解运力紧张情况，苏联又建成了第二条西伯利亚铁路。目前，西伯利亚大陆桥已成为远东地区往返西欧的一条重要运输路线。但是，西伯利亚大陆桥也存在三个主要问题：一是运输能力易受冬季严寒影响，港口有数月冰封期；二是西向货运量大于东向约2倍，来回运量不平衡，集装箱空回成本较高，影响了运输效益；三是运力仍很紧张，铁路设备陈旧。随着新亚欧大陆桥的正式营运，这条大陆桥的地位正在逐渐下降[③]。

2. 北美大陆桥

北美的加拿大和美国都有一条横贯东西的铁路公路大陆桥，它们的线路基本相似，其中美国大陆桥的作用更为突出。美国有两条大陆桥运输线，一条是从西部太平洋口岸至东部大西洋口岸的铁路（公路）运输系统，全长约3200公里，另一条是从西部太平洋口岸至南部墨西哥湾口岸的铁路（公路）运输系统，全长500~1000公里。美国大陆桥运输由于东部港口拥挤等原因处于停顿状态，在大陆桥运输的使用过程中，派生并形成了小陆桥和微型陆桥运输方式。

所谓小陆桥运输，也就是比大陆桥的海—陆—海形式缩短一段海上运输，为海—陆

[①] 朱强. 物流管理[M]. 成都：西南交通大学出版社，2007.
[②] 姚新超. 国际贸易运输（第2版）[M]. 北京：对外经济贸易大学出版社，2003.
[③] 苏定东，王群. 国际贸易单证实务[M]. 北京：北京大学出版社，2005.

或陆—海形式。例如，远东至美国东部大西洋口岸或美国南部墨西哥湾口岸的货运，由原来的全程海运改为由远东装船运至美国西部太平洋口岸，转装铁路（公路）专用车运至东部大西洋口岸或南部墨西哥湾口岸。以铁路（公路）作为桥梁，把美国西海岸同东海岸和墨西哥湾连接起来。

所谓微型陆桥运输，也就是比小陆桥更短一段。由于没有通过整条陆桥，而只利用了部分陆桥，故又称半陆桥运输，是指海运加一段从海港到内陆城乡的陆上运输或相反方向的运输形式。微型陆桥运输近年来发展非常迅速。

3. 新亚欧大陆桥

1990年9月11日，我国陇海—兰新铁路的最西段乌鲁木齐至阿拉山口的北疆铁路与苏联土西铁路接轨，新亚欧大陆桥全线贯通，并于1992年9月正式通车。此条运输线东起我国连云港，西至荷兰鹿特丹，跨亚欧两大洲，连接太平洋和大西洋，穿越中国、哈萨克斯坦、俄罗斯，与第一条亚欧大陆桥重合，经白俄罗斯、波兰、德国到荷兰，辐射20多个国家和地区，全长1.08万公里，在我国境内全长4134公里。新亚欧大陆桥与第一条亚欧大陆桥相比，总运距缩短2000~2500公里，可缩短运输时间5天，减少运费10%以上。

第四节　航空运输

航空运输是利用飞机、直升机及其他航空器运送进出口货物的一种现代化运输方式，具有商品性、服务性、国际性、准军事性、资金、技术及风险密集性和自然垄断性六大特点。航空运输按照不同的标准可以分为不同的类型。对易腐、鲜活、季节性强、紧急需要的商品的运送尤为适宜，被称为"桌到桌快递服务"（desk to desk express service）。

一、航空运输流程

（一）委托与承接

航空货物托运对货物有如下要求。

1. 一般要求

托运人托运的货物应是国家准许航空运输的货物；托运政府限制运输以及需要向公

安、检疫等部门办理手续的货物，应附有效证明；托运的货物不致危害飞机、人员、财产的安全，不致烦扰旅客。

2. 货物的包装

货物的包装应符合航空运输的要求，包装应符合所装货物的特性，严禁使用草袋包装和草绳捆扎；托运人应当在每件货物的外包装上标注货物的发站、到站、收、发货人的单位、姓名、地址等运输标记，按规定粘贴或拴挂承运人的货物运输标签和航空运输指示标签。

3. 货物的重量和尺寸

托运人托运的单件货物重量一般不超过 80 千克，宽体飞机不超过 250 千克；包装尺寸一般不超过 40 厘米 × 60 厘米 × 100 厘米，宽体飞机不超过 100 厘米 × 100 厘米 × 140 厘米，单件货物包装的长、宽、高之和不得小于 40 厘米且最小一边长不得小于 5 厘米。超过上述重量和尺寸的货物，需征得承运人同意[①]。

（二）签订委托合同

1. 客户发送货物委托书

内容一般包括托运人、收货人以及通知人的姓名、电话和通信地址，还包括货物的重量、体积、目的地、起运地和唛头等内容。

2. 双方签订托运合同

航空承运人根据客户要求的货物的规格为客户报价，待双方商定好运费之后，签订托运合同，对货物的规格、保险等事务加以规定。

3. 核对运输合同并订舱

合同签订后，核对托运合同上的资料是否完整，如不完整应尽快和客户联系，把资料补齐。核对完毕后，正式开始履行合同。承运人查询运输路线，确定运输方案，提交给客户，待客户确认后，正式向航空公司下达委托单完成订舱。

（三）收发货物

收发货物是指将货物从发货人手中接过来，运送到自己的仓库，并且安排发送。接收货物一般与接单同时进行。对于通过空运或铁路从内地运往出境地的出口货物，货代公司按照发货人提供的运单号、航班号及接货地点、日期，代其提取货物。如货已在始发地办理了出口海关手续，发货人应同时提供始发地海关的关封。

接货时应对货物进行过磅和丈量，并根据发票、装箱或送货单清点货物，核对货

---

① 王庆功. 物流运输实务 [M]. 北京：中国物资出版社，2003.

的数量、品名、合同号等是否与货运单上所列一致。

货代公司收货时，一般应符合下列条件：

第一，根据空运企业的规定，托运人交运的货物须符合有关始发、中转和到达国家的法令和规定以及航空公司的一切运输规章。

第二，凡是中国及有关国家政府和空运企业规定禁运的物品，航空公司一律不予收运。

第三，货物的包装、重量和付款方式等必须符合航空公司的有关规定[1]。

（四）货物送达

航空公司将货物运送到指定机场后，当地承运代理人凭借单据向航空公司完成取货，并且在目的国（地区）海关完成清关等一系列工作，之后安排货车将货物运送到客户手中，本批货物配送完成。

二、航空货物运输方式

航空货物运输方式有班机（scheduled airline）运输、包机运输（chartered carrier）、集中托运等。

（一）班机运输

班机是指具有固定开航时间、航线和停靠航站的飞机。通常为客货混合型飞机，货舱容量较小，运价较贵。但由于班机航期固定，有利于客户安排鲜活商品或急需商品的运送。

1. 班机运输的分类

按照业务的对象不同，班机运输可分为客运航班和货运航班。

客运航班（combination carrier）一方面搭载旅客，另一方面运送少量货物。

一些较大的航空公司在一些航线上开辟定期的货运航班，使用全货机（all cargo carrier）运输。全货机的主舱和下舱都用于装运货物，飞机代号有字母"F"。全货机载重量大，适合作为航空运输的主要方式，航期固定，方便进出口商安排货物的交接。

2. 班机运输的特点

班机由于航线固定、停靠港固定、定期开飞航，因此国际货物使用班机运输，能安全、迅速地到达世界各地。收、发货人可确切掌握货物起运和到达的时间，非常适合市场上急

---

[1] 杨鹏强. 航空货运代理实务 [M]. 北京：中国海关出版社，2011.

需的商品、鲜活易腐货物及贵重商品的运送。鲜活易腐货物是指在运输过程中，要采取一定措施，以防止死亡和腐烂变质的货物，如鱼苗、蜜蜂、鲜鱼、鲜肉、牲畜、家禽、花木秧苗、瓜果蔬菜等。在运输鲜活易腐货物的时候要注意尽量节省时间、确保质量。

班机运输一般是客货混载，因此舱位有限、承载量有限，大批量的货物不能及时出运，往往需要分期、分批运输。这是班机运输的不足之处。

（二）包机运输

包机运输是指航空公司按照约定的条件和费率，将整架飞机租给一个或若干个包机人（发货人或航空货运代理公司），从一个或几个航空站装运货物至指定目的地。包机运输适合于大宗货物运输，费率低于班机运输，但运送时间比班机运输长。

1. 包机运输的分类

包机运输可分为整包机和部分包机两类。

整包机即包租整架飞机。航空公司按照与租机人事先约定的条件及费用，将整架飞机租给包机人，从一个或几个航空港装运货物至目的地。包机人一般要在货物装运前一个月与航空公司联系，以便航空公司安排运载并向起降机场和有关政府部门申请、办理过境或入境的有关手续。包机的费用一次一议，随国际市场供求情况变化。原则上包机运费按每一飞行公里固定费率核收，并按每一飞行公里费用的80%收取空放费。因此，大批量货物使用包机时，要争取来回程都有货载。只使用单程，运费比较高。

部分包机是指由几家航空货运代理公司或发货人联合包租一架飞机，或者由航空公司把一架飞机的舱位分别卖给几家航空货运代理公司装载货物。用于不足一整架飞机舱房，但货量又较重的货物运输。

2. 包机运输的优点

解决班机运输舱位不足的矛盾；货物全部由包机运出，节省时间和多次发货的手续；弥补没有直达航班的不足，且不用中转，减少货损、货差或丢失；在空运旺季缓解航班紧张状况，解决海鲜、活动物的运输问题。

3. 包机运输与班机运输的区别

班机运输的机型、航线、日期、时刻都是确定的，而包机运输的机型、航线、日期、时刻都是浮动的。与班机运输相比，包机运输可以由承租飞机的双方议定航程的起止点和中途停靠的空港，因此更具灵活性。

班机运输一般是客货混载，因此舱位有限，而包机运输则可满足大批量货物进出口运输的需要。

部分包机适合于运送 1 吨以上但货量不足整机的货物,这种形式下的货物运费较班机运输低,但由于需要等待其他货主备妥货物,因此运送时间要长;尽管部分包机有固定时刻表,但往往因各种原因不能按时起飞。

各国政府为了保护本国航空公司利益,常对从事包机业务的外国航空公司实行各种限制。如包机的活动范围比较狭窄、降落地点受到限制。如需降落到指定地点外的其他地点时,一定要向当地政府有关部门申请,经同意后才能降落(如申请入境、通过领空和降落地点)。

包机运输的运费比班机运输低,随国际市场供需情况的变化而变化,给包机人带来了潜在的利益。但包机运输是按往返路程计收费用,存在回程空放的风险[①]。

(三)集中托运

集中托运是指集中托运人将若干批单独发运的货物组成一整批,向航空公司办理托运,采用一份航空总运单集中发运到同一目的地,由集中托运人在目的地指定的代理收货,再根据集中托运人签发的航空分运单分拨寄给各实际收货人的运输方式,是航空货物运输中使用最为广泛的一种运输方式。

集中托运人承担货物的全程运输责任,在运输中扮演双重角色。在面对各发货人时,集中托运人扮演的是承运人的角色;而当面对航空公司时,集中托运人扮演的是集中托运的一整批货物的托运人。

集中托运的优势在于发挥了规模经济的效用。由于航空运费的费率随托运货物数量的增加而降低,因此,当集中托运人将分散的小包货物组成一整批出运时,可以争取更为低廉的费率。集中托运还可以发挥集中托运人的专业能力。集中托运人可以提供完善的地面服务网络、更高水平的服务,提高跨境物流的顾客体验。集中托运下,航空公司的主运单与集中托运人的分运单效力相同,可提前办理结汇,有助于加快资金周转[②]。

三、航空运输的承运人

(一)航空运输公司

航空运输公司是航空货物运输业务中的实际承运人,负责从起运机场至到达机场的运输,并对全程运输负责。

[①] 杨鹏强. 航空货运代理实务 [M]. 北京:中国海关出版社,2011.
[②] 苏杭. 跨境电商物流管理 [M]. 北京:对外经济贸易大学出版社,2017.

（二）航空货运代理公司

航空货运代理公司可以是货主的代理人，负责航空货物运输的订舱，在起运机场和到达机场的交、接货与进出口报关等事宜；也可以是航空公司的代理人，办理接货并以航空承运人的身份签发航空运单，对运输全程负责；亦可两者兼而有之。

第五节 多式联运

多式联运，也叫复合运输，是指根据多式联运合同，由多式联运经营人（multimodal transport operator，MTO）运用两种或两种以上不同运输方式（运输工具），把货物从起运国（地区）境内接货地点运至目的国（地区）境内指定的交货地点的货物运输。如海—空联运、海—陆联运、海—铁联运、空—陆联运、海—铁—陆联运等。

一、多式联运形成的条件

第一，一个多式联运经营人。该人组织全程运输并对全程运输负责。

第二，一份覆盖运输全程的多式联运合同。托运人只向多式联运经营人按一种费率结算运费。

第三，一份多式联运单据（即多式联运提单）。

第四，必须使用两种或两种以上的不同运输方式（海运、空运、陆运等的组合）才能完成全程运输。

第五，值得注意的是，根据中国海商法的规定，多式联运必须至少有一种运输方式是海运。

二、多式联运的费用

多式联运费用主要包括运费、杂费、中转费和服务费。

（一）运费

多式联运运费包括铁路运费、水路运费、公路运费、航空运费、管道运费五个类别。货物在联运过程中，使用哪种运输工具运输，即按照国家或各省、区、市物价部门规定的运价计算运算。联运服务公司向货主核收的运输费用包括：①发运地区（城市）

内的短途运输运费（接取费）；②从发运联运服务公司至到达联运服务公司之间的全程运费；③到达地区（城市）内的短途运输运费（送达费）[①]。

（二）杂费

1. 多式联运杂费的种类

①装卸费：分为铁路装卸费、水路装卸费、公路装卸费，各种运输工具有不同的费率规定。

②换装包干费：是联运货物在港、站发生的运杂费用。换装包干费按不同货物，不同港、站，分一次性计费和分段计费。

③港务费：进口和出口分别征收一次港务费。

④货物保管费：分为港口货物保管费、铁路车站货物保管费和中转货物在流转性库场保管费，并有各自不同的计费规定。

2. 多式联运杂费的计算公式

铁路（水路）装卸费 = 货物重量 × 适用的装卸费率；

公路装卸费 = 车吨（或货物重量）× 适用的装卸费率；

换装包干费 = 货物重量 × 适用的换装包干费率；

港务费 = 货物重量 × 港务费率；

货物保管费 = 货物重量（或车数）× 天数 × 适用的保管费率[②]。

（三）中转费

中转费主要包括装卸费、仓储费、接驳费（或市内汽车短途转运费）、包装整理费等。

中转费的计算方式分为实付实收和定额包干两种。实付实收货物在中转过程中发生的各项运杂费用，采用实报实销的办法。这种方法除了收取固定的中转服务费，其他费用均属代收代付性质。在货物中转过程中发生的各项运杂费，采用定额包干的办法。这种办法除按一种费率包干外，还有按运输方式包干、按费用项目包干、按地区范围包干之分。

（四）服务费

服务费是指联运企业在集中办理运输业务时支付的劳务费用，一般采取定额包干的形式，按不同的运输方式、不同的取送货方式，规定不同的费率。

[①] 胡思继. 论联运和联运服务公司的工作[J]. 北京交通大学学报，1985（02）：172-181.

[②] 刘雅丽. 运输管理[M]. 北京：电子工业出版社，2008.

服务费一般包括业务费和管理费。业务费是指铁路、水路、公路各个流转环节所发生的劳务费用。管理费是指从事联运业务的人员工资、固定资产折旧和行政管理费等方面的支出。

三、多式联运的基本流程

多式联运的基本流程如图 7-1 所示。

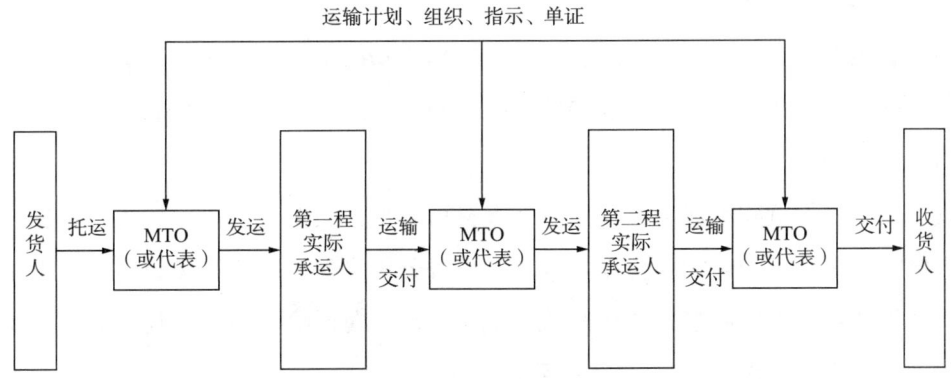

图 7-1　多式联运的基本流程

（一）MTO 接受托运申请，订立多式联运合同

MTO 在收到货主提出的托运申请后，首先查验自己的运输渠道、运输成本等情况，在确定可以运输后，接受托运委托。双方协定有关事项，在交给发货人或其代理人的场站收据副本上签章，证明接受托运申请。多式联运合同正式订立并开始执行。

（二）提取集装箱

多式联运中使用的集装箱一般应由多式联运经营人提供。来源一般有三种：一是多式联运经营人自己购置的集装箱；二是由多式联运经营人租用的集装箱；三是由全程运输中的某一区段承运人提供的集装箱，这类箱一般需要在多式联运经营人为完成合同运输与该分运人订立分运合同后获得使用权。

（三）货物装箱

装箱一般可以分为发货人自行装箱和多式联运经营人装箱。如果由发货人自行装箱，则多式联运经营人应签发提箱单，由发货人自行提箱，在规定日期前到指定货场或者工厂装箱。海关监管员一般会到现场监装和办理加封事宜，目前一般由货箱的运输司机当面加装铅封。如果由多式联运经营人装箱，发货人只需将货物送往指定货场即可。

（四）出口报关

如果联运从港口开始，则在港口报关，如果从内陆地区开始，那么应在附近的海关办理报关。出口报关事宜一般由发货人或其代理人办理，也可委托多式联运经营人代为办理。

（五）接收货物

对于发货人自行装箱的整箱货物，发货人应负责将货物运至双方协议规定的地点，多式联运经营人或其代理人在指定地点接收货物。

（六）订舱及安排货物运送

多式联运经营人在合同订立之后，应该根据货物的情况和运输时间要求，制定运输方案，安排运输路线，并且提前通知各个区段的分运人做好货物转运准备。

（七）办理保险

发货人应投保货物运输险，可由发货人自行办理，或发货人承担费用，由多式联运经营人代为办理。货物运输险可以是全程，也可分段投保。多式联运经营人应投保货物责任险和集装箱保险，由多式联运经营人或其代理人向保险公司或以其他形式办理。

（八）签发多式联运提单，组织完成运输

多式联运经营人接收货物后，应向发货人签发多式联运提单。在把提单交给发货人前，应注意按双方议定的付费方式、内容及数量向发货人收取全部应付费用[①]。

四、多式联运的优点

（一）简化运输手续

托运人无须考虑运输距离、运输方式、转运次数等问题，一切运输事项均由多式联运经营人办理。托运人只需要和多式联运经营人签订一份运输合同、缴纳一次托运费用、办理一次运输保险，省去了诸多繁杂的手续。此外，由于只有一份运输合同，因此在涉及赔偿问题和跟踪问题时，也可以简化手段，由多式联运经营人统一处理。

（二）加快速度，降低风险

多式联运在一个多式联运经营人的监管下运行，各个阶段紧密联系，上下环节连接紧凑，货物到达前分运人已经做好了接收货物的准备，货物转运及时，大大减少了运输时间，保证了货物运输的安全。同时由于是集装箱运输，不直接接触货物，并且转运过程全部由大型装运设备完成，货物损失风险大大降低。

---

① 沈欣，徐玲玲. 国际陆空货物运输[M]. 北京：化学工业出版社，2010.

（三）加快资金周转

多式联运多为"门到门"的运输，对于发货人或者卖家而言，完成交货后即可获得单证并且完成结汇，大大提高了资金的周转速度。

（四）提高运输管理水平

相比传统的分段式运输，多式联运扩大了运输规模，增加了运输路线的选择，将不同区段的分运人组合起来置于统一的管理之下，提高了管理效率，进而加快了运输速度，降低了成本。

第六节 跨境物流合同的装运条款

跨境物流合同装运条款的内容因采用的贸易术语、运输方式的不同而不同，一般来说主要包括交付时间、交货地点、装运通知、是否允许转船与分批及滞期或速遣条款等。

一、交付时间

（一）装运期与交货期

装运期（time of shipment）是指在买卖合同中规定的卖方在起运地装运货物的期限。在"象征性交货"方式下，指货物装上运输工具或承运人收到并接管货物的日期。在 FOB、CFR[1]、CIF、FCA[2]、CPT[3] 和 CIP[4] 等贸易术语下，装运期也可以叫作"交货期"。

---

[1] CFR 贸易术语是 cost and freight（...named port of destination）的缩写（不应再使用过时的 C&F、C and F、CNF 或 C+F 的缩写），即成本加运费（……指定目的港）。此术语是指卖方必须负担货物运至约定目的港所需的成本和运费。按照国际商会《2000年国际贸易术语解释通则》的规定，此术语只能适用于海运和内河航运。

[2] FCA 贸易术语是 free carrier（...named place）的缩写，即货交承运人（……指定地点）。此术语是指卖方在指定地点将货物交给买方指定的承运人，当卖方将货物交给承运人照管，并办理了出口结关手续，就算履行了其交货义务。按照国际商会《2000年国际贸易术语解释通则》的规定，FCA 术语适用于各种运输方式，包括多式联运。

[3] CPT 贸易术语是 carriage paid to（...named place of destination）的缩写，即运费付至（……指定目的地）。此术语是指卖方应向其指定的承运人交货，支付将货物运至目的地的运费，办理出口清关手续。买方承担交货之后的一切风险和其他费用。按照国际商会《2000年国际贸易术语解释通则》的规定，CPT 术语适用于各种运输方式，包括多式联运。

[4] CIP 贸易术语是 carriage and insurance paid to（...named place of destination）的缩写，即运费、保险费付至（……指定目的地）。此术语是指卖方应向其指定的承运人交货，支付将货物运至目的地的运费，办理出口清关手续；办理货物运输保险并支付保险费，买方承担货物从交货地点运往目的地的货物灭失或损坏风险。按照国际商会《2000年国际贸易术语解释通则》的规定，CIP 术语适用于各种运输方式，包括多式联运。

交货期（time of delivery）是指在"实际交货"方式下的交货日期，即货物到达买方手中的日期，与装运期相差一个船期①。

（二）装运期的规定方法

合同中对装运期的规定主要有以下几种。

①明确规定具体期限。如某年某月装运。这种规定含义明确，便于卖方备货，在大宗货物交易中应用较广。

②规定收到信用证后若干天装运。这种规定有利于卖方及时、安全地收汇和结汇。为避免买方故意拖延开证时间以致装运期无法确定，可在合同中增加一条限制买方开证时间的规定，争取主动。

③采用术语表示交货期。如立即装运（immediate shipment）、尽快装运（shipment as soon as possible）、即速装运（prompt shipment）等。但由于这些术语多国解释不一，容易引起争议，甚至银行都不予置理，因此，非特殊情况，一般不宜采用②。

（三）规定装运期的注意事项

1. 充分考虑备货情况

如果货源充足，装运期就可以定得早一些；如果货源紧张，工厂资金短缺、融资困难，或者原材料难以采购等，装运期就应该适当定得晚一点，免得到期无法装运，导致被动局面。通常情况下，卖家根据自身的生产情况，一般会将合同中的装运期定为晚于货物实际交货期，例如，合同规定2021年12月25日前交货，实际上货物已经于2021年11月底完成交货。

2. 装运期规定明确、具体、规范

切忌"06/07/05"、立即装运、尽快装运、即速装运等一类模棱两可、含混不清的规定。另外，国际标准化组织（ISO）曾经建议使用诸如"2021-6-9"（2021年6月9日）一类的年月日书写方法，但迄今在国际商务领域，响应的人似乎并不多。为了避免买卖双方因为认识不统一而造成误会和麻烦，提议使用像"June 17，2021"一类比较规范、大家都不会误解的日期表达方式。

3. 装运期长短要适度

装运期不可定得太短，以免货源、商检、出口通关等方面的准备工作赶不上，造成合同违约。装运期也不宜定得太长，以免行情变化、客户不满造成合同落空。

---

① 国际货物运输 82171[EB/OL]. 道客巴巴，[2015-01-29].http：//www.doc88.com/p-9465188102147.html.
② 国际货物运输 82171[EB/OL]. 道客巴巴，[2015-01-29].http：//www.doc88.com/p-9465188102147.html.

4. 装运期尽可能保留弹性

像"Shipment：Oct 15，2021"（2021 年 10 月 15 日装运）这种没有弹性的装运条款是很难执行的，万一中途发生变故，如工厂在生产时停电、出现机器故障，汽车在赶送货物的途中抛锚，海关的电脑在报关过程中遭病毒袭击，就难以保证在这一天装运，因此在合同中规定装运日期时要尽可能保留弹性条款。

5. 装运期尽量避开大型节假日

大型节假日前夕往往是国际贸易货物装运的高峰期，工厂、商检、海关、运输公司等相关部门都特别忙碌，工作纰漏也容易增多。为了避免工作上的麻烦和被动，在规定装运期的时候，尽量不要去"凑热闹"。

二、交货地点

在实际业务中，交货地点视贸易术语而定。对于 E、F、C 组术语 [工厂交货（ex works，EXW）、FOB、FCA、船边交货（free alongside ship，FAS）、CFR、CIF、CPT、CIP] 而言，交货地点在装运港（地），对 D 组术语 [边境交货（delivered at frontier，DAF）、目的港（地）船上交货（delivered ex ship，DES）、目的港（地）码头交货（delivered ex quay，DEQ）、未完税交货（delivered duty unpaid，DDU）、完税后交货（delivered duty paid，DDP）] 而言，交货地点在目的港（地）。

（一）装运港（地）和目的港（地）条款

装运港（port of shipment）又称装货港（port of loading），是指货物起始装运的港口。为了便利卖方安排货物装运和适应买方接收或转售货物的需要，在一般情况下，装运港都是由卖方提出的，经买方同意后确定。

目的港（port of destination）又称卸货港（port of discharge），是指货物最终卸下的港口。目的港一般由买方提出，经卖方同意后确定。根据双方的需要，目的港可以规定一个，也可以规定两个或两个以上。

至于非水上运输方式，其起运和卸货的地点，则相应为装运地（place of shipment）和目的地（place of destination）。

常见的规定方法有以下 3 种。

1. 装运港（地）和目的港（地）各规定一个

这是一种非常常见的规定方法，例如："装运港 Port of Loading：中国青岛 Qingdao China。目的港 Port of Destination：荷兰鹿特丹 Rotterdam Netherlands。"

这种规定方式非常明确，不易产生分歧。因此在国际货物销售合同中，如果可能，应尽量采用此种规定方式。

2. 规定多个装运港（地）和/或目的港（地）

有时根据实际业务需要，或者受到本国或者目的国政治经济环境的影响，装运港（地）和目的港（地）可以分别规定两个或两个以上。例如："装运港 Port of Loading：中国天津/青岛/上海 Tianjin/Qingdao/Shanghai China。目的港 Port of Destination：英国伦敦/法国敦刻尔克/荷兰鹿特丹 London UK/Dunkirk France/Rotterdam Netherlands。"

3. 选择港

在磋商交易时，如明确规定一个或几个装运港有困难，可采用选择港（optional ports）的办法。在磋商或成交时，万一进口方因为一时未找到转销货物的买主或其他原因而不能确定目的港时，也可采用选择港的规定方法。即或者在两个以上的港口中选择一个，或者笼统地规定某一航区为目的港（如"地中海主要港口""西欧主要港口"等）。同理，出口方未能确定装运港时，也会采取选择港的方法。例如："装运港 Port of Loading：中国天津/青岛/上海 Tianjin/Qingdao/Shanghai China。目的港 Port of Destination：法国敦刻尔克 Dunkirk France，选择港——英国伦敦/荷兰鹿特丹 Optional Ports-London UK/Rotterdam Netherlands。""装运港 Port of Loading：中国主要港口 Chinese Main Ports。目的港 Port of Destination：欧洲主要港口 European Main Ports。"

在使用选择港条款时，要注意规定的选择港数量不可过多，一般不得超过3个，而且这些港口应当处于同一航区内、同一航线上，并且应尽量是基本港。还要明确规定对方作出最后选择的时限（通常是货物到达第一个选择港前48小时通知船方）。核算价格和运费时，应按备选港中费率最高者计算。因选择港而增加的运费、保险费和其他风险费用由对方负担。

（二）转运港（地）的规定

1. 合同中对转运港（地）的规定方法

在国际货物运输过程中，由于地理原因或根据有关当事人的意愿，货物需要在某些港口或其他地点进行转运。此时，国际货物买卖合同或相关运输合同就可能对转运港（地）作出规定。转运港（port of transshipment）或转运地（place of transshipment），又称中转港（地），是指货物从启航港（地）前往目的港（地），行程中途经的第三港口（地点），运输工具在此进行停靠、装卸货物、补给等操作，货物换装运输工具后继续运往目的港（地）。

一般国际贸易合同中只会规定允许转运，并不会标明允许在哪个港口转运。此时，对转运港（地）的规定条款就会出现在合同之中。在拟订合同相关条款时，通常是在目的港（地）后面加注，一般通过"VIA"（经由、通过）或"W/T"（with transshipment at...，在……转运）连接。如下列条款："装运港 Port of Loading：中国上海 Shanghai China。目的港 Port of Destination：英国伦敦 London UK W/T Hong Kong（在香港转运）。"有时转运港（地）会加注在装运港（地）之后，但这样做的情形相对较少。

2. 合同中规定转运港（地）的注意事项

首先，选择转运港（地）要合适，不能出现合同中规定的转运港（地）不适于进行转运的情形。例如，运往美国的货物一般不能规定转运港为南非港口。

其次，转运港（地）要明确具体，要注意港口或地点的重名现象。例如，英国和加拿大都有港口名为"利物浦"。

最后，货物经过转运的运输时间通常要比直航的时间长，因而运输成本也可能发生变化，所以要注意成本核算，选择转运成本乃至整个运输成本比较低或其他条件适当的转运港（地），并在合同中规定出来。

（三）最终目的地的规定

有时，真正的收货人并不在卸货港（地）。此时，货物在卸货港（地）卸货后，还需要通过下一程的运输将其运往最终目的地（final destination）。如果实际业务中有这种继续运输的需要，当事人通常也需要在合同中约定出来。下列即为相关的条款示例。

"货物于 2021 年 5 月装运，以海运方式由中国天津运往吉布提的吉布提港，进而运往埃塞俄比亚首都亚的斯亚贝巴。Shipment during May 2021 From Tianjin China to FUEL AND DIESEL OIL SAME AS JIBOUTI by sea, in transit to Addis Ababa Ethiopia."

（四）运输货物交接的一般程序

在 FOB 交易条件下运输货物交接的一般程序，如图 7-2 所示。

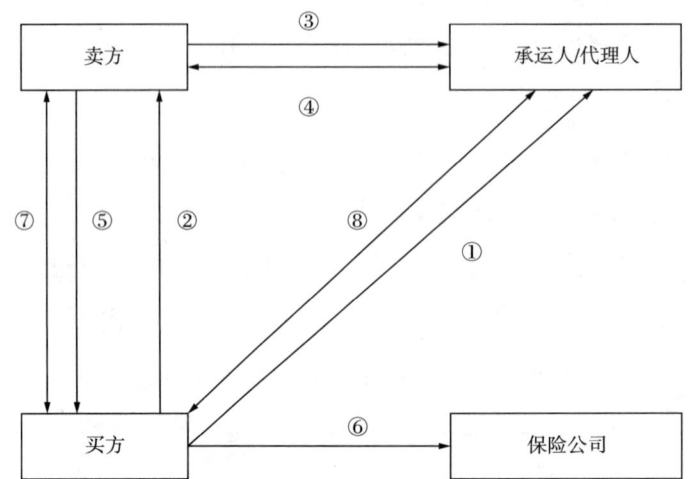

注：①买方与承运人/代理人签订运输合同。②买方向卖方发装运须知。③卖方向承运人/代理人寄送单据。④卖方交付货物、取得提单。⑤卖方向买方发装运通知。⑥买方向保险公司办理货运保险。⑦买方付款赎单。⑧货到目的港，买方支付运费，并凭提单提取货物。

图 7-2　FOB 货物运输流程

在 CIF 交易条件下运输货物交接的一般程序，如图 7-3 所示。

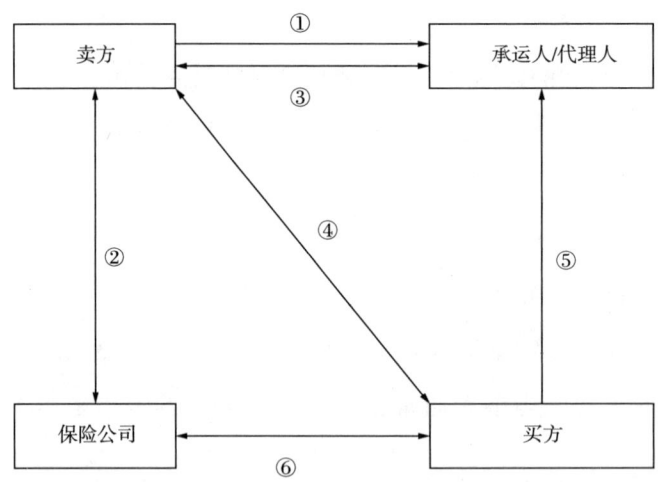

注：①卖方向承运人/代理人租船订舱。②卖方向保险公司办理货运保险，支付保险费、取得保险单据。③卖方向承运人/代理人交付货物、支付运杂费、取得提单。④卖方向买方发装运通知，买方付款赎单。⑤货到目的港，买方凭提单向承运人/代理人提取货物。⑥如果货物发生了承包风险损失，买方向保险公司提出索赔。

图 7-3　CIF 货物运输流程

三、装运通知

装运通知（shipping advice）是买卖合同中一项不可缺少的条款，其目的是明确买卖双方的责任和风险划分，共同做好船货的衔接工作。装运通知在不同运输过程的主要内容如下。

（一）"货已备妥"通知

按照国际贸易的一般做法，在按 FOB 条件成交时，卖方应在约定的装运期开始以前若干天（一般为 30 天或 45 天）向买方发出"货已备妥"通知，或者通知买方按照合同规定的装运期提前租船订舱，以便按时接货。

（二）船舶到港受载日期通知

在按 FOB 条件成交时，买方收到卖方的"货已备妥"通知后，应按照约定的时间将船名、船级及其他船舶资料和船舶到港受载日期等通知卖方，以便卖方及时安排货物出运和准备装船。

（三）装船通知

在货物装船后（包括 CFR、CIF 条件），卖方应在约定时间及时发出装船通知，将合同号、货物品名、货物重量、货物件数、发票金额、船名及装船日期等内容告知买方，以便买方及时办理保险并做好接、卸货准备，同时办理进口报关手续。

第七节　跨境物流运输单据

运输单据（shipping document）是指承运人签发的、证明承运人已经收到货物或货物已装船或发运的书面凭证，是确定有关当事人责任、义务和权利的重要依据，也是交接货物、结汇、索赔和理赔的依据。

不同的运输方式下，运输单据的名称、性质等也各有差异。运输单据主要包括海运提单、海运单、国际铁路货物联运单、航空运单、邮包收据、多式联运单据等。

一、海洋运输单据

（一）海运提单

海运提单（ocean bill of lading，B/L）简称提单，是船长、船公司或其代理人签发的，证明已收到货物，允许将货物运至目的地，并交付托运人的书面凭证；是证明海上货物运输合同成立，货物已由承运人接管或装船，并用以保证在目的港将货物交给指定的收货人的单证。

1. 海运提单的作用

海运提单是承运人或其代理人签发给托运人的货物收据，证实已按提单记载的事项收到货物，承运人应凭提单所列内容向收货人交货。主要作用有以下三点。

一是提单是承运人（或其代理人）出具的货物收据（B/L as a receipt of goods）。提单是承运人签发给托运人的收据，证明已收到或接管提单所列货物。已装船提单是承运人出具的，证明货物已收到并装船付运的收据

二是提单是物权凭证（B/L as a document of title）。一般认为，提单是承运人保证凭以交付货物和可以转让（记名提单除外）的物权凭证。托运人以外的第三者，根据提单的物权凭证功能，在目的港以提单来交换货物。提单可以不经承运人的同意而转让。提单的转让意味着提单所记载的货物占有权的转移和货物的转移。当然，提单中规定的权利和义务也随着提单的转让而转移。

三是提单是运输合同的证明（B/L as an evidence of contract）。承托双方之间为了运输而订立的合同称为运输合同。海洋运输合同可分为租船运输下的租船合同和班轮运输合同。通常情况下，提单在承运人与托运人之间是运输合同的证明，而不是运输合同本身；但当提单转让给包括收货人在内的第三方时，提单就成为其与承运人之间的运输合同。

提单除了上述作用外，在业务联系、费用结算、对外索赔等方面也起着重要作用。

2. 海运提单的格式和内容

提单的格式无统一规定，各家船公司可自行设计本公司的提单，但提单的主要栏目和基本内容是相同的，如图7-4所示。海运提单的内容很广泛，包括正面的记载和背面的条款。一般来说，提单正面的记录可概括为：船名、船籍、装运港、目的港、托运人及收货人名称、被通知人名称及地址、货物名称、包装、标志、件数、重量或体积等；运费金额，运费是预付还是货到目的地后支付等事项；印刷体的契约文字，作为收到货物的凭证；提单签发地点、签发提单正本的份数和签发日期等内容。提单背面一般是印就的运输条款，作为承运人与托运人之间以及承运人与收货人和提单持有人之间的权利和义务的主要依据。

托运人 Shipper		提单号(B/L No.)
收货人 Consignee		COSCO 中国远洋运输公司
被通知人 Notify Party		Port to Port or Combined Transport Bill of lading ORIGINAL
*前程运输 Pre-carriage by	*收货地 Place of Receipt	
船次/航次 Ocean Vessel/Voyage No.	装运港 Port of Loading	
卸货港 Port of Discharge	*交货地 Place of Delivery	

唛头/集装箱号 Marks No. & Container No.	箱数与件数 No.of Pkgs	货物描述 Description of Goods	毛重 G.W.(kg)	净重 N.W.(kg)	体积 Meas.(m³)

总箱数/货物总件数
Total No.of Containers and/ or Packages (in Words)

运费 Freight & Charges	运费吨 Revenue Tons	运费率 Rates	每 Per	预付 Prepaid	到付 Collect

预付地 Prepaid at		到付地 Payable at		提单签发地点和日期 Pleace and Date of Issue
预付总额 Total Prepaid		正本提单份数 No.of Original B/L		承运人签字 Signed by the Carrier

正在装船 Loading on Board the Vessel
日期 Date   由 by

图 7-4 海运提单空白样表

3. 海运提单的种类

海运提单可从不同角度进行分类。以下是几种常用分类。

（1）按提单收货人的抬头分

记名提单（straight B/L），是指在提单上收货人（consignee）一栏内具体填写某一特定的人或公司名称的提单。指定的收货人在向承运人或其代理人交出一份提单正本时则取得交付的货物。尽管记名提单是一种权利凭证，但它是不可流通的。在中国，记名提单不得转让。

指示提单（order B/L），是指提单上收货人一栏内注明"凭指示"（to order）或"凭某人指示"（to the order of）字样的提单。前者称为不记名指示提单，承运人应按托运人的指示交付货物；后者称为记名指示提单，承运人按记名的指示人的指示交付货物。

不记名提单（bearer B/L，open B/L，blank B/L），是指提单内没有任何收货人或"凭指示"字样的提单，即提单的任何持有人都有权提货。若提单满足以下四点，①明确指出它是不记名提单，②它将收货人指为不记名，③它作为指示提单但未能表明根据谁的指示，④它是空白背书的指示提单，则无须背书即可转让。

（2）按货物是否已装船划分

已装船提单（shipped B/L，on board B/L），是指货物装船后由承运人或其授权代理人根据收据签发给托运人的提单。承运人签发了已装船提单，就是确认他已将货物装在了船上。

收货待运提单（received for shipment B/L），是指承运人在收到托运人交来的货物但还没有装船时，应托运人的要求而签发的提单。

（3）按提单上有无批注划分

清洁提单（clean B/L），是指货物在装船时外表状况良好，承运人未加任何货损、包装不良或其他有碍结汇批注的提单。

不清洁提单（unclean B/L，foul B/L），是指承运人在提单上加注有货物及包装状况不良或存在缺陷，如水湿、油渍、污损、锈蚀等批注的提单。

（4）根据运输方式不同划分

直达提单（direct B/L），是指货物自装货港装船后，中途不经换船直接驶到卸货港卸货而签发的提单。

转船提单（transshipment B/L），是指货物须经中途转船才能到达目的港而由承运人在装运港签发的全程提单。

联运提单（through B/L），是指须经两种或两种以上运输方式（海—陆、海—河、海—空、海—海等）联运的货物，由第一承运人（第一程船运输的承运人）收取全程运费后，在起运地签发到目的港的全程运输提单。联运提单虽然包括全程运输，但签发提单的各程承运人只对自己运输的一段航程中发生的货损负责。这种提单与转船提单性质相同。

多式联运提单（multimodal transport B/L，intermodal transport B/L），是指货物由海上、内河、铁路、公路、航空等两种或多种运输方式联合运输而签发的适用于全程运输的提单。

（5）按提单内容的简繁划分

全式提单（long form B/L），又称"繁式提单"，是指由于条款繁多，除正面印的提单格式所记载的事项外，背面列有关于承运人与托运人和收货人之间权利、义务等详细条款的提单。

简式提单（short form B/L，simple B/L），又称短式提单、略式提单，是相对于全式提单而言的，是指提单背面没有关于承运人与托运人和收货人之间的权利、义务等详细条款的提单。

（6）按签发提单的时间划分

倒签提单（anti-date B/L），是指承运人应托运人的要求，在货物装船后签发的日期早于实际装船完毕日期的提单。

顺签提单（post-date B/L），是指货物装船后，承运人或其代理人应货主的要求，以晚于该票货物实际装船完毕的日期作为提单签发日期的提单。

预借提单（advanced B/L），是指信用证规定的装运期和交单结汇期已到，货主因故未能及时备妥货物或尚未装船完毕的，或由于船公司的原因船舶未能在装运期内到港装船，应托运人要求而由承运人或其代理人提前签发的已装船提单。预借提单所产生的一切责任均由提单签发人承担。

过期提单（stale B/L），是指出口商取得提单后未能及时到银行，或过了银行规定的交单期限未议付而形成过期提单，习惯上也称为滞期提单。

（7）按收费方式划分

运费预付提单（freight prepaid B/L），是指成交价格中 CIF、CFR 条件为运费预付时出具的提单。

运费到付提单（freight to collect B/L），是指表明运费在目的港由收货人支付的提单。提单上应注明"运费到付"，否则不能对抗收货人。

最低运费提单（minimum B/L），是指对每一提单上的货物按起码收费标准收取运费所签发的提单。

（8）按提单签发人的不同划分

船公司签发的提单通常为整箱货签发提单。

无船承运人签发的提单（NVOCC B/L），是指货代公司或者物流公司以自己作为承运人，与发货人签订货物运输合同而签发的提单。

（9）特殊提单

合并提单（omnibus B/L），是指应托运人要求将不同种货物合并在同一提单上的提单。

并装提单（combined B/L），是指将两批或两批以上的品种、质量、装货港和卸货港相同,但分属不同收货人的液体、散装货物并装于同一液体货舱内而分别为每批货物的收货人签发的,其上加盖有"并装条款"印章的提单。

分提单(separate B/L),是指将装货单上同一批货细分成两批以上分别签发的提单。

交换提单(switch B/L),是指凭原提单换发的另一套提单。在直达运输的条件下,应托运人的要求,承运人承诺在某一约定的中途港,凭在起运港签发的提单另换发一套以该中途港为起运港的提单。

舱面货提单(on deck B/L)又称甲板货提单,是指货物装于露天甲板上承运时,于提单上注明"装于舱面"(on deck)字样的提单。

包裹提单(parcel receipt B/L),是指以包裹形式托运的货物而签发的提单。这是承运人根据贸易上的特殊需要而设定的一种提单,重量不得超过45千克。

集装箱提单(container B/L)是集装箱货物运输下主要的货运单据,是指负责集装箱运输的经营人或其代理人,在收到集装箱货物后而签发给托运人的提单。

(二)海运单

海运单又称海上运货单(sea waybill, ocean waybill, WB),是证明海上货物运输合同和货物已由承运人接管或装船,以及承运人保证将货物交给指定收货人的一种不可流通转让的单证,因此又称不可转让海运单(non-negotiable sea waybill)。

与提单相比,它不具备物权凭证的作用。收货人不凭海运单提货,承运人也不凭海运单,而凭海运单载明的收货人的提货凭条或收货凭条交付货物,只要该凭条能证明其为海运单上指明的收货人即可。

(三)电子提单

电子提单(electronic B/L)是指通过电子传送的海上货物运输合同的数据。随着EDI技术的广泛运用及法律支持的完善,电子提单凭密码进行流转,以数据信号代替模拟信号传输,能够有效防止航运单证欺诈。

二、铁路运输单据

通过国际铁路办理货物运输时,在发运站由承运人加盖日戳签发的运单叫"铁路运单"(railway bill)。铁路运单一律以目的地收货人作记名抬头,一式两份。正本随货物同行,到目的地交收货人作为提货通知;副本交托运人作为收到托运货物的收据。在货物尚未到达目的地之前,托运人可凭运单副本指示承运人停运,或将货物运给另一个收货人。

铁路运单正本和副本是国际铁路联运的主要运输单据，是参加联运的发送国铁路与发货人之间订立的运送合同。它具体规定了参加联运的各国铁路以及收、发货人的权利和义务，对收、发货人和铁路都具有法律效力。当发货人向始发站提交全部货物，并付清应由发货人支付的一切费用，经始发站在运单正本和运单副本上盖始发站承运日期戳记，证明货物已被接受承运后，即认为运输合同已经生效。

铁路运单只是运输合约和货物收据，不是物权凭证，但在托收或信用证支付方式下，托运人可凭运单副本办理托收或议付。

我国跨境铁路运输分为国际铁路联运和通往港澳的国内铁路运输，分别使用国际铁路货物联运单和承运货物收据。

（一）国际铁路货物联运单

国际铁路货物联运单是根据《国际铁路货物运输公约》（Convention Concerning International Carriage of Goods by Rail，CIM）进行国际铁路货物联运时使用的运单，是铁路与货主间缔结运输契约的证明，而不是物权凭证。与海运提单不同的是，该运单正本从始发站随同货物附送至终点站并交给收货人，是铁路承运货物出具的凭证，也是铁路同货主交接货物、核收运杂费用以及处理索赔与理赔的依据，还是卖方凭以向银行结算货款的主要证件之一。

国际铁路货物联运单一式五联，除运单正本和运单副本外，还有运行报单、货物交付单和货物到达通知单。运单正本随货同行，在到达站连同货物到达通知单及货物一并交给收货人，作为交接货物和结算费用的依据。运单副本交给发货人，作为向收货人证明货物已经发运并凭此结算付款的依据。货物交收货人时，货物交付单由收货人签收，作为收妥货物的收据，供车站备查。运行报单则为铁路内部使用。

国际铁路货物联运单通常还应随附出口货物报关单、出口许可证、商品检验证书等单证。此外，根据不同出口货物的情况，有的还应随附磅码单、装箱单、检疫证书、兽医证明书、化验单等买卖合同所规定的，以及海关、出入境检验检疫等法律法规所规定的单证。

（二）承运货物收据

承运货物收据（cargo receipt）是港澳联运中使用的一种结汇单据。由于国内铁路运单不能作为对外结汇的凭证，故使用承运货物收据这种特定性质和格式的单据。该收据起到了类似海运提单或国际铁路货物联运单副本的作用，代表货物所有权；也是港澳商人的提货证明、货运双方的运输契约和承运人的货物收据。

三、航空运输单据

航空运单（airway bill，AWB），如图7-5所示，是航空运输公司及代理人签发给发货人表示已收妥货物并接受托运的货物收据。航空运单的正本一式三份，每份都印有背面条款。第一份交发货人，是承运人或其代理人接收货物的依据；第二份由承运人留存，作为记账凭证；第三份随货同行，在货物到达目的地、交付给收货人时作为核收货物的依据。

始发站 Airport of Departure		目的站 Airport of Destination		不得转让 NOT NEGOTIABLE 航空运单 AIR WAYBILL		
托运人姓名、地址、邮编、电话号码 Shipper's Name, Address, Postcode & Telephone No.						
				航空运单一、二、三联为正本，并具有同等法律效力 Copies 1,2 and 3 of this Air Waybill are originals and have the same validity		
收货人姓名、地址、邮编、电话号码 Consignee's Name, Address, Postcode & Telephone No.				结算注意事项 Accounting Information		
				填开货运单的代理人名称 Issuing Carrier's Agent Name		
航线 Routing	到达站 To		第一承运人 By First Carrier	到达站 To	承运人 By	到达站 To 承运人 By
航班/日期 Flight/Date		航班/日期 Flight/Date		运输声明价值 Declared Value for Carriage		运输保险价值 Amount of Insurance
储运注意事项及其他 Handing Information and Others						
件数 No.of Pes. 运价点 RCP	毛重（千克）Gross Weight (kg)	运价种类 Rate Class	商品代号 Comm.Item No.	计费重量（千克）Chargeable (kg)	费率 Rate/kg	航空运费 Weight Charge	货物品名(包括包装/尺寸或体积) Description of Goods (incl. Packaging/Dimensions or Volume)
预付 Prepaid		到付 Collect		其他费用 Other Charge		
航空运费 Weight Charge				本人郑重声明：此航空货运单上所填货物品名和货物运输声明价值与实际交运货物品名和货物实际价值完全一致，并对所填航空运单和所提供的与运输有关文件的真实性和准确性负责。Shipper certifies that description of goods and declared value for carriage on the face here of are consistent with actual description of goods and actual value of goods and that particulars on the face hereof are correct.		
声明价值附加费 Valuation Charge						
地面运费 Surface Charge						
其他费用 Other Charge						
				托运人或代理人签字/盖章：		
填开日期		填开地点		填开人或其他代理人签字/盖章		

图7-5 航空运单示例

（一）航空运单分类

航空运单依签发人的不同可分为主运单（master air waybill，MAWB）和分运单（house air waybill，HAWB）。两者的内容基本相同，法律效力也无不同。

主运单是由航空运输公司签发的航空运单，是航空运输公司据以办理货物运输和交付的依据，是航空运输公司和集中托运人订立的运输合同。每一批航空运输的货物都有自己相对应的航空主运单。主运单的合同当事人分别为集中托运人和航空运输公司，货主与航空运输公司之间没有直接的契约关系。

分运单是集中托运人在办理集中托运业务时签发的航空运单。在集中托运的情况下，除了航空运输公司签发的主运单外，集中托运人还要签发分运单。分运单作为集中托运人与托运人之间的货物运输合同，合同双方分别为货主和集中托运人。

（二）航空运单作用

航空运单是航空运输货物的主要单据，是航空承运人与托运人之间缔结运输合同的书面凭证，也是承运人或其代理人签发的接收货物的收据。但航空运单不是物权凭证，不能通过背书转移货物所有权，持有航空运单也并不能说明可以对货物要求所有权，因而航空运单是一种不可议付的单据。货物到达目的地后，收货人凭承运人的到货通知提取货物。

1. 航空运单是发货人与承运人之间的运输合同

与海运提单不同，航空运单不仅能证明航空运输合同的存在，而且本身就是发货人与航空运输承运人之间缔结的货物运输合同，在双方共同签署后产生效力，并在货物到达目的地交付给运单上所记载的收货人后失效。

2. 航空运单是承运人签发的已接收货物的证明

航空运单也是货物收据。在发货人将货物发运后，承运人或其代理人就会将其中一联交给发货人（即发货人联），作为已经接收货物的证明。除非另外注明，否则它是承运人收到货物并在良好条件下装运的证明。

3. 航空运单是承运人据以核收运费的账单

航空运单分别记载着收货人负担的费用、应支付给承运人的费用和应支付给代理人的费用，并详细列明了费用的种类、金额，因此可作为运费账单和发票。承运人往往也将其中的承运人联作为记账凭证。

4. 航空运单是报关单证之一

出口时，航空运单是报关单证之一。在货物到达目的地机场进行进口报关时，航空运单也通常是海关查验放行的基本单证。

5. 航空运单同时可作为保险证书

如果承运人承办保险或发货人要求承运人代办保险，则航空运单也可作为保险证书。

6. 航空运单是承运人内部业务的依据

航空运单随货同行，证明了货物的身份。运单上载有有关该票货物发送、转运、交付的事项，承运人会据此对货物运输作出相应安排。

四、邮包收据

邮政运输是一种手续简便、运输范围较广的运输方式。所谓邮包收据（parcel post receipt）是指邮局邮寄货物时，由经办邮局签发的货物收据和合同证明，是邮局收到寄件人的邮包后所签发的凭证，是收件人取件的凭证，还可以作为索赔和理赔的依据，但不是物权凭证，不能凭以提货、背书转让，只能做成记名抬头，由经办邮局加盖日戳后成为有效凭证。

五、多式联运单据

多式联运单据（combined transport documents，CTD）是指证明国际多式联运合同成立，以及证明多式联运经营人接管货物，并负责按照多式联运合同条款交付货物的单据。多式联运单据由承运人或其代理人签发，其作用与海运提单相似，既是货物收据，也是运输契约的证明。在单据做成指示抬头或不记名抬头时，可作为物权凭证，经背书可以转让。

（一）联运提单与多式联运单据的使用范围

联运提单限于由海运与其他运输方式组成的联合运输时使用。多式联运单据的使用范围比联运提单广，既可用于海运与其他运输方式的联运，也可用于不包括海运的其他运输方式的联运，但必须是至少两种不同运输方式的联运。

（二）联运提单与多式联运单据的签发人

联运提单由承运人、船长或承运人的代理人签发。多式联运单据则由多式联运经营人或经他授权的人签发。多式联运经营人可以完全不掌握运输工具，如无船承运人，全程运输均安排给各分承运人负担。

（三）联运提单签发人与多式联运单据签发人的责任

联运提单的签发人仅对第一程运输负责；而多式联运单据的签发人（多式联运经营

人）则要对全程运输负责，货物在任何地方发生属于承运人责任范围的灭失和损害，都要对托运人负责。

第八节 跨境物流运输保险

跨境物流运输同国内运输相比，受到不同国家的关境、法律、文化等社会因素以及各种自然灾害的影响，同时在漫长的运输途中涉及装卸和存储，可能会遇到难以预料的风险，导致货物发生损失。若货物遭遇运输风险而发生损失的问题得不到解决，国际贸易就很难开展。为了消除贸易商的后顾之忧，货物运输保险业务应运而生。

保险是指投保人（insured）与保险人（insurer）订立合同，根据合同约定，投保人向保险人支付保险费，保险人对合同约定的可能发生的事故，因其发生所造成的财产损失承担赔偿保险金责任的契约行为。

一、跨境物流运输保险的基本术语

（一）投保人、保险人、被保险人

投保人一般为出口商。根据不同的贸易术语，承担保险费的角色不同。例如，FOB情况下，进口商承担保险费，而在 CIF 情况下，出口商承担保险费。

跨境物流运输保险合同的当事人为保险人和被保险人。保险人是保险合同中收取保险费，并在合同约定的保险事故发生时，对被保险人因此而遭受的约定范围内的损失进行补偿的一方当事人。被保险人是指在保险范围内的保险事故发生时受到损失的一方当事人。跨境物流运输保险合同中的投保人一般也是被保险人。

（二）保险对象、保险利益、保险风险、保险事故

保险对象，亦称"保险标的""保险项目""保险保障的对象"，是指依据保险合同双方当事人要求确定的保险标的，在跨境物流运输保险中指跨境物流运输中的货物。

保险利益（insurable interest）又称可保权益，是指被保险人（投保人）对保险标的所享有的法律上承认的经济利益。被保险人（投保人）投保的并不是保险标的本身，而是对保险标的所具有的利益。跨境物流运输保险同其他保险一样，被保险人必须对保险标的具有保险利益。这个保险利益，在跨境物流运输中，体现在对保险标的的所有权和

所承担的风险责任上。例如，在 FOB 贸易合同下，卖方承担货物在装运港越过船舷之前的风险，货物所有权属于卖方，卖方对货物具有可保利益，卖方应自行办理投保，或者委托买方在保险时代保。对货物在装运港码头越过船舷之前发生的损失，只有卖方享有向保险公司索赔的权利。货物在起运港有效地越过船舷以后，风险转移给买方，对货物的保险利益也转移给买方。

保险风险是指尚未发生的、能使保险对象遭受损害的危险或事故，如自然灾害、意外事故或事件等。被视为保险风险的事件具有可能性和偶然性。

保险事故是指已经发生的保险风险。

（三）保险金额、保险费、保险期限

保险金额是指一个保险合同项下保险公司承担赔偿或给付保险金责任的最高限额，与货物实际价值有直接联系。

保险费是指被保险人或投保人向保险人缴纳的费用，是对保险人将来可能支付赔偿的预付报酬。例如，CIF 货价 =（FOB 货价 + 总运费及其他杂费）÷ [1−（1+ 投保加成率）× 保险费率]，保险金额 =CIF 货价 ×（1+ 保险加成率），保险费 = 保险金额 × 保险费率。

保险期限即保险合同的有效期限。海上保险合同的有效期限一般以航次或月、年为期间。以航次为期间的称为航次保险，以月、年为期间的称为定期保险。绝大多数货物运输投保航次保险，少数长期稳定的货物运输才可能投保定期保险。多数班轮、船东和定期租船人投保船舶定期保险，只有按航次租船的租船人才会投保船舶航次保险。保险期限一旦确定，保险人只负责赔偿在保险期限内发生保险事故造成保险标的的损害从而给被保险人造成的损失。若保险事故发生的时间不在保险期限内，则保险人不承担保险责任。

二、跨境物流运输保险的基本原则

（一）保险利益原则

保险利益原则是指投保人对保险标的应当具有保险利益，如果投保人对保险标的不具有保险利益，则保险合同无效。在跨境物流运输保险中，保险利益主要表现为货物本身的价值，也包括与货物本身价值相关联的运费、保险费、关税和预期利润等。此原则使被保险人无法通过不具有保险利益的保险合同获得额外利益，避免了保险合同变为赌博合同。保险利益可以表现为现有利益、期待利益或责任利益。

（二）最大诚信原则

最大诚信原则（utmost good faith）是指跨境物流运输保险合同的当事人应以诚实信用为基础订立和履行保险合同，主要体现在订立合同时的告知义务和在履行合同时的保证义务。海商法规定的是无限告知，要求合同订立前，被保险人应当将其知道的或者在通常业务中应当知道的、会影响保险人据以确定保险费率或确定是否同意承保的重要情况，如实告知保险人。被保险人还必须在保险合同中保证要做或不做某种事情，保证某种情况的存在或不存在，或保证履行某一条件。

（三）近因原则

近因原则（principle of proximate cause）是指保险人只对承保风险与保险标的损失之间有直接因果关系的损失负赔偿责任，而不对保险责任范围外的风险造成的保险标的的损失承担赔偿责任。虽然我国保险法及海商法均没有对近因原则进行明文规定，但在跨境物流运输保险实践中，近因原则是常用的确定保险人对保险标的的损失是否负有保险责任以及负何种保险责任的原则。

（四）损失补偿原则

损失补偿原则（principle of indemnity）是指在保险事故发生而使被保险人遭受损失时，保险人必须在责任范围内对被保险人所受的实际损失进行补偿。跨境物流运输保险合同属于补偿性的财产保险合同，保险人的赔偿金额不得超过保险单上的保险金额或被保险人遭受的实际损失，因为保险的目的是补偿，而不是通过保险得利。

（五）代位追偿原则

代位追偿原则（principle of subrogation）是指当保险标的发生保险责任范围内的由第三方责任人造成的损失，保险人向被保险人履行了损失赔偿责任后，有权在其已赔付的金额限度内取得被保险人在该项损失中向第三方责任人要求索赔的权利。保险人取得该项权利后，即可取代被保险人的地位向第三方责任人索赔。

三、跨境物流运输保险类别

跨境物流运输涉及不同的贸易术语，贸易术语的选择决定着由哪一方来承担保险责任。保险责任方必须按照合同的要求进行投保，如果合同中没有作出具体规定，则参考国际惯例投保；否则，货物运输过程中产生的风险损失由应该负责投保的一方承担。

跨境物流运输有海运、陆运、空运等多种途径，跨境物流运输保险按保险标的的运输工具的种类相应分为四类：海洋运输货物保险、陆上运输货物保险、航空运输货物保险、邮包保险。

（一）海洋运输货物保险

1. 平安险

"平安险"（free from particular average，f.p.a.）这一名称在我国保险行业中沿用甚久。平安险原来只赔偿全部损失，但在长期的实践中，人们对平安险的责任范围进行了补充和修订，已经超出只赔全损的限制。概括起来，这一险别的责任范围主要包括：

①在运输过程中，由于自然灾害和运输工具发生意外事故，被保险货物的实际全损或推定全损。

②运输工具遭搁浅、触礁、沉没、互撞、与其他物体碰撞以及失火、爆炸等意外事故造成的被保险货物的部分损失。

③只要运输工具发生搁浅、触礁、沉没、焚毁等意外事故，无论这个事故发生之前或者以后是否在海上遭遇恶劣气候、雷电、海啸等自然灾害，造成的被保险货物的部分损失。

④在装卸转船过程中，被保险货物一件或数件落海所造成的全部损失或部分损失。

⑤运输工具遭自然灾害或意外事故，在避难港卸货所引起的被保险货物的全部或部分损失。

⑥运输工具遭自然或灾害或意外事故，需要在中途的港口或者避难港停靠，因而引起的卸货、装货、存仓以及运送货物所产生的特别费用。

⑦发生共同海损所引起的牺牲、公摊费和救助费用。

2. 水渍险

水渍险的责任范围除了平安险的各项责任外，还负责被保险货物由于恶劣气候、雷电、海啸、地震、洪水等自然灾害所造成的部分损失。

3. 一切险

一切险的责任范围除包括平安险和水渍险的所有责任外，还包括货物在运输过程中，各种外来原因造成的保险货物的损失。无论全损还是部分损失，除对某些运输途耗的货物，经保险公司与被保险人双方约定在保险单上载明的免赔率外，保险公司都给予赔偿。

上述三种险别都是货物运输的基本险别，被保险人可以从中选择一种投保。

此外，保险人可以要求扩展保险期限。例如，对某些内陆国家出口货物，如在港口卸货转运内陆，无法在保险条款规定的保险期限内到达目的地，即可申请扩展保险期限。保险期限经保险公司出具凭证予以延长，每日加收一定保险费。

在上述三种基本险别中，明确规定了除外责任（exclusion）。除外责任是指保险公司明确规定不予承保的损失或费用。

4. 附加险别

附加险别包括偷窃、提货不着险，淡水雨淋险，短量险，混杂、沾污险，渗漏险，碰损、破碎险，串味险，受热、受潮险，钩损险，包装破裂险，锈损险，等等。

5. 特别附加险

特别附加险也属附加险别，但不属于一切险的范围。它与政治、国家行政管理规章所引起的风险相关。目前中国人民保险公司承保的特别附加险险别有交货不到险、进口关税险、黄曲霉素险和出口货物到香港（包括九龙在内）或澳门存储仓火险责任扩展条款；此外，还包括战争险和罢工险等。

（二）陆上运输货物保险

陆上运输货物保险是货物运输保险的一种，分为陆运险和陆运一切险。保险责任的起始期限与海洋运输货物保险的仓至仓条款基本相同，从被保险货物运离保险单所载明的起运地发货人的仓库或储存处所、开始运输时生效。

1. 陆运险的责任范围

被保险货物在运输途中遭受暴风、雷电、地震、洪水等自然灾害，或陆上运输工具（主要是指火车、汽车）遭受碰撞、倾覆或出轨，或在驳运过程中因驳运工具搁浅、触礁、沉没，或遭受隧道坍塌、崖崩，或火灾、爆炸等意外事故所造成的全部损失或部分损失。保险公司对陆运险的承保范围相当于海运险中的水渍险。

2. 陆运一切险的责任范围

除上述陆运险的责任外，保险公司对被保险货物在运输途中由于外来原因造成的短少、短量、偷窃、渗漏、碰损、破碎、钩损、雨淋、生锈、受潮、发霉、串味、沾污等全部或部分损失，也负赔偿责任。

3. 陆上运输货物保险的除外责任

①被保险人的故意行为或过失所造成的损失。

②属于发货人应负责任或被保险货物的自然消耗所引起的损失。

③战争、工人罢工或运输延迟所造成的损失。

4. 陆运战争险

陆运战争险与海运战争险，由于运输工具本身的特点，具体责任有一些差别，但就战争险的共同责任范围来说，基本上是一致的。即对战争、类似战争行为以及武装冲突导致的人或货物被捕获、扣留、禁制和扣押等行为引起的直接损失，应负赔偿责任。

（三）航空运输货物保险

保险公司承保通过航空运输的货物，保险责任是以飞机作为主体加以规定的。航空运输货物保险分为航空运输险和航空运输一切险两种。航空运输一切险除航空运输险的责任范围外，对被保险货物在运输中由于外来原因造成的被偷窃、短少等全部或部分损失也负赔偿之责。

（四）邮包保险

邮包保险承保通过邮局邮包寄递的货物在邮递过程中发生保险事故所致的损失。以邮包方式将货物发送到目的地可能通过海运，可能通过陆运或航空运输，也可能通过两种或两种以上的运输工具运送。无论使用何种运送工具，凡是以邮包方式将贸易货物运达目的地的保险均属邮包保险。

邮包保险按其保险责任分为邮包险和邮包一切险两种。前者与海洋运输货物保险中水渍险的责任相似，后者与海洋运输货物保险中一切险的责任基本相同。

不同的险别意味着货物运输中受损后得到保险公司赔偿的结果是不同的。如果选择保险公司承保风险范围大的险别，投保人要缴纳的保险费就多；反之，缴纳的保险费就少。因此，卖方投保或买方投保，对保险险别的选择或要求是不一样的。保险险别最好在合同中加以明确规定，以免日后产生争议。

选择保险险别的原则是，既要使货物的运输风险有保障，又要使保险费用的支出尽可能少。因此，要根据货物及其包装的特点、运输工具及方式、运输地区及港口等不同情况来选择保险险别。例如，粮食谷物类商品易受水分的影响，经过长途运输，水分可能会蒸发，容易导致此类商品短量；此类商品也会吸收空气中的水分，吸收过度或被海水浸入、淡水渗入，容易引起霉烂。这类商品在选择险别时，一般在水渍险的基础上，加保短量险和受潮受热险。再如，液体化工商品，如果用散舱运输，容易发生短量和沾污，应投保短量险和沾污险；如果用铁桶、铁听、塑料桶等做包装，容易发生渗漏，可在平安险的基础上加保渗漏险。

第七章 跨境电商运输管理

本章重点

1. 跨境电商运输管理的概念，跨境运输的特点、影响运输方式选择的因素。
2. 海洋运输的特点、优缺点、运输流程和几种主要运输类型。
3. 国际公路运输、铁路运输的概况和特点。
4. 航空运输的流程、主要方式与特点。
5. 多式联运的概念、形成条件、费用、基本流程和优点。
6. 跨境物流合同的装运条款，包括交付时间、交付地点、装运通知。
7. 跨境物流运输单据的种类、特点及作用。
8. 跨境物流运输保险的基本术语、基本原则和主要类型。

课后习题

1. 解释下列名词概念。

跨境电商物流管理系统、海洋运输、班轮运输、租船运输、定期租船、定程租船、光船租购、包运租船、大陆桥运输、装运期、多式联运单据、投保人、保险人、被保险人、保险对象、保险利益、保险风险、保险事故、保险金额、保险费、保险期限

2. 跨境物流运输有哪些特点？在选择运输方式时要考虑哪些因素？
3. 分别简述四种跨境物流运输方式的特点、优缺点及流程。
4. 国际铁路联运出口货物的程序是什么？
5. 简述航空运输的基本流程和运输方式。
6. 多式联运形成的条件是什么？具有哪些优点？
7. 简述海运提单的作用。
8. 跨境物流运输保险的基本原则是什么？

参 考 文 献

[1] 陈岩,李飞.跨境电子商务[M].北京:清华大学出版社,2019.

[2] 邓志超,莫川川.跨境电商基础与实务[M].北京:人民邮电出版社,2021.

[3] 冯晓宁.跨境电子商务概论与实践[M].北京:中国海关出版社,2019.

[4] 韩小蕊.跨境电子商务[M].北京:机械工业出版社,2018.

[5] 陆端.跨境电子商务物流[M].北京:人民邮电出版社,2019.

[6] 王启仿.国际商务函电[M].北京:中国纺织出版社,2008.

第八章
跨境电商物流服务成本及产品定价

> **本章概要**
>
> 本章的主题是跨境电商物流服务成本及产品定价，共分为三节。先对跨境电商的运营成本进行分析，发现物流成本对跨境电商成本优化的重要作用，进一步分析物流成本控制，最后介绍跨境电商产品定价方式。第一节是跨境电商的运营成本，主要包括物流成本、营销成本、税务成本等进口运营成本以及平台费用、站外引流推广费用、外币结汇损失的费用、人工与办公用地成本、运输物流成本等出口运营成本；第二节是跨境电商物流成本控制，主要介绍了跨境电商物流成本控制步骤、控制方法以及控制措施；第三节是跨境电商产品定价，包括成本导向、竞争导向两种定价方法和定价技巧。

> **学习目标**
>
> 了解跨境电商的运营成本构成。
> 掌握跨境电商物流成本控制的步骤、控制方法以及控制措施。
> 熟悉成本导向定价法与竞争导向定价法两种跨境电商产品定价方法，掌握具体定价技巧。

第一节 跨境电商的运营成本

一、跨境电商进口的运营成本

跨境电商包括进口和出口两大类。跨境电商在进口环节的运营成本主要有物流成本、营销成本和税务成本等。

(一)物流成本

物流通常包括采购、仓储、包装、装卸搬运、流通加工、运输、商检、通关等环节，跨境电商进口的物流成本即物流各个环节的成本。

1. 采购成本

采购成本主要包括采购时产生的相关税费、运输费、装卸货物费、保险费等费用[①]。

2. 仓储成本

仓储成本是指企业为完成货物储存、保管等业务而发生的全部费用，主要包括仓储相关业务人员费用、仓储设施相关费用（包括折旧费、维护保养费、水电费等）。

3. 包装成本

包装成本是指企业为完成货物包装业务而发生的全部费用，主要包括包装业务人员费用，包装材料消耗，包装设施折旧费、维修保养费，包装技术设计、实施费用以及包装标记的设计、印刷等辅助费用[②]。

4. 装卸搬运成本

装卸搬运成本是指企业为完成装卸搬运业务而发生的全部费用，包括装卸搬运业务人员费用，装卸搬运设施折旧费、维修保养费，燃料与动力消耗，等等。

5. 流通加工成本

流通加工成本是指企业为完成货物流通加工业务而发生的全部费用，包括流通加工业务人员费用，流通加工材料消耗，流通加工设施折旧费、维修保养费，燃料与动力消耗费，等等[③]。

6. 运输成本

运输成本是指企业为完成货物运输业务而发生的全部费用，包括从事货物运输业务人员费用，车辆（包括其他运输工具）的燃料费、折旧费、维修保养费、租赁费、养路费、过路费、年检费、事故损失费、相关税金等。事故损失费是因为很多中小跨境电商卖家在境内发货，线长、点多、周期长，经常会出现产品破损、丢件甚至客户退货退款的纠纷事件，成本投入往往比较高，在核算成本的时候应该将这些成本明确地算进去。

7. 商检和通关成本

主要包括商检费用、报关费用。

[①] 中华人民共和国财政部. 最新企业会计准则 [M]. 北京：中国工商出版社，2006.
[②] 段圣贤，朱华军. 现代物流概论（第三版）[M]. 北京：电子工业出版社，2010.
[③] 郑成宏，聂淼. 浅析企业物流成本的会计核算模式 [J]. 商业会计，2009（22）：49-50.

(二)营销成本

营销成本是指企业在营销过程中花费的资金,是企业的必要投入。跨境电商营销成本主要包括以下三方面的费用。①直接推销费用:直接销售人员的薪金、奖金、差旅费、训练费、交际费及其他相关费用。②推广费用:广告媒体的成本、产品说明书的印刷费用、赠品及展览会的费用、推广部门的薪金等。跨境电商营销手段主要包括海外搜索引擎营销[搜索引擎优化(SEO)、关键词竞价排名、不同国家的本土化搜索引擎]、海外社交媒体营销(全球主要社交网站)、海外电子邮件营销模式(电子邮件营销方式),每种方式的收费有所不同。③其他市场营销费用:营销管理人员薪金佣金等。

(三)税务成本

对于跨境电商进口业务,相关主体的税务处理如下。

1. 电商平台

电商平台的收入主要有平台服务费,自营、直采取得的产品差价收入,广告收入。

(1)平台服务费

电商平台向卖家收取的平台服务费及按照卖家交易量收取的佣金手续费均按"信息技术服务—信息系统增值服务(电子商务平台服务)"缴纳增值税[①]。

(2)自营、直采取得的产品差价收入

有些电商平台的产品为全部或部分自营模式,自主购入再进行对外销售,以此获取的差价收入,按照销售货物缴纳增值税。

(3)广告收入

电商平台提供的各类视频、链接等广告服务,除按"文化创意服务—广告服务"缴纳增值税外,还需缴纳文化事业建设费[②]。

2. 境内消费者

2016年,《海关总署关于跨境电子商务零售进出口商品有关监管事宜的公告》(海关总署公告2016年第26号)、《财政部、海关总署、国家税务总局关于跨境电子商务零售进口税收政策的通知》(财关税〔2016〕18号)等文件(以下简称"新规")陆续发布,开始对通过天猫国际等跨境电商平台购物的境内个人消费者按进口货物征收关税、进口环节增值税与消费税。具体要点如下:

[①] 柳东梅. 中国跨境电子商务税制研究[J]. 财会月刊, 2020(18): 140-144.
[②] 孙雨溪. 我国跨境电商中零售商品的进口税收制度及影响分析[D]. 上海: 上海海关学院, 2018.

第一，新规适用于属于"跨境电子商务零售进口商品清单"范围内的以下商品：①所有通过与海关联网的电子商务交易平台交易，能够实现交易、支付、物流电子信息"三单"比对的跨境电子商务零售进口商品。②未通过与海关联网的电子商务交易平台交易，但快递、邮政企业能够统一提供交易、支付、物流等电子信息，并承诺承担相应法律责任进境的跨境电子商务零售进口商品。

第二，个人消费者是进口货物的纳税义务人，电子商务企业、电子商务交易平台企业或物流企业可作为代收代缴义务人。实务中，一般由电子商务平台或电子商务企业（卖家）代收代缴，境内消费者支付的款项中包含了进口环节的税收。

第三，个人单次交易限值为人民币 2000 元，年度交易限值为人民币 20000 元。在限值以内进口的跨境电子商务零售进口商品，关税税率暂设为 0；进口环节增值税、消费税暂按法定应纳税额的 70% 征收。超过单次限值、累加后超过个人年度限值的单次交易，以及完税价格超过 2000 元限值的单个不可分割商品，均按照一般贸易方式全额征税[①]。需要注意的是，对于跨境零售进口商品，作为一项特殊规定处理，而不同于一般贸易，这里的完税价格是指实际交易价格（包括货物零售价格、运费和保险费）。个人消费者税费标准如表 8-1 所示。

表 8-1　个人消费者税费标准

税种	未超限额	超过限额
关税	0	关税 = 实际交易价格 × 关税税率
增值税	增值税 = 实际交易价格 ÷（1- 消费税税率）× 增值税税率 ×70%	增值税 = 实际交易价格 ÷（1- 消费税税率）× 增值税税率
消费税	消费税 = 实际交易价格 ÷（1- 消费税税率）× 消费税税率 ×70%	消费税 = 实际交易价格 ÷（1- 消费税税率）× 消费税税率

第四，海关放行后 30 日内未发生退货或修撤单的，代收代缴义务人在放行后第 31 日至第 45 日向海关办理纳税手续。自海关放行之日起 30 日内退货的，个人可申请退税，并相应调整个人年度交易总额[②]。

根据财关税〔2016〕18 号，不属于跨境电子商务零售进口的个人物品以及无法提供交易、支付、物流等电子信息的跨境电子商务零售进口商品，按现行规定执行[③]。这里的"按现行规定执行"，是指对无法提供"三单"比对的进口商品或非个人自用的物品，征收行邮税。

---

① 中国注册会计师协会.2018 年度注册会计师全国统一考试辅导教材：税法 [M]. 北京：经济科学出版社，2018.
② 王刚，马坤，李雨亭，等.跨境电商零售进口大比对 [J]. 中国海关，2020（6）：36-37.
③ 魏敏婕.B2C、C2C 进口贸易我国海关税收制度研究 [J]. 现代商业，2017（28）：61-63.

对于非个人的企业跨境进口商品，按一般进口货物的相关规定征收关税、进口环节增值税与消费税。

3. 境外商家

境外商家不适用于我国境内税法的相关规定。

4. 其他服务提供商

在跨境进口业务中，物流与支付结算是两个关键环节。

物流公司收取的运输费用按"交通运输服务"缴纳增值税。其中，涉及国际运输服务的可适用增值税零税率，如果是以无运输工具承运方式提供国际运输服务的，免征增值税。物流公司收取的仓储费用按"物流辅助服务—仓储服务"缴纳增值税，增值税一般纳税人可以选择适用简易计税方法适用征收率3%。

结算公司收取的费用按"金融服务—直接收费金融服务"缴纳增值税。

二、跨境电商出口的运营成本

跨境电商出口的运营成本主要包括以下内容。

（一）平台费用

1. 入驻费用

不同平台不同类目的入驻费用有所不同，基本年费都在1万元以上。有些平台（如eBay平台）称为上架费用，有些平台（如亚马逊）称为平台费用，类似于月租费。

2. 成交费用

比如，速卖通按每笔成交额的5%收取，亚马逊按成交额的8%~15%收取，其他平台也有相应的收取规则[①]。

3. 平台的推广费用

比如，速卖通有直通车，跟淘宝直通车类似。其他平台，像亚马逊，也有一些付费的推广。平台的推广费用，核心是市场推广成本。对于商品的推广投入，应该谨慎并且有非常详细的预算。

（二）站外引流推广费用

对于一些中小卖家来说，做好站内流量就已足够，因此本书不对此作详细介绍。

（三）外币结汇损失

跨境电商出口大多数以外汇（如美元、英镑、欧元等）结算，汇率每天都有变化，

---

① 谢丽云. 大学生跨境电商小额网络贸易创业问题分析[J]. 经营管理者，2017（16）：252.

因此结汇损失也要计入成本。

（四）人工与办公用地成本

这些企业共有的成本，在跨境电商出口企业中同样存在。

（五）运输物流成本

跨境电商与国内电商最大的区别就在于国际物流。从境内情况来看，跨境电商物流服务体系尚不完善，跨境电商物流企业运作水平滞后，服务单一，物流效率低、成本高，成为制约跨境电商发展的"瓶颈"。适应跨境电商更进一步发展的物流需求、整合优化跨境物流服务功能、控制跨境物流成本，对促进跨境电商行业发展、提高跨境电商企业综合竞争力有着极其重要的意义。

跨境电商企业的物流成本一般包括仓储成本、运输成本、信息成本、管理成本。

1. 仓储成本

一切与仓储活动相关的成本，包括订单成本、货物利息、货物折旧损耗、进货成本、入库成本、拣货成本、配货成本、流通加工成本、搬运成本、仓库各类设施设备折旧、各类人工成本等。

2. 运输成本

相关单位运输成本、本单位车辆使用各项成本（保险费、年审费、油费、路桥费、折旧费、维修费、人工费等）[1]、第三方物流平台的服务费用等。

3. 信息成本

系统开发摊销费、系统维护费、系统相关设施设备折旧费。

4. 管理成本

各类管理人员的人工费用[2]。

（六）税务成本

对于跨境电商出口业务，相关主体的税务处理如下。

1. 电商平台

（1）平台服务费

跨境电商出口平台一般会收取刊登费（如eBay）、平台月费（如亚马逊）、技术服务费（如速卖通）等，均需按"信息技术服务—信息系统增值服务"缴纳增值税[3]。值得一

---

[1] 柯颖. 物流管理 [M]. 北京：机械工业出版社，2013.
[2] 郑斌斌. 基于提高供应链管理能力的物流成本控制研究 [J]. 中国市场，2013（22）：15-16.
[3] 项莹. 我国电子商务税收政策优化研究 [D]. 上海：上海海关学院，2020.

提的是，速卖通自 2016 年 1 月开始，对所有平台按照所属行业，分别收取技术服务费，收取的服务费将按不同的行业以不同的年销售总额进行返还。对此，速卖通在收到技术服务费时缴纳增值税，当根据销售业绩返还一定比例服务费时，按照《财政部、国家税务总局关于全面推开营业税改征增值税试点的通知》（财税〔2016〕36 号）规定的销售折扣处理，开具增值税红字发票冲减销售收入、增值税销项税额。

（2）成交手续费

跨境电商出口平台会根据各自的业务规则收取不同比例的成交手续费。例如，亚马逊根据不同行业收取不同比例的佣金，如表 8-2 所示，需按"商务辅助服务—经纪代理服务"缴纳增值税[①]。

表 8-2　亚马逊佣金比例

商品分类	佣金比例 /%
金条、银条	5
手机通信、数码、数码配件、电脑、办公用品、大家电、个护健康、美容化妆、食品	8
图书、音乐、服装鞋靴、箱包配饰、运动户外休闲、家居（床上用品、卫浴、厨具、家居装修、园艺、工具）、小家电、玩具、母婴、酒类、乐器、汽车用品、其他	10
宠物用品、钟表	12
珠宝首饰	15

需要注意的是，境内商家入驻境外的跨境电商平台出口商品时，平台向境内的单位或个人收取的服务费，属于财税〔2016〕36 号第 13 条规定的"境外单位或者个人向境内单位或者个人销售完全在境外发生的服务"，不征增值税。

《国家税务总局关于外贸综合服务企业出口货物退（免）税有关问题的公告》（国家税务总局公告 2014 年第 13 号）规定，为国内中小型生产企业出口提供物流、报关、信保、融资、收汇、退税等服务的外贸企业为外贸综合服务企业，该类企业以自营方式出口国内生产企业与境外单位或个人签约的出口货物，符合文件规定的具体条件的，可由外贸综合服务企业按自营出口的规定申报退（免）税。据此，一达通、外综服等 B2B 平台可以外贸综合服务平台的身份提供出口贸易服务并申报退（免）税。

2. 境内商家

根据《关于跨境电子商务零售出口税收政策的通知》（财税〔2013〕96 号）规定，电子商务出口企业出口货物［财政部、国家税务总局明确不予出口退（免）税或免税的货物除外，下同］同时符合下列条件的，适用增值税、消费税退（免）税政策：

[①] 柯丽敏，洪方仁. 跨境电商理论与实务 [M]. 北京：中国海关出版社，2016.

①电子商务出口企业属于增值税一般纳税人,并已向主管税务机关办理出口退(免)税资格认定;

②出口货物取得海关出口货物报关单(出口退税专用),且与海关出口货物报关单电子信息一致;

③出口货物在退(免)税申报期截止之日内收汇;

④电子商务出口企业属于外贸企业的,购进出口货物取得相应的增值税专用发票、消费税专用缴款书(分割单)或海关进口增值税、消费税专用缴款书,且上述凭证有关内容与出口货物报关单(出口退税专用)有关内容相匹配[①]。

根据财税〔2013〕96号规定,不符合上述规定,但符合下列条件的,适用增值税、消费税免税政策:

①电子商务出口企业已办理税务登记;

②出口货物取得海关签发的出口货物报关单;

③购进出口货物取得合法有效的进货凭证。

从事一般跨境电商出口业务(非零售业务,即B2B)的境内商家,其向境外销售商品按一般货物出口办理,根据具体情况进行增值税退(免)税。

3. 境外消费者

境外消费者不适用于我国境内税法的相关规定。

4. 其他服务提供商

与跨境电商进口业务相同。

第二节　跨境电商物流成本控制

物流成本控制是跨境电商物流的核心概念之一,是指根据计划目标,对成本发生和形成的过程,以及影响成本的各种因素和条件施加主动的影响,以保证实现物流成本计划管理的一种行为。跨境电商物流成本控制是指采用特定的理论、方法、制度等对跨境电商企业物流各环节发生的费用进行有效的计划和管理。从跨境电商企业的生产经营过

---

① 公司业务. 中国明确跨境电子商务零售出口有关税收政策[J]. 全国商情,2014(3):3-3.

程来看，成本控制包括成本的事前控制、成本的事中控制和成本的事后控制[1]。成本的事前控制是整个成本控制活动中最重要的环节，直接影响以后各作业流程的成本。成本的事前控制活动主要有跨境物流配送中心的建设控制，物流设施、设备的配备控制，物流作业过程改进控制，等等。成本的事中控制是对物流作业过程实际劳动耗费的控制，包括设备耗费的控制、人工耗费的控制、劳动工具耗费和其他费用支出的控制等方面。成本的事后控制是通过定期对过去某一段时间的成本控制进行总结、反馈来控制成本。通过成本控制，可以及时发现存在的问题，采取纠正措施，保证成本目标的实现。

一、跨境电商物流成本控制步骤

第一步，了解服务对象的需求。客户在哪里？需求有哪些？需求量如何？客户需求的货源在哪里？跨境电商企业面向的客户一般是海外客户，要通过充分的市场调研了解当地市场情况和客户的需求。

第二步，了解物流成本的组成。

第三步，了解业务的分布区域以及当前的服务、成本等。货源、客户、仓库在哪里？现在是如何服务的，服务情况如何？成本如何？运输方式如何？对不同运输方式的成本进行比较与分析，对不同承运商的服务、成本进行比较与分析。

第四步，按照现在的客户布局，安排最佳的货物流向，分析不同组合的成本与服务情况，确定仓库布局，确定仓库的服务客户，确定商品的流向，确定经济的库存分布，确定最佳的运输方式，确定最佳承运商。

第五步，将第四步细化成企业的业务流程与操作规范，同时制定各类监控、分析报表。不断分析客户的需求，安排最佳的库存分布；不断分析成本的变化；不断考核各类承运商的服务水平、成本；做好各类费用的审核。

二、跨境电商物流成本控制方法

跨境电商物流成本控制方法包括绝对成本控制法和相对成本控制法[2]。

绝对成本控制法是指把成本支出控制在一个绝对金额以内的成本控制方法。绝对成本控制通过节约各种费用支出、杜绝浪费的途径进行物流成本控制，要求把运营过程中发生的一切费用支出都列入成本控制范围。标准成本和预算控制是绝对成本控制的主要方法。

---

[1] 贲莉．基于供应链管理视角下的 H 公司物流成本管理研究 [D]．南京：南京邮电大学，2020．
[2] 邵贵平．电子商务物流管理 [M]．北京：人民邮电出版社，2010．

相对成本控制法是指通过成本与产值、利润、质量和功能等因素的对比分析，寻求在一定制约因素下取得最大经济效益的成本控制方法。相对成本控制扩大了物流成本控制领域，要求人们在努力降低物流成本的同时，充分注意与成本关系密切的因素，如产品结构、项目结构、服务质量水平、质量管理等，目的在于提高成本支出的效益，即减少单位产品的成本投入，提高整体经济效益[1]。

两种方法对比如表8-3所示。

表8-3 绝对成本控制法和相对成本控制法对比

比较项目	绝对成本控制法	相对成本控制法
控制对象	成本支出	成本与其他因素的关系
控制目的	降低成本	提高经济效益
控制方法	成本与成本指标之间的比较	成本与非成本指标之间的比较
控制时间	主要在成本发生时或发生后	主要在成本发生前
控制性质	属实施性成本控制	属决策性成本控制

三、跨境电商物流成本控制措施

（一）建立供应商优化体系

跨境电商企业要想建立一个良好的供应商优化体系，就要先树立起长远的战略观念，把供应商这一环节纳入企业战略合作的范畴[2]，以实现对"供应商进货"这一物流环节的成本控制。在选择和管理供应商方面，跨境电商企业要学会摒弃传统的成本管理思路，从多个维度去考虑问题，构建多维供应商管理体系。可通过经济批量订货、积极洽谈、采取互利措施，督促其提升运输质量、改进运输方案，通过长期稳定的战略合作关系来实现对自身物流成本的控制。

（二）争取国家政策支持

国家应该出台完善物流基础设施并提升其运营水平的相关政策，跨境电商企业自身也要简化物流环节及其操作流程，简化操作手续，缩短送货时间，积极协调跨境物流的各个环节。只有这样，才能达到节省物流支出、控制物流成本的目的。

（三）应用战略成本管理工具

跨境电商企业应将战略成本管理工具视为控制物流成本的一种工具，并将战略成本

---

[1] 李克娜. 物流基础知识[M]. 北京：机械工业出版社，2004.
[2] 张瑛杰. 跨境电商物流成本控制的研究[J]. 全国商情，2018（33）：18-19.

管理的分析工具运用到解决企业发展面临的问题上。战略成本管理是更加科学与全面的一种思想，在国外，其理论已经相当科学和成熟，并且这种思想在竞争激烈的企业中的运用尤其广泛，且不论企业的规模是大还是小，均取得了较好的效果，因此对于我国发展尚不成熟、中小型企业较多的跨境电商行业也是十分适合的。战略成本管理对环境、价值链等因素都进行了分析，有效地打破了传统成本管理只局限于会计数据的这一局限性，能在完善企业成本管理的同时，强化企业的竞争优势，帮助企业突破竞争重围，更加科学有效地控制物流成本，有利于企业的长期发展。

（四）合理避税

跨境电商企业可以充分利用国际避税地的方式来进行避税。可以利用区域内的关税同盟国或在有互惠协定的国家实行避税，同时也可以使用自由港，采取转运的方式来实现降低关税的目的。不过，要想采用这些方式进行避税，一定要充分权衡所节约的关税与因此带来的运费的增加等因素，要综合这些信息之后作出平衡决策。另外，对于税收制度较复杂和关税较高的国家，可以通过聘请有经验的清关代理公司的方式来有效地降低企业的物流成本。

（五）与物流平台建立合作关系

跨境电商企业可以与物流平台之间达成友好战略合作。这样有利于促进物流平台主动完善自身的基础设施，更加及时、全面地更新物流信息，使运输过程更加透明，减少丢货、货损、延误等情况，降低跨境电商企业的物流成本。同时，这种方式也能够使物流平台收获稳定的客户，是能够使双方互利共赢的一种战略合作。

第三节　跨境电商产品定价

近几年跨境电子商务发展快速，无论是传统的进出口外贸企业，还是从事国内贸易或电子商务的企业，抑或是一些自主创业的小微企业或个人，都尝试利用跨境电商来提升自身企业的竞争力或寻找市场机会[1]。产品的定价问题是跨境电商业务成功的关键，因此本节介绍对产品进行定价的方法和技巧。

---

[1] 吕宏晶. 跨境电子商务中产品定价的方法与技巧[J]. 对外经贸实务，2016（2）：69-71.

一、跨境电商产品的定价方法

跨境电商产品定价时要考虑的因素很多,如产品类型(爆款、引流款、利润款)、产品特质(同质性、异质性、可替代程度)、同行竞品价格水平、店铺本身的市场竞争策略等。最基本的可以采用的定价方法有成本导向定价法与竞争导向定价法。

(一)成本导向定价法

成本导向定价法比较简单易懂,是指在产品单位成本的基础上加上预期利润作为产品的销售价格。采用成本导向定价法的关键,一是准确核算成本,二是确定适当的利润加成率,也就是百分比。根据成本价+费用+利润来确定产品的销售价格,确定完产品的销售价格后,依据营销计划的安排确定上架价格。

例如,从1688平台或工厂采购某产品,成本是7元/件,共100件,每件的包装重量为25克,国内快递费或运输成本共8元,银行美元买入价按1美元=6.4元人民币计算,平台目前的平均毛利润率为15%,固定的成交平台的技术服务费或佣金费率为5%,部分订单产生的联盟费用为5%。销售价格可以按以下步骤推导计算:

①计算跨境物流费用。查询中国邮政小包价格表,按照第10区运费即最贵的运费报价包邮(运费176元/千克,折扣8.5折,挂号费8元),则跨境物流单位费用=运费×折扣×计费重量+挂号费=176×0.85×25÷1000+8=11.74(元)。

②计算销售价格。销售价格=(采购价+采购运费+跨境物流单位运费)÷(1-平台佣金费率-联盟费用)÷(1-利润率)÷银行外汇买入价=(7+8÷100+11.74)÷(1-0.05-0.05)÷(1-0.15)÷6.4=3.844(美元/件)。其中,5%的联盟费用不是所有订单都会产生,但以5%作为营销费用较为合理。

此外,还可以加入可预知风险,如可能的丢包及纠纷损失。如果按邮政小包丢包率1%来算,可以推算出:销售价格=(采购价+采购运费+跨境物流单位运费)÷(1-平台佣金费率-联盟费用-丢包率)÷(1-利润率)÷银行外汇买入价=(7+8÷100+11.74)÷(1-0.05-0.05-0.01)÷(1-0.15)÷6.4=3.888(美元/件)。

(二)竞争导向定价法

竞争导向定价法的基本依据是市场上同行相互竞争的同类商品的价格,特点是随着同行竞争情况的变化确定和调整其价格水平[1]。如想要了解某商品同行的平均售价,具体做法是:在自己想要进入的跨境电商平台搜索产品关键词,按照拟销售产品的相关质

---

[1] 吕宏晶. 跨境电子商务中产品定价的方法与技巧[J]. 对外经贸实务,2016(2):69-71.

量属性和销售条件进行筛选，依照销售量由多到少排序，可以获得销量前 10 的卖家的销售价格；如果想获得销量前 10 的卖家的平均价格，可以将销量前 10 的卖家的销售价格进行加权平均，再根据平均价格倒推上架价格。

例如，在全球速卖通买家网页，搜索产品关键词"打底裤"（leggings），依照销售量由多到少排序。如果销量前 10 的卖家的价格差别很大，参考价值有限，就需要依据销量前 10 的卖家的店铺销量等计算其价格加权平均数，得到平均售价作为参考。这种通过计算权重定价的方法，理论上行得通，但实际上应用得不多。

采用竞争导向定价法，更多地要依据商品的差异性和市场变化因素。如果企业商品进入一个新的电商平台，可以用近似商品的售价试水，并不是比竞争对手低的价格才是最好的定价。在与同行同类商品的竞争中，最重要的是不断培育自己商品的新卖点，培育新的顾客群，通过错位竞争和差别化定价，找到商品最合理的价格定位。

二、跨境电商产品的定价技巧

线上卖东西与线下有很大的不同，各个电商平台有自己的特点和适应人群、定价区间和策略。而且网上消费者有订货时间、地点分散，对商品种类、时效性的需求不同，订货批量不大等特征，经常使用的定价策略有免费策略、差别定价策略、动态订货时间不同定价策略以及联盟定价策略等，在具体运用中，跨境电商产品的价格定位有以下几个技巧。

（一）比较同一产品在不同电商平台的售价

许多产品的价格在网上已经相当透明，卖家对自己想经营的产品的价格及其变化要有较高的敏感度，可以通过对比不同跨境电商平台上相同产品的价格来定价。这种方法或技巧简单易用，但也容易引起问题。如同样的玩具，外形式样相同但材质不同，价格差别会很大，买家在不了解的情况下容易引起纠纷。因此，卖家要了解不同档次产品的市场价格。如果在跨境电商平台上没有找到与自己销售的产品完全同质的产品，可以将同类产品中材质、款式、样式类似的产品的价格作为参考；如果在电商平台上没有找到同类同质的产品，可以把利润控制在 20% 左右，作为定价依据。

（二）依据市场买家的不同特点进行定价

不同的跨境电商平台所对应的消费群体各有特点，要仔细研究市场买家特点，从而确定不同的产品价格。如果买家是经营网店或实体店的中小批发商，其特点是库存量小、产品订购频繁、产品的专业性不强，一般同时经营几条产品线，比较注重转售利润空间、卖家售后服务质量。根据这类买家的特点，小巧轻便的产品可以打包销售，设置免运费；跨境电商平台卖家的批发价一般要比国外直售单价至少低30%，给这类买家转售留下利润空间。如果买家是个人消费者，定价要稍高；如果是个人定制的产品，价格就要更高一些。作为卖方，要重视消费者行为，如上网频率、购买方式、习惯传统及对商品的喜好程度等对商品定价的影响。

（三）依据卖方企业的不同经营目标进行定价

卖方企业的经营目标不同，制定出的定价策略也会不同。比如，在进入跨境电商市场的初创时期，用户规模比较小，可以采用低价甚至免费定价策略来快速获得用户、提高流量，采用多种营销手段使访问者转化成潜在的购买者和实际购买者[①]。

如果专业化运作的专门出售某类商品的平台或网站，定位明确，有利于吸引大批忠实的消费者，在产品定价方面可以实行个性化、差别化策略，推出高、中、低三个价位：低档作为引流吸引客户，中档作为利润的主要来源，高档提升总体的品牌质量。比如，推主品牌的同时，推出子品牌或副品牌，彼此品牌形象不产生冲突；也可以在大品牌的统领下，推出三个系列，不同系列的产品价格差别很大。利用这种定价技巧可以在不流失客户的同时赚取更多的利润。

（四）依据物流费用的优惠程度进行定价

特别是新手卖家应该给予物流费用足够的重视。单位价值较低的产品，可以设置免运费，比较容易吸引客户，也便于隐藏高额单位运费。卖方在上架产品前，应对每个产品进行称重并合理设置包装方式，尽量将运费成本降到最低，让利于买家，以在价格上获得更大的竞争优势，利于产品的销售。卖方一定要提高物流反应速度，提升消费者满意度，选择高质量的第三方物流或在有足够实力的情况下发展自己的物流体系，注重商品需求与退货随机条件下的逆向物流定价策略，制定更具实效性且符合商品市场实际情况的价格策略，使成本消耗更低、收益更高。

（五）合理运用定价技巧

进行跨境电商产品定价时，可以合理运用定价小技巧，如同价销售术或分类型同价销售法、价格分割法、非整数法和弧形数字法等。同价销售术或分类型同价销售法，如设置1元、10元、50元、100元商品区等；价格分割法可以采用较小的单位报价或用较小单位商品的价格进行比较两种形式；非整数法即把商品的零售价格定为带有零头的、非整数的做法，能激发消费者的购买欲望，如将1元的价格变成0.98元；弧形数字法是指用带有弧形线条的数字进行定价，如5、8、0、3、6等。

---

① 罗小兰.B2C电子商务企业产品定价策略分析——以卓越网为例[J].网络财富，2008（8）：77-79.

第八章 跨境电商物流服务成本及产品定价

本章重点

1. 物流成本、营销成本、税务成本等跨境电商进口成本的含义和内容。
2. 平台费用、外币结汇损失、人工与办公用地成本、运输物流成本等跨境电商出口成本的含义和内容。
3. 跨境物流成本控制步骤、控制方法以及控制措施。
4. 成本导向定价法与竞争导向定价法两种跨境电商产品定价方法。
5. 跨境电商产品的定价技巧。

课后习题

1. 解释下列名词概念。
   绝对成本控制法、相对成本控制法、成本导向定价法、竞争导向定价法
2. 跨境电商在进口环节的运营成本主要有哪些？
3. 对于跨境电商进口业务，各税务相关主体的税务成本有哪些？
4. 跨境电商在出口环节的运营成本主要有哪些？
5. 跨境电商应如何进行跨境物流成本控制？
6. 比较绝对成本控制法和相对成本控制法之间的区别。
7. 简述跨境电商的成本导向定价法与竞争导向定价法。

参 考 文 献

[1] 贲莉. 基于供应链管理视角下的 H 公司物流成本管理研究 [D]. 南京：南京邮电大学，2020.

[2] 段圣贤，朱华军. 现代物流概论（第三版）[M]. 北京：电子工业出版社，2010.

[3] 公司业务. 中国明确跨境电子商务零售出口有关税收政策 [J]. 全国商情，2014（3）：3-3.

[4] 柯丽敏，洪方仁. 跨境电商理论与实务 [M]. 北京：中国海关出版社，2016.

[5] 柯颖. 物流管理 [M]. 北京：机械工业出版社，2013.

[6] 李克娜. 物流基础知识 [M]. 北京：机械工业出版社，2004.

[7] 柳东梅.中国跨境电子商务税制研究[J].财会月刊,2020(18):140-144.

[8] 罗小兰.B2C 电子商务企业产品定价策略分析——以卓越网为例[J].网络财富,2008(8):77-79.

[9] 吕宏晶.跨境电子商务中产品定价的方法与技巧[J].对外经贸实务,2016(2):69-71.

[10] 邵贵平.电子商务物流管理[M].北京:人民邮电出版社,2010.

[11] 孙雨溪.我国跨境电商中零售商品的进口税收制度及影响分析[D].上海:上海海关学院,2018.

[12] 王刚,马坤,李雨亭,等.跨境电商零售进口大比对[J].中国海关,2020(6):36-37.

[13] 魏敏婕.B2C、C2C 进口贸易我国海关税收制度研究[J].现代商业,2017(28):61-63.

[14] 项莹.我国电子商务税收政策优化研究[D].上海:上海海关学院,2020.

[15] 谢丽云.大学生跨境电商小额网络贸易创业问题分析[J].经营管理者,2017(16):252.

[16] 张彤平.新准则下的跨境电商收入确认问题研究[J].全国流通经济,2019(19):27-28.

[17] 张瑛杰.跨境电商物流成本控制的研究[J].全国商情,2018(33):18-19.

[18] 郑斌斌.基于提高供应链管理能力的物流成本控制研究[J].中国市场,2013(22):15-16.

[19] 郑成宏,聂淼.浅析企业物流成本的会计核算模式[J].商业会计,2009(22):49-50.

[20] 中华人民共和国财政部.最新企业会计准则[M].北京:中国工商出版社,2006.

第九章
跨境电商的采购与库存

本章概要

本章的主题是跨境电商的采购与库存，主要在采购和库存的基本概念的基础上，介绍了库存管理与库存决策的方法，共分为两节。第一节是跨境电商的采购，包括跨境电商采购的流程，采购管理的主要内容与步骤，采购决策的特点和作用；第二节是跨境电商的库存及库存管理，包括跨境电商库存的基本概念、分类，库存管理模式、主要管理方式，库存决策的主要内容和管理策略。

学习目标

掌握跨境电商涉及的采购的基本概念和采购流程。
了解采购管理的主要内容与步骤，采购决策的特点和作用。
掌握跨境电商库存的基本概念、分类、管理模式、主要管理方式。
了解跨境电商库存决策的主要内容和管理策略。

第一节　跨境电商的采购[①]

一、跨境电商采购的流程

跨境电商采购是指在跨境电子商务环境下，相关企业或个体借助一定的手段从资源市场获取资源的整个过程，通常表现为企业或个体购买货物与服务的行为。

跨境电商采购的流程主要分为以下6个步骤。

---

① 马述忠，卢传胜，丁红朝，等.跨境电商理论与实务[M].杭州：浙江大学出版社，2018.

（一）市场评估

跨境电商企业要开发物美价廉、适销对路、具有竞争实力的商品，以赢得顾客、占领市场、获取经济效益。在商品开发方面，跨境电商企业不仅要考虑目标市场的需求和技术上的可能性，还要考虑商品各构成部件的供应成本和供应风险。

（二）企业自制与外购决策

跨境电商企业所需的商品既可以由企业内部供应，也可以通过外购获得。商品是否涉及企业竞争优势或对企业业务是否重要是决定性因素。与此同时，环境分析结果也会为最终决策提供依据。如果所需商品涉及企业的竞争优势或对企业业务至关重要，而企业又有充足的能力，那么企业可以采取自制方式来实现内部供应。如果商品不涉及企业的竞争优势或对企业业务不是至关重要的，那么企业应尽量采用外购方式，以便将有限的资源集中在主要的经营活动中。企业自制与外购决策的流程如图9-1所示。

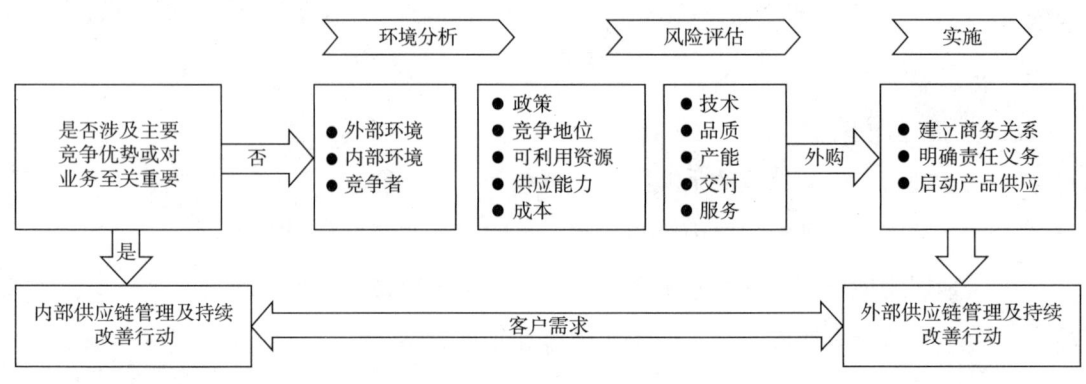

图9-1 企业自制与外购决策

（三）采购计划

跨境电商采购计划是指相关人员在了解市场供求情况、企业生产经营活动和物料消耗规律的基础上，对计划期内物料采购管理活动所做的预见性的安排和部署。

（四）供应商开发

供应商开发的主要目的是寻找合适的潜在供应商，并保证稳定、持续的供应。供应商开发首先要进行的是供应细分市场的调研和选择。根据地理区域、规模、技术和销售渠道等，可以将供应市场划分为若干供应细分市场。不同供应细分市场的风险和机会不同，一般企业会选择其中一个供应细分市场进行采购。供应商开发步骤如图9-2所示。

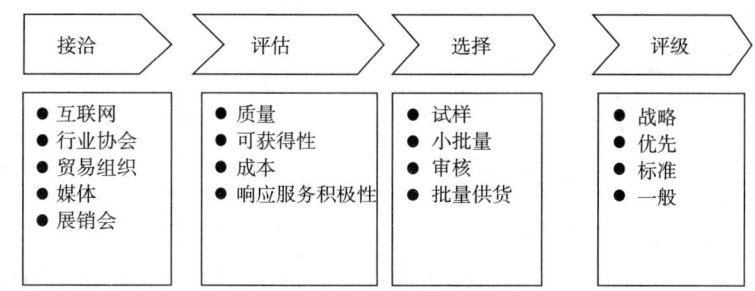

图 9-2 供应商开发步骤

（五）供应商管理

选择好合适的供应商之后，跨境电商企业需要与供应商保持密切的联系，因为供应商的能力和积极性会不断变化。供应商管理包括供应商业务管理、供应商风险管理、供应商关系管理等内容。其中，供应商关系管理最为重要。根据企业与供应商的个人关系和信任程度，企业与供应商的关系图谱如图 9-3 所示。

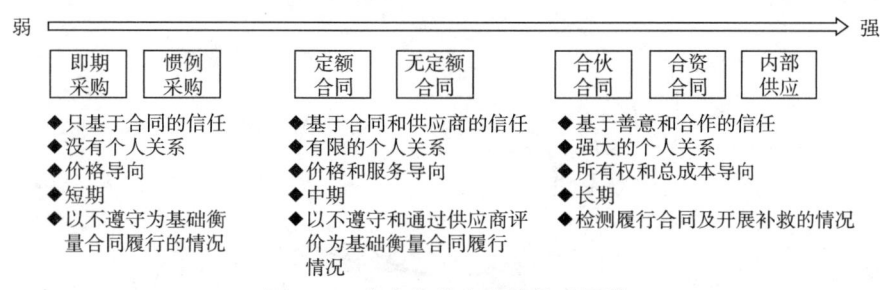

图 9-3 企业与供应商的关系图谱

（六）采购绩效考核和控制

没有控制，就不可能进行有效的管理。采购管理同样需要进行采购绩效的考核和控制。企业只有通过采购绩效考核，才能对采购工作进行评价；只有通过采购绩效控制，才能发现采购工作中的问题，从而改进采购工作。

二、跨境电商的采购管理

采购管理是跨境电商企业战略管理的重要组成部分，其目的是保证跨境电子商务的供应，满足生产经营的需要。跨境电商采购管理既包括对采购活动的管理，也包括对采购人员和采购策略的管理。

（一）选品策略

选品即选择要卖的商品。选品决定了跨境电商运营的方向，是跨境电商业务中非常重要的一个环节。跨境电商的选品策略主要有 4 种。

1. 目标市场调研

市场分为蓝海市场和红海市场两种。红海市场代表竞争激烈、竞争对手众多、利润空间有限的市场。蓝海市场代表竞争较小、需求和利润空间较大的市场。卖家选品时，要尽量避开红海市场，寻找蓝海市场。

商品的整体概念包含核心商品、有形商品、附加商品、期望商品和潜在商品5个层次，如图9-4所示。跨境电商卖家可以研究爆款商品的期望商品和潜在商品层次，寻找市场空白，开发新品。例如，Wish平台上热卖的一款蓝牙耳机。通过分析该爆款商品的用户评价，发现很多用户反馈电池容量不足。从期望商品层次分析，该爆款商品在电池容量上没有满足用户的期望。因此，商家可以开发电池容量更大的升级版蓝牙耳机，吸引原本要购买这款蓝牙耳机但苦于电池容量不足的用户。

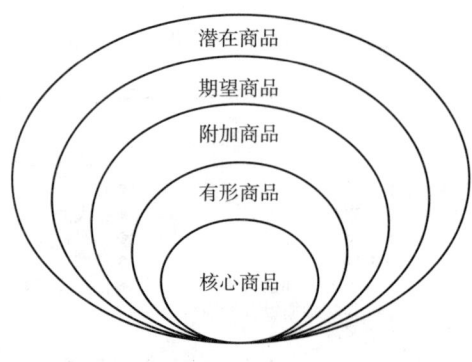

图9-4　商品的5个层次

2. 商品趋势分析

（1）以跨境电子商务平台作为搜索平台确定热销商品

进入跨境电子商务平台，输入某个关键词，搜索框就会出现"热门搜索"的关键词，把这类关键词结合第三方数据工具就可以确定热销商品。

（2）浏览网站选择热销商品

浏览相关行业的境外网站，确定热销商品。例如，通过谷歌（Google）搜索目标市场的相关行业网站，单击进入热销排行，查看热销商品，需特别关注最新款式的商品。

（3）社交媒体热词

跨境电商的核心是抓住终端客户。现在市场需求信息的最大聚集地就是社交媒体，如脸书（Facebook）、推特（Twitter）和照片墙（Instagram）等。商家应该培养使用社交媒体的习惯和兴趣，关注社交媒体的热词，掌握社交媒体上谈论最多的款式和品类，通过社交媒体抓住真正的市场风向。

3. 商品组合策略

每个商家不可能只出售一件商品,在选品的时候要有商品组合思维。商品组合策略的运用主要有以下两种方式。

(1) 确定店铺的引流款和利润款商品

引流款商品即为店铺提供流量的商品,其曝光度高,点击率高,但利润一般比较低,不是商家利润的主要来源。建议每间店铺设置 5 件左右的引流款商品,期望利润率应该设为 0~1%。利润款商品即能为店铺提供利润的商品,这类商品流量不多,但利润高,预留折扣空间应设置为 5%~20%。商家采用这种组合方式时,需要做好引流款商品与利润款商品的关联销售。

(2) 捆绑销售

以 Wish 平台上销售很火爆的一款运动相机为例,该款运动相机的单价是 10~20 美元。部分商家将该运动相机的配件(包括充电器、支架、镜头等)组合在一起售卖,经过组合系列低价的配件后,商品单价达到了 43 美元。便捷、实惠的优势往往能够吸引大量用户,因此售卖这类组合商品的商家通常能赚取可观的利润。

4. 商品生命周期

商品生命周期(product life cycle)指商品从投入市场到更新换代再到退出市场所经历的全过程,一般分为导入期、成长期、成熟期、衰退期 4 个阶段。

选品时,商家还需要考虑商品生命周期。建议商家在商品的成长期进入市场,因为在导入期,顾客对商品不太了解,销量低,扩展销路需要大量的促销费用,而在成熟期和衰退期,销售额增长缓慢甚至转为下降,竞争激烈,利润空间有限。跨境电商正常商品的生命周期为 1 年,竞争少的商品的生命周期可能为 2~3 年。

可以通过销售历史、价格趋势和排名趋势来了解商品所处的生命周期。例如,一款商品价格越来越低,排名也越来越低,销售历史显示上一年才有交易记录,说明该款商品已经步入衰退期了。

(二) 跨境供应商管理

1. 跨境供应商的分类

根据供应商提供的商品和服务在跨境电商采购环节的影响力以及供应商本身在行业和市场中的竞争力,可以将跨境供应商分为 4 类。

(1) 战略性供应商

战略性供应商是指跨境电商企业战略发展必需的供应商。这一类供应商的商品和服务非常重要，会对跨境电商企业的商品和流程运营产生重大影响，或者会影响跨境电商企业满足消费者需求的能力。同时，这类供应商具有较强的竞争力，其商品和服务通常针对具体跨境电商企业的需求，高度个性化、具有独特性。战略性供应商数量相对较少，因此供应商转换成本很高，对于跨境电商企业而言，适宜的方法是与战略性供应商建立长期的战略合作伙伴关系。

（2）有影响力的供应商

有影响力的供应商对于跨境电商企业来说通常具有较大的增值作用。这类供应商的商品具有较高的增值率，或是处于某个行业的较高地位，具有较大的进入障碍。由于此类供应商的商品通常已经建立了质量和技术标准，对于跨境电商企业而言，合理的方法主要包括根据需求形成采购规模和签订长期协议。跨境电商企业与这类供应商建立合作关系，重点在于降低成本和保证材料的可获得性。

（3）竞争性供应商

竞争性供应商的商品和服务具有某一方面技术的专有性和特殊性，具有难以替代性，属于低价值的商品和服务，在整个采购总量中所占的比重相对较低。对于此类供应商，跨境电商企业的重点在于使采购这些商品和服务所需的精力和交易尽量标准化和简单化，以降低与交易相关的成本等。

（4）普通供应商

普通供应商数量众多，对跨境电商企业具有较低的增值率。普通供应商转换成本低，跨境电商企业应该把重点放在价格分析上，即根据市场需求判断并采购最有效率的商品。比较适宜的方法是施加压力和签订短期协议。

2. 跨境供应商选择

跨境供应商选择是指跨境电商企业对现有的跨境供应商和准备发展的跨境供应商进行大致的选择，把不符合标准的跨境供应商排除在外的过程。从狭义上讲，跨境供应商选择是指跨境电商企业在研究所有的建议书和报价之后，选出一个或几个跨境供应商的过程。从广义上讲，跨境供应商选择包括跨境电商企业从确定需求到最终确定跨境供应商及评价跨境供应商的整个过程。

（1）跨境供应商选择的原则

在大多数跨境电商企业中，跨境供应商选择的基本准则是"Q.C.D.S"原则，也就是质量（quality）、成本（cost）、交付（delivery）与服务（service）相结合的原则。

①质量原则。在跨境供应商选择的原则中，质量原则是最重要的。在质量方面，主

要看质量控制的能力、质量体系稳定的能力。跨境电商企业不仅要确认跨境供应商是否具有一套稳定、有效的质量保证体系,还要确认跨境供应商是否具有生产特定商品所需的设备和工艺。

②成本原则。跨境电商企业要运用价值工程的方法对涉及的商品和服务进行成本分析,并通过双赢的价格谈判节约成本。此外,跨境电商企业还要从跨境供应商的核算能力、稳定能力上看是否有降价的空间。

③交付原则。跨境电商企业一要看跨境供应商的交付能力,二要看跨境供应商在意外情况下的紧急供货能力。同时,要了解跨境供应商是否拥有足够的生产能力,是否有充足的人力资源,有没有扩大产能的潜力。

④服务原则。跨境供应商的售前、售后服务记录也是非常重要的考虑因素。

在跨境供应商选择的流程中,跨境电商企业要对特定的细分市场进行竞争分析,了解谁是市场的领导者、目前市场的发展趋势如何、各大跨境供应商在市场中如何定位,从而对潜在供应商有一个大概的了解。另外,跨境供应商日常生产中的测量与控制能力,以及应急状态下的恢复能力也是需要考量的。跨境电商企业主要从两个方面着手:一是考量跨境供应商各种系统的兼容性;二是考量系统的安全性。根据这两个方面的实际情况,跨境电商企业就可以推测出跨境供应商推行的精益生产、价格控制等的准确性。

(2)跨境供应商选择的一般步骤

跨境供应商选择的一般步骤如图9-5所示。

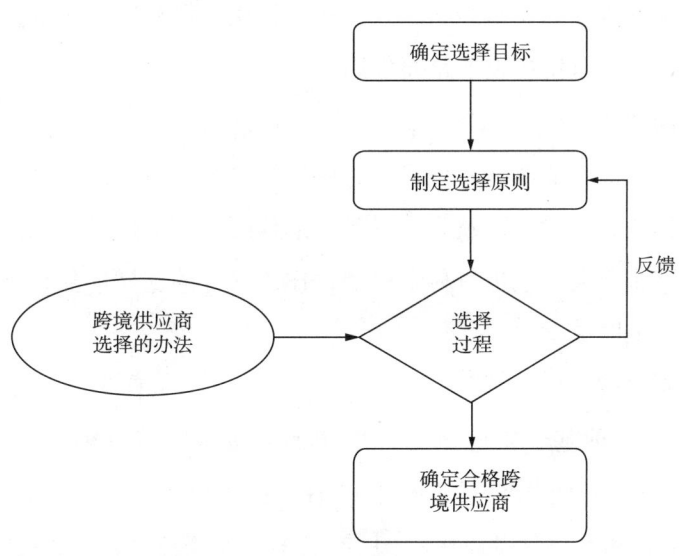

图9-5 跨境供应商选择的一般步骤

三、跨境电商的采购决策

（一）采购决策的特点

采购决策是指跨境电商企业根据经营目标，提出各种采购可行方案，再对方案进行评价和比较，按照满意性原则，对可行方案进行选择并加以实施的管理过程。采购决策是跨境电商企业决策中的重要组成部分，具有以下特点。

1. 预测性

预测性是指采购决策应对未来的采购工作作出预知和推测，应建立在对市场预测的基础之上。

2. 目的性

目的性是指任何采购决策的目的都是达到一定的采购目标。

3. 可行性

可行性是指选择的采购决策方案应是切实可行的，否则就会失去决策的意义。

4. 评价性

评价性是指通过对各种可行方案进行分析、评价，选择满意方案。

（二）采购决策的作用

跨境电商企业在经营活动中面临着大量的决策问题，决策也是管理者花费时间和精力最多的工作之一。科学的决策可以把握正确的经营方向，趋利避害，扬长避短，对于提高跨境电商企业的生存和竞争能力具有积极的作用。采购决策除了具有规避风险、增强活力等作用外，还可以发挥以下重要作用。

1. 优化采购活动

为了保证跨境电商企业实现各项目标，必须推进采购活动优化，实现采购方式、采购渠道、采购过程的最优化，以及采购资源的最佳配置。很显然，优化采购活动必须对采购活动涉及的诸多重大问题进行科学谋划，作出最佳的选择。没有科学的采购决策就不可能产生理想的采购活动。

2. 实现准时制采购

准时制采购是一种基于供应链管理思想的先进采购管理模式。跨境电商企业的准时制采购就是只在需要的时候（既不提前，也不延迟），按需要的数量，将企业所需的合格的商品和服务采购回来。只有合理的采购决策，才能使准时制采购成为可能。

3. 提高经济效益

在商品的规格、质量以及相关服务的质量等一定的情况下,准确采购可降低进价,减少库存,提高跨境电商企业的竞争力。采购活动受到诸多因素的影响,这些因素之间存在特定的关系,任何因素处理不好,都可能影响经济效益的提高,而正确处理这些影响因素的前提就是制定合理的采购决策。

(三)采购决策的方法

采购决策的方法有很多,既有定量决策的方法,也有定性决策的方法。结合跨境电商企业采购工作的实际情况,主要有两种采购决策的方法。

1. 采购人员估计法

采购人员估计法是召集一些采购经验丰富的采购人员,征求其对某一采购决策问题的看法,然后将其意见综合起来,形成决策结果的一种方法。

2. 期望值决策法

期望值决策法是根据历史资料来进行决策的一种方法。通过计算各方案的期望值,选择期望值高的方案为最优方案。

第二节　跨境电商的库存及库存管理[①]

一、跨境电商库存的基本概念

库存(inventory)有时被译为"存储"或"储备",是为了满足未来需要而暂时闲置的资源。人、财、物、信息各方面的资源都有库存问题。

跨境电商库存中的库存是指跨境电商企业在运营过程中在各个仓库点堆积的原材料、零部件、产成品和其他物资,分布在各个环节,如图9-6所示。

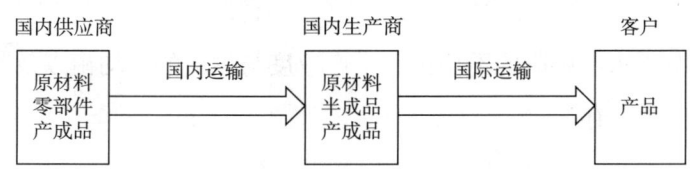

图 9-6　跨境电商中的库存示意图

[①] 谢建英. 供应链环境下跨境电商的库存管理模式探究 [J]. 营销界,2019 (29): 233, 235.

跨境电商企业根据其主要业务的不同分为各种类型。对于生产制造型企业，库存包括原材料、半成品、产成品、备件、低值易耗品等；对于商业流通型企业，库存包括用于销售的商品和用于管理的低值易耗品。

一方面，生产制造型跨境电商企业为了保证生产的连续，一般会保有原材料、备件等的库存。商品流通型跨境电商卖家的库房都需要辐射一定面积区域中的用户，这部分用户的购买需求也就是库房应该保有的库存量，一旦库房的供货能力不足或者来不及供货，就会影响销售。另一方面，任何库存都需要一定数量的维持和保管的费用，同时还存在由于商品积压或损坏而带来的库存风险。因此，跨境电商企业在库存管理中既要保持合适的库存数量以防止缺货损失、保证企业信誉，又要防止库存过高，引起库存成本大幅上升。对于跨境电商企业来说，及时清空库存、提高库存周转率对于企业盈利是非常重要的。

二、跨境电商库存的分类

跨境电商库存分类和传统库存分类基本相同，按照不同标准可以将库存分成不同类别。

（一）按存货的作用分类

1. 周转库存

是指为满足日常生产经营需要而保有的库存。周转库存量与采购量直接相关。跨境电商企业为了降低物流成本或生产成本，需要批量生产、批量采购和批量运输，就形成了周期性的周转库存。这种库存随着每天的消耗而减少，当降低到一定水平时就需要进行补充。

2. 安全库存

是指为了防止不确定因素的发生（如供货时间延迟、库存消耗速度突然加快等）而设置的库存。安全库存的大小与库存安全系数或者说库存服务水平有关。从经济性的角度看，安全系数应确定在一个合适的水平上。例如，跨境电商企业为了预防运输、关税政策等不确定因素的发生而进行的商品储备等，就是一种安全库存。

3. 调节库存

是指用于调节需求与供应的不均衡、生产速度与供应的不均衡以及各个生产阶段产出的不均衡而设置的库存。

4. 在途库存

是指处于运输以及停放在两个相邻工作地点或组织之间的库存。在途库存的大小取决于运输时间以及该期间内的平均需求。跨境电商运营中由于运输路径长，经常会产生在途库存。

（二）按生产过程分类

1. 原材料库存

是指生产制造型企业已经购买的用于产品生产，但尚未投入生产的材料。

2. 在制品库存

是指在生产线上加工的半成品和加工件。

3. 产成品库存

是指已经完工入库等待装运发货的产品。

（三）按库存所处状态分类

1. 在库库存

是指存储在仓库（包括国内仓库和海外仓）中的货物，是存货的主要形式。

2. 在途库存

是指处于生产地和存储地之间的货物。这些货物有的处于运输过程中，有的位于临时存储地。跨境电商物流由于运输距离长、运输速度慢，在途库存有时可能超过在库库存。

三、跨境电商的库存管理

（一）跨境电商库存管理的基本概念

跨境电商库存管理是指在跨境电商经营过程中对商品数量的管理，即根据外界对跨境电商企业库存的要求、企业订购的特点，预测、计划和执行补充库存的行为，并对这种行为进行控制，重点在于确定如何订货、订购多少、何时订货。

库存管理系统是生产、计划和控制库存的基础。系统通过对仓库、货位等的账务管理，以及对入（出）库类型、入（出）库单据的管理，及时反映各种物资的仓储、流动情况，为生产管理和成本核算提供依据。通过库存分析，为管理及决策人员提供库存资金占用情况、物资积压情况、短缺（超储）情况、ABC 分类情况等不同的统计分析信息。通过对批号的跟踪，实现"专批专管"，保证质量跟踪的贯通。

仓库管理与库存管理的区别在于：仓库管理主要是对仓库或库房的布置、物料运输和搬运以及存储自动化等的管理。库存管理的对象是库存项目，即企业中的所有物料，包括原材料、零部件、在制品、半成品、产成品及其辅助物料。库存管理的主要功能是在供需之间建立缓冲区，以缓和用户需求与企业生产能力之间、最终装配需求与零配件之间、零件加工工序之间、生产厂家需求与原材料供应商之间的矛盾。

（二）跨境电商库存管理的现状

跨境电商进口企业的运营成本主要包括营销成本、税务成本、物流成本（采购成本、仓储成本以及订货成本）等。而库存管理对跨境电商企业的税务成本、物流成本、采购成本、仓储成本和订货成本都有较大的影响，因此库存管理对跨境电商企业的运营至关重要。

库存管理的实质是对库存数量进行管理。过多的库存数量将占用资金，使跨境电商企业的流动资金较为紧张，投资回报率降低，而如果库存过少则会威胁到生产连续性，或难以满足消费者需求。因此对跨境电商企业来说，应当衡量资金占用成本，合理控制库存。

1. 跨境电商库存管理模式

作为跨境电商物流管理的核心环节，库存管理的最佳状态应当是既能够保障所需的物品，又能够保证库存资金量最小。当前跨境电商库存管理的模式主要有4种。

（1）传统库存管理模式

是指跨境电商各个单位在物流过程中只针对自己的库存制定管理策略，基于交易层次、由订单驱动的一种静态的库存管理模式。

（2）供应商库存管理模式

这是一种跨境电商基于战略合作贸易伙伴关系而形成的库存管理模式。由供应商对跨境电商所需要的物资进行管理，需要一定的协议来保障，而且库存成本不高，许多跨境电商近年来都采用这种模式。

（3）联合库存管理模式

这是一种基于协调中心统一调度的库存管理模式。与传统库存管理模式相对应，能够克服传统库存管理模式的缺陷，避免供应链中存在的风险，及时应对市场变化。

（4）协同式供应链库存管理模式

这种库存管理模式建立在供应链集成的集成商之上，以降低供应商的存货量，提高供应商的销售量，促进跨境电商与供应商的深入合作，消除供应链过程中的束缚。

2. 跨境电商库存管理的特征[①]

当前跨境电商的库存一般采用第三方外包仓储，也就是海外供应商库存管理模式。以联邦转运为例，其在世界范围内的各个货源地都建有货仓，形成了覆盖全球的仓储网络，因此能够进行库存标准化管理，形成科学的库存管理办法。跨境电商企业一般都配

---

① 李向阳. 促进跨境电子商务物流发展的路径 [J]. 中国流通经济，2014（10）：107–112.

套了智能简易的操作系统，通过互联网等现代通信技术，非物流专业的使用者都能方便地进行库存管理，实现信息流、物流的无缝对接。跨境库存面向的使用者千差万别，有着多种多样的要求。总体来说，针对个人与商户，可以形成两种库存管理流程，逐渐提高用户体验。在未来的发展中，跨境电商库存管理将呈现更多的个性化模块。跨境电商在库存建设方面也将投入更大比例的资金，库存管理在整个物流中的基础地位将更加凸显。

由于跨境电商的商品品种逐渐增多和升级，许多大型货物，如家居产品，很难通过航空运送，采用传统海运会增加时间成本，因此跨境电商更多地采用海外仓的形式，使商品运送给客户的时间大大缩短，吸引更多的卖家。例如，亚马逊、新蛋网等电商平台都开始鼓励中国跨境电商采用海外仓的形式，能够增强用户体验。我国跨境电商在北美、欧洲等成熟市场中较多采用海外仓的库存模式，例如，广州在英国、俄罗斯、西班牙等地自行建立了仓储中心。

（三）跨境电商库存管理的方式

跨境电商库存管理的主要方式有 ABC 分类法和基于供应商管理库存（vendor-managed inventory，VMI）的直邮模式库存管理。

1.ABC 分类法[①]

（1）简介

ABC 分类法又称帕累托分析法、主次因素分析法等，是根据事物在技术或经济方面的主要特征，对事物进行分类排队，分清重点和一般，从而有区别地确定管理方式的一种分析方法。由于它把被分析的对象分成 A、B、C 三类，所以被称为 ABC 分类法。

ABC 分类法是由意大利经济学家维尔弗雷多·帕累托首创的。1879 年，帕累托在研究个人收入的分布状态时，发现少数人的收入占全部人收入的大部分，而多数人的收入却只占一小部分。他将这一关系用图表示出来，就是著名的帕累托图。该分析方法的核心思想是在决定一个事物的众多因素中分清主次，识别出少数但对事物起决定作用的关键因素和多数但对事物影响较少的次要因素。后来，这种分析方法被不断应用于管理的各个方面。1951 年，管理学家戴克（H. F. Dickie）将其应用于库存管理，命名为 ABC 分类法。1951—1956 年，约瑟夫·朱兰将 ABC 分类法引入质量管理，用于质量问题的分析，被称为排列图。1963 年，彼得·德鲁克（P. F. Drucker）将这一方法推广到全部社会现象，使 ABC 分类法成为企业为提高效益而普遍应用的管理方法。面对纷繁

---

① 张冠男，刘丽艳，王丹. 跨境进口 B2C 电商的库存管理研究 [J]. 经济研究导刊，2017（26）：57-58.

杂乱的处理对象，如果分不清主次，眉毛胡子一把抓，其效率和效益是不可能提高的。而分清主次，抓住主要矛盾，就可以做到事半功倍。在库存管理中，这一方法的运用可以使工作效率和效益大大提高。

在跨境电商企业中，库存种类通常会很多，动辄就可能有十几万种甚至几十万种。如果对每个品种都进行盘点，不仅收效甚微，还可能出现混乱，进而造成重大损失。第一，盘点清查非常困难，而且难以确保准确性。对于非重要的材料（如低值易耗品），可能影响还不大，但对于重要材料（如产品关键部件），如果计数错误，就可能导致缺料，自然也就不可避免地影响生产，进而不能满足市场需求，丧失市场机会，失去客户。第二，存量控制困难。重要材料的存量应该重点监控，确保不断料又不积压；非重要材料由于重要性不高和资金占用量小，则可以按一定的估计量备货。

（2）ABC分类法的基本步骤

第一步，计算每一种商品的金额。

第二步，按照金额由大到小排序并列成表格。

第三步，计算每一种商品的金额占库存总金额的比例。

第四步，计算累计比例。

第五步，分类。累计比例在0~60%的，为最重要的A类商品；累计比例在60%~85%的，为次重要的B类商品；累计比例在85%~100%的，为不重要的C类商品。

（3）ABC分类法应用

将商品分为A、B、C三类后，根据其特征，实施不同的库存管理策略。三类商品的差别如表9-1所示。

表9-1 基于ABC分类法的商品分类

商品类别	A类商品	B类商品	C类商品
物理特性	重量体积大、保质期短	适中	重量体积小、性质稳定
价值	高	中	低
采购难易程度	难	中	易
需求稳定性	个性化定制、批量小、需求不稳定	中等	订单批量大、市场需求稳定、容易预测

针对三类商品应采用不同的库存管理策略。对于重量体积较大、资金占用多、采购难度大、需求量少且个性化的A类商品，如高价值奢侈品、专项产品、进口食品，应采取最经济的办法，实行重点管理，定时定量供应，严格控制库存。对于重量体积较小、资金占用少、采购难度小、需求稳定且需求量大的C类商品，如平价美妆产品，

应采取简便方法管理，固定库存量。B 类商品是指处于上述二者之间的物品，应采用一般控制、定期订货、批量供应的库存管理方法。

2. 基于 VMI 的直邮模式库存管理

直邮模式是跨境电商平台目前主要采用的物流模式。直邮模式的商品在入境时便需要清关，但不用全部报关，海关会对商品进行抽查。因此，该模式的最大优势在于对品类没有限制，无须等待资金回流。但是，直邮模式一是从下单到收货的时间较长，二是质量缺乏保证，三是丢包率高且服务质量差，会造成很差的用户体验。另外，国外较高的人工成本也会给平台带来较高的物流成本。因此，从国内平台经营者的角度出发，应将传统直邮模式与海外仓模式进行融合，基于供应链管理思想与供应商建立合作关系，采用基于 VMI 的直邮模式进行库存管理。卖家在销售目的地进行货物仓储、分拣、包装和派送的一站式控制与管理服务。具体包括头程运输、仓储管理和本地配送三个部分。头程运输，即境外商家通过海运、空运、陆运或者联运将商品运送至目的国（地）仓库。仓储管理，即境外商家通过物流信息系统远程操作海外仓储货物，实时管理库存。本地配送，即目的国（地）境内仓储中心根据订单信息，通过当地邮政或快递将商品配送给客户。

这种模式解决了传统直邮模式的缺点，但也存在一定的局限性。一是产品选择问题，不是所有产品都适用于该模式，最好是库存周转快的热销单品，否则极容易压货；二是信任问题，这种合作需要基于一定的信任，否则就会失败；三是技术问题，只有采用先进的信息技术，才能保证数据传递的及时性和准确性，而这些技术往往价格昂贵；四是存货所有权问题，由于双方的寄售关系，供应商拥有库存直到货物被售出。因此，可以选择一家专业化程度较高的第三方物流企业，充分发挥其特点与优势来管理供应商集中管理点（VMI hub）或仓库。

供应商集中管理点在整个物流系统中起到了至关重要的作用，是联系下游厂商与上游供应商的桥梁，代理供应商完成管理客户库存的工作，利用自身的资源、技术、规模优势，为整个园区的企业及其供应商提供高效、优质的服务。

四、跨境电商的库存决策[①]

（一）跨境电商库存决策的主要内容

库存决策是指企业科学、合理地确定商品库存量的活动。其目的是在保证生产和

---

① 夏天娇. EOQ 在跨境电子商务海外仓库存管理中的应用研究 [J]. 物流工程与管理，2018，40（10）：37-38，78.

销售任务完成的前提下，努力降低企业在库存商品上的资金占用和耗费。商业企业和工业企业库存决策的内容有所不同。商业企业库存决策的内容主要是确定待销商品的库存量，需要科学地预测商品销售量，科学、合理地确定商品的每次采购数量。跨境电商企业大多属于商业企业，库存决策主要包括订货方式选择和订货批量决策两个部分的内容。

订货方式选择是对定期与定量两种订货方式的选择，即在"事先确定订货时间，后确定订货数量"和"事先确定订货点，待存货降到订货点后再提出订货"之间进行选择。

订货批量决策是对经济订货量、订货批数及订货点进行选择。

库存决策的目标是使存货占用资金得到最经济、合理的利用，并对存货实施有效控制。

（二）跨境电商的库存管理策略

受跨境电商政策影响，在税务成本逐渐上升、价格竞争日趋激烈的背景下，卖家需要更进一步地优化库存管理策略来降低总体成本，维持盈利空间。

1. 盘查方式

库存管理策略与订货策略直接相关。不同的订货策略对库存水平的盘查方式不同。对库存的盘查可以是实时盘查，一旦库存水平下降到预先设定的某个值，即触发订货决策；也可以是定时盘查，当盘查所得库存水平低于预先设定的某个值时，即触发订货决策。可以借助 ERP 来设置库存低位提醒，例如，全球交易助手的库存管理模块可以根据库存管理策略和订货策略设置缺货预警。当库存水平下降到一定值时，系统会自动发出提醒，并自动生成系统采购单，库存管理人员可将其作为参考并导出，根据订货策略修改采购数量。

在实时盘查型的库存管理策略和定时盘查型的库存管理策略下，都需要决策最优库存水平和最优订货策略。最优库存水平和最优订货策略能够权衡库存成本、缺货成本和订购成本，使总体成本最低。

如果商品的单位利润高于库存成本，那么总体上可以保持较高的库存水平，以减少缺货成本。特别是当需求波动较为剧烈时，库存应该调整至更高的水平，因为较高的需求可能导致产品供不应求。而当需求波动并不是很强时，库存可以适当下调，以减少库存积压。

如果商品的单位利润低于库存成本，那么总体上应该保持较低的库存水平，以降低库存成本。特别是当需求波动较为剧烈时，库存应该调整至更低的水平，因为较低的需求会导致库存积压。而当需求波动并不是很强时，库存可以适当上调，以降低缺货成本。此时并不需要担心需求波动造成的货物积压。

实时盘查型的库存管理策略适用于需求较为稳定的商品，因为库存变化也更稳定。稳定的库存变化能保证决策者准确地把握库存水平和订购点。在稳定需求模式下，由于实时盘查型的库存管理策略的精准控制，并不容易出现缺货的情况。实时盘查型的库存管理策略关注的是仓储成本与固定订货成本和固定物流成本之间的平衡。而在定时盘查型的库存管理策略下，则要考虑需求波动对库存的影响。需求波动会导致货物发生缺货，对库存的把控会更难，定时盘查型的库存管理策略更多地关注缺货成本与库存成本之间的平衡。另外，实时盘查要求更多的人力投入，对库存系统构建的要求也较高，库存的管理成本也要高于定时盘查。

2. 产品细分管理

跨境电商产品的品类繁多，即使是专注于某个特定品类，其细分产品也可能达到上千种。因此，库存管理策略的选择不应该与商品属性相孤立，应该对不同商品的不同属性进行区别管理。在选择库存管理策略之前，卖家要事先对产品属性做好详细分析，包括需求均值、波动性、利润、订货量和固定成本等。

商品分析也是利润分析。将商品分为主打商品和次要商品两大类，主打商品不但单品利润高，而且在产品结构中占有较大比重，对利润的贡献比较大。次要商品本身利润较低，或在总体的产品结构中占比较小，对总体利润的贡献较小。对于主打商品，可以采用库存可控性更好的实时盘查型的库存管理策略，保持较高的库存水平，避免缺货的发生，在订货策略上应保证稳定的商品供应。对于次要商品，可以采用定时盘查型的库存管理策略，以降低总体成本。次要商品的少量缺货并不会给企业带来显著的利润损失，所以对这类商品应更多地关注如何高效地利用仓库、降低仓储成本。

3. 库存管理解决方案

（1）产品促销与库存清理

产品促销是指一个产品在特定时间以较低价格出售，其实质是通过增加销量来增加利润。库存清理是一种旨在减少库存的特殊销售。两者的区别在于，库存清理一般都以成本价或低于成本的价格出售。

（2）将需要清理的库存优先推荐给老客户

在低价清理库存时可以有针对性地发送邮件给特定的客户。建议给老客户发送邮件，告知他们将会对某些产品进行优惠清仓，并在产品开卖之前将优惠代码发送给他们。通过这种方式，既可以清理库存，也可以留住老客户。

（3）参与平台促销或秒杀活动

通过参与电商平台促销或秒杀活动，如亚马逊平台的 Today's Deals，可以轻松快速地清理库存。

（4）在折扣网站或拍卖网站发布换季产品

知名品牌的卖家无须在自己网站发布需要低价清理的换季产品。因为品牌的建立花费了很多时间、资金与精力，低价清仓或多或少会对品牌的声誉造成一定的冲击。可以在其他折扣网站或拍卖网站（如 eBay）发布需要清理的库存产品，也可以挂靠其他品牌名字出售，甚至转让给其他卖家出售。

本章重点

1. 跨境电商采购的基本概念和采购流程。
2. 采购管理的主要内容与步骤。
3. 采购决策的特点和作用。
4. 跨境电商库存的基本概念、分类、管理模式、主要管理方式。
5. 跨境电商库存决策的主要内容和管理策略。

课后习题

1. 解释下列名词概念。

跨境电商采购、库存、跨境电商库存管理

2. 简述跨境电商采购的基本流程。
3. 跨境电商在采购选品时应遵循什么策略？
4. 简述跨境供应商的分类和选择原则。
5. 简述 ABC 分类法的基本步骤及应用。
6. 跨境电商的库存管理策略有哪些？

参 考 文 献

[1] 李向阳. 促进跨境电子商务物流发展的路径 [J]. 中国流通经济编辑部, 2014 (10): 107-112.

[2] 马述忠, 卢传胜, 丁红朝, 等. 跨境电商理论与实务 [M]. 杭州: 浙江大学出版社, 2018.

[3] 孙韬. 跨境电商与国际物流——机遇、模式及运作 [M]. 北京: 电子工业出版社, 2017.

[4] 夏天娇. EOQ 在跨境电子商务海外仓库存管理中的应用研究 [J]. 物流工程与管理, 2018, 40 (10): 37-38, 78.

[5] 谢建英. 供应链环境下跨境电商的库存管理模式探究 [J]. 营销界, 2019 (29): 233, 235.

[6] 张冠男, 刘丽艳, 王丹. 跨境进口 B2C 电商的库存管理研究 [J]. 经济研究导刊, 2017 (26): 57-58.

第十章
跨境电商物流中的海关清关

本章概要

本章的主题是跨境电商物流中的海关清关,介绍了海关的性质和职能,并选择重点国家介绍了其海关清关要求及报关流程,对关税的性质及海关退税流程进行了阐述,共分为五节。第一节是海关的性质、职能和权力;第二节是报关的基本流程,主要包括申报、查验、放行;第三节介绍了一达通外贸综合服务平台的通关服务,包括一达通准入条件、开通一达通的方法、一达通服务流程、一达通通关服务流程;第四节是关税与海关退税流程,介绍了关税的概念与分类,关税的计算方式,退税的种类、范围、计算方法、基本流程;第五节是常见的海关清关问题,包括海关扣关、清关不利、快件退回、买家拒绝支付关税、侵犯知识产权等。

学习目标

掌握海关清关基本概念和术语,了解海关的性质、职能和权力。

熟悉报关的基本流程与具体操作。

了解一达通外贸综合服务平台的准入条件、开通方法、服务流程、通关流程。

掌握关税的概念与分类,掌握关税的计算方式,掌握退税的种类、范围、计算方法、基本流程。

了解常见的海关清关问题及解决方法。

第一节　海关的性质、职能和权力[①]

一、海关的性质

海关是依据本国（地区）的法律、行政法规行使进出口监督管理职权的国家行政机关。英语"customs"一词，最早是指商人贩运商品途中缴纳的一种地方税捐，带有"买路钱"或港口、市场"通过费""使用费"的性质。这种地方税捐取消后，"customs"一词专指政府征收的进出口税，征收进出口税的政府机构即海关，是对出入关境的一切商品和物品进行监督、检查并照章征收关税的国家机关。

最早的海关机构出现在公元前5世纪中叶的古希腊城邦雅典。11世纪后，西欧威尼斯共和国成立了以"海关"命名的机构即威尼斯海关。中国海关历史悠久，早在西周和春秋战国时期，古籍中已有关于"关和关市之征"的记载。秦汉时期我国进入统一的封建社会，对外贸易发展迅速。西汉元鼎六年（公元前111年），在合清等地设关。宋、元、明时期，先后在广州、泉州等地设立市舶司。清政府宣布开放海禁后，于康熙二十三年至二十四年（公元1684—1685年），首次以"海关"命名，先后设置粤（广州）、闽（福州）、浙（宁波）、江（上海）四海关。1840年鸦片战争后，中国逐渐丧失关税自主权、海关行政管理权和税款收支保管权，海关变成半殖民地性质的海关，长期被英、美、法、日等帝国主义国家控制把持，成为西方列强掠夺中国的一个重要工具。直至1949年中华人民共和国成立以后，人民政府接管海关，宣告受帝国主义控制的半殖民地海关历史结束，标志着社会主义性质海关的诞生。中华人民共和国政府对原海关机构和业务进行彻底变革，经历了曲折的发展过程，逐步完善了海关建制。

我国以立法的形式明确规定了中国海关的性质和任务。我国海关法第2条规定：中华人民共和国海关是国家的进出关境（以下简称"进出境"）监督管理机关。这一规定明确了海关的性质，包括了以下3层含义。

（一）海关是国家的行政机关

海关是国家的行政机关，从属于国家行政管理体制，属于我国国务院的直属机构，

[①] 郭秀君. 海关理论与实务[M]. 北京：清华大学出版社，2014.

海关对内、对外代表国家依法独立行使行政管理权。

（二）海关是国家进出境监督管理机关

海关依照有关法律、行政法规并通过法律赋予的权力，制定具体的行政规章和行政措施，对特定领域的活动开展监督管理，以保证其按国家的法律规范进行。

海关实施监督管理的范围是进出关境及与之有关的活动，监督管理的对象是所有进出境的运输工具、货物、物品。

关境（customs territory，customs boundary）是世界各国海关通用的概念，指适用于同一海关法或实行同一关税制度的领域。《国际海关术语汇编》中定义关境为一个国家的海关法得以全部实施的区域。在一般情况下，关境与国境的关系分为三种：①关境的范围等于国境。②关境的范围大于国境。对于结成关税同盟的国家，其成员国之间货物进出国境不征收关税，只对来自和运往非同盟成员国的货物在进出共同关境时征收关税，此时应认为每个成员国的关境大于国境，如欧盟。③关境的范围小于国境。通行的观点认为，若在国内设立了自由港、自由贸易区等特定区域，由于进出这些特定区域的货物都是免税的，因而该国的关境小于国境。

关境与国境一样，包括其领域内的领水、领陆和领空，是一个立体的概念。我国的关境范围是除享有单独关境地位的地区以外的中华人民共和国的全部领域，包括领水、领陆和领空。目前我国的单独关境有香港，澳门和台湾、澎湖列岛、金门岛、马祖岛单独关税区。在单独关境内，其各自执行单独的海关制度。因此，我国的关境小于国境。本教材所称的"进出境"除特指外均指进出我国关境。

（三）海关的监督管理是国家行政执法活动

海关通过法律赋予的权力，对特定范围内的社会经济活动进行监督管理，并对违法行为依法实施行政处罚，以保证这些社会经济活动依照国家的法律规范进行。因此，海关的监督管理是保证国家有关法律、法规实施的行政执法活动。我国海关执法的依据是我国海关法和其他有关法律、行政法规。海关事务属于中央立法事权，立法者为全国人大及其常务委员会。海关总署也可以根据法律和国务院的法规、决定、命令制定规章，作为执法依据的补充。省、自治区、直辖市人民代表大会和人民政府不得制定海关法律规范。地方法规、地方规章也不是海关执法的依据。

二、海关的职能

各国政治、经济情况不尽相同，海关职能也有差异，同一国家在各个历史时期的海关职能也在不断变化，但以下几项职能是绝大多数国家海关都具备的。

第一，对进出口货物、旅客行李和邮递物品、进出境运输工具实施监督管理。有的称作通关管理，有的称作保障货物、物品合法进出境管理。

第二，征收关税和其他税费。许多国家的海关除征收关税外，还在进出口环节代征国内税费，例如，增值税、消费税和石油税等。有些国家的海关还征收反倾销税、反补贴税和进口商品罚金等。

第三，查缉走私。各国海关都对逃避监管、商业瞒骗、偷逃关税等行为进行查缉。尤其对于禁止走私和限制进出境的货物、物品，特别是毒品，每一个国家海关都加大查缉力度。

此外，部分或个别国家的海关还具有一些特殊职能，如编制对外商品贸易统计、保税管理、沿海巡逻警戒等。21世纪初，有些国家除对传统的有形贸易（实物贸易）进行监管外，还对无形贸易（服务贸易）进行监管。许多国家政府指令该国海关履行国际出口管制制度，即对高科技产品、导弹技术产品、核相关双重用途产品、生化武器、常规武器、环境污染物质和有毒废料、濒危物种、文物等进行管理。

根据我国海关法的规定，中国海关具有监管、查缉走私、征税、编制进出口贸易海关统计资料和出入境检验检疫管理五项基本职能。这五项基本职能构成了海关对进出境活动的相辅相成的监督管理体系。监管职能是基础；查缉走私、征税、编制进出口贸易海关统计资料和出入境检验检疫管理等职能一方面体现了监管职能的要求，另一方面也为实现监管职能提供了有力的保障[①]。

（一）监管[②]

海关监管是指海关根据海关法及相关法律、法规规定，对进出境运输工具、货物、行李物品、邮递物和其他物品及其相关进出境行为使用不同管理制度而采取的一种行政管理行为，其目的在于保证一切进出境行为、活动符合国家政策和法律的规范，以维护国家主权、利益和国内市场的稳定以及公平竞争。监管是海关最基本的职能，是其他职能的基础和根基，海关的其他职能都必须依赖于监管工作的顺利执行。在监管环节，海关需要监督国家各项对外贸易制度的实施，如进出境国家管制制度、外汇管理制度、出入境检验检疫制度、文物出口管理制度等，从而在政治、经济、文化、道德、公众健康等方面维护国家利益。

---

① 刘琼华，金晓严. 国际物流与货运代理[M]. 重庆：重庆大学出版社，2011.
② 徐晨，郑俊田. 海关管理研究[M]. 北京：对外经济贸易大学出版社，2012.

根据监管对象的不同，海关监管可分为对货物的监管、对物品的监管和对运输工具的监管三大体系，每个体系都有其独特的管理程序和方法。

（二）查缉走私

查缉走私是海关为保证顺利履行进出境监管职能而采取的保障措施。查缉走私是指海关依照法律赋予的权力，在海关监管区和附近的沿海、沿边规定地区，为预防、制止、打击走私行为，以实现对走私活动的综合治理而采取的各项活动。走私是指违反海关法及有关法律、行政法规，逃避海关监督，偷逃应纳税款，逃避国家有关进出境的禁止性管理，非法运输、携带、邮寄国家禁止、限制进出口或者依法应当缴纳税款的货物、物品进出境以及特定减免税货物和其他海关监管货物、物品、进出境的境外运输工具在境内销售的行为。走私在主观上逃避监管，并以偷逃关税、牟取暴利为目的，扰乱宏观经济秩序，冲击民族工业，腐蚀干部群众，毒化社会风气，引发违法犯罪，对国家危害性极大，必须予以严厉打击。

（三）征税

进出口税费是指海关代表国家向准许进出口的货物、进出境物品征收的一种间接税，包括关税、增值税、消费税、船舶吨税和海关监管手续费等进出口环节中海关征收的税、费，其中增值税、消费税、船舶吨税属于海关代征的进口环节税。依法征收关税和其他税费是我国海关法明确规定的海关的重要任务之一，是赋予海关的重要权力之一，也是国家保护国内经济、实施财政政策、调整产业结构、发展进出口贸易的重要手段。

关税是国家财政收入的重要来源，也是国家进行宏观调控的重要工具。关税的征收主体是国家，我国海关法明确将征收关税的权力赋予海关，由海关代表国家行使征收关税的职能。海关征税工作的基本法律依据是《中华人民共和国海关法》《中华人民共和国进出口关税条例》等。海关通过执行国家制定的关税政策，对进出口货物、进出境物品征收关税。

（四）编制进出口贸易海关统计资料

海关统计资料以实际进出口货物作为统计和分析的对象，通过收集、整理、加工处理进出口货物报关单或经海关核准的其他申报单证，对进出口货物的不同指标分别进行统计和分析，以全面、准确地反映对外贸易的运行态势，及时提供统计信息和咨询，反映国家对外贸易方针、政策实行的实际情况，以便实施有效的统计监督，促进对外贸易的发展。根据有关规定，我国现在将海关统计数据作为国家正式对外公布的进出口统计数据。我国海关的统计制度规定，对于引起我国境内货物资源储备增加或减少的进出口货物，均列入海关统计；对于部分不能列入海关统计的进出境货物和物品，则根据我国对外贸易管理和海关管理的需要实施单项统计。

海关统计是国家进出口货物贸易统计、国民经济统计的组成部分，是国家制定对外贸易政策、进行宏观调控、实施海关严密高效管理的重要依据，是研究我国对外关系和国际经济贸易关系发展的重要资料。

（五）出入境检验检疫管理

根据国家机构改革方案，自2018年4月20日起，出入境检验检疫职能和队伍整体划入海关。口岸公共卫生、国门生物安全、进出口食品安全和进出口商品安全等出入境检验检疫主要职能，成为新海关在传统安全风险防控外延伸的范围。

1. 口岸公共卫生（国境卫生检疫）职能

口岸公共卫生（国境卫生检疫）职能，是指包括出入境人员卫生检疫、传染病监测、特殊物品监管、核生化反恐、交通工具卫生监管、卫生监督和卫生处理等在内的工作。主要范围包括：

①对出入境的人员、交通工具、集装箱、行李、货物、邮包等实施医学检查和卫生检查。

②对未染有检疫传染病或已实施卫生处理的交通工具，签发入境或者出境检疫证。

③对入境、出境人员实施传染病监测，有权要求出入境人员填写健康申明卡，出示预防接种证书、健康证书或其他有关证件。对患有鼠疫、霍乱、黄热病的出入境人员，应实施隔离留验。对患有艾滋病、性病、麻风病、精神病、开放性肺结核的外国人应阻止其入境。对国境口岸和停留在国境口岸的出入境交通工具的卫生状况实施卫生监督，包括：监督和指导对啮齿动物、病媒昆虫的防除；检查和检验食品、饮用水及其储存、供应运输设施；监督从事食品、饮用水供应的从业人员的健康状况；监督和检查垃圾、废物、污水、粪便、压舱水的处理；可对卫生状况不良和可能引起传染病传播的因素采取必要措施。

④对来自疫区、被传染病污染、发现传染病媒介的出入境交通工具、集装箱、行李、货物、邮包等物品进行消毒、除鼠、除虫等卫生处理。

2. 国门生物安全（进出境动植物检疫）职能

国门生物安全（进出境动植物检疫）职能是指为防止动物传染病、寄生虫病和植物危险性病、虫、杂草以及其他有害生物传入、传出国境，保护农、林、牧、渔业生产和人体健康，促进对外经济贸易的发展，依法对进出境的动植物、动植物产品和其他检疫物、动植物、动植物产品和其他检疫物的装载容器、包装物，以及来自动植物疫区的运输工具实施检疫。

需要依法实施进出境动植物检疫的情形包括：进境、出境、过境的动植物、动植物产品和其他检疫物；动植物、动植物产品和其他检疫物的装载容器、包装物、铺垫材料；来自动植物疫区的运输工具；进境拆解的废旧船舶；有关法律、法规、国际条约或合同约定应实施检疫的货物、物品。

检疫要求：对于国家列明的禁止进境物作退回或销毁处理；对进境动物、动物产品、植物种子、种苗及其他繁殖材料实行进境检疫许可制度，在签订合同之前，先办理检疫审批；对出境动植物、动植物产品或其他检疫物的生产、加工、存放过程实施检疫监管；对过境运输的动植物、动植物产品和其他检疫物实行检疫监管；对携带、邮寄动植物、动植物产品和其他检疫物的进境实行检疫监管；对来自疫区的运输工具，实施现场检疫和有关消毒处理。

进境动植物检验检疫措施包括：风险分析、检疫准入、注册登记、检疫审批、申报、口岸查验、实验室检测、检疫处理、隔离检疫、后续监管、应急处置和响应。

3. 进出口食品安全职能

进出口食品安全职能是指为保护人类、动植物生命和健康，根据《中华人民共和国食品安全法》及其实施条例、《中华人民共和国进出口商品检验法》及其实施条例、《中华人民共和国进出境动植物检疫法》及其实施条例和《国务院关于加强食品等产品安全监督管理的特别规定》等法律法规的规定，对进出口食品实施检验检疫及监督管理。该职能基于风险分析、符合国际惯例的进口食品安全保障体系，以及源头备案、过程监督、产品抽检、符合我国实际的出口食品安全监管体系，是把好进出口食品国门安全的关键。

（1）进口食品安全

进口前环节制度：出口国食品安全管理体系审查制度（出口国官方政府）、出口食品生产企业注册管理制度（企业主体责任）、出口商备案制度、进口商备案制度、官方证书制度、进口商对境外生产企业审核制度、进境动植物源性食品检疫审批制度、进口境外预先检验制度、优良进口商认定制度9项。

进口环节制度：合格证明材料制度（企业主体责任）、检验检疫申报制度、口岸检验检疫监管制度（监管责任）、安全风险监测制度、风险预警快速反应制度、指定口岸制度、第三方检验机构认定制度（激励企业落实主体责任）7项。

进口后环节制度：回顾性检查管理制度（出口国政府主体责任）、进口销售记录制度（监管责任）、召回制度、不良记录制度（企业主体责任）、责任约谈制度5项。

（2）出口食品安全

原料环节监管制度：出口食品原料种养殖场备案制度、出口食品原料基地疫病疫情监测制度、出口食品原料基地有害物质监控制度3项。

生产加工环节监管制度：出口食品生产企业备案制度、出口食品分类管理制度、出口食品生产企业安全管理责任制度3项。

出口检验检疫制度：监督抽检制度、风险预警制度、追溯召回制度3项。

4. 进出口商品安全（进出口商品检验）职能

进出口商品安全（进出口商品检验）是指确定列入法检目录的进出口商品是否符合国家技术规范强制性要求的合格评定活动。

合格评定程序为抽样、检验和检查，评估、验证和合格保证，注册、认可和批准，以及各项的组合。

三、海关的权力

海关法在规定了海关的基本职能的同时，为保证海关各项职能的实现，赋予了海关许多相关的权力。海关的权力是指海关法和相关法律、行政法规赋予海关的对进出境运输工具、货物、物品进行监督管理的权力。海关的权力为海关职能的实现提供保障，又不超过职能行使的范围。海关权力隶属行政权力，其行使具有一定的范围和条件，并应当接受执法监督。

（一）海关权力的特点

1. 特定性

特定性包括两个方面的含义。一方面，主体的特定性，我国海关法第2条规定，海关是国家的进出关境监督管理机关。这从法律上明确了海关享有对进出关境活动进行监督管理的行政主体资格，具有进出关境监督管理权。其他任何机关、团体、个人都不具备行使海关权力的资格。另一方面，海关行使权力应在特定范围之内，此权力只适用于进出关境监督管理领域而不适用于与进出关境无关的各项活动或行为。

2. 独立性

我国海关法第3条规定，海关依法独立行使职权，向海关总署负责。这明确了我国海关的垂直领导管理体制，海关行使职权只对法律和上级海关负责，不受地方政府、其他机关、企事业单位或个人干预。我国海关法第7条规定，各地方、各部门应当支持海关依法行使职权，不得非法干预海关的执法行动。此规定确保了海关在行政所属关系及执法上保持了绝对的独立性，而且在行使权力时不会受到非法干预的影响。

3. 强制性

海关行政行为是由海关代表国家以国家的名义实施的。海关权力的行使以国家法律和国家为后盾，具有强制性。如果管理相对人不服从海关监督管理或妨碍海关行使职权，将受到相应的法律制裁。同时，此强制性体现在海关权力的效力上，即海关行政行为一经做出，就应推定符合法律规定，对海关本身和海关管理相对人都具有约束力。没有被国家执法机关宣布为违法或者无效之前，即使管理相对人认为海关行政行为侵犯其合法性及合法权益，也必须遵守和服从。

（二）海关权力的具体内容

根据我国海关法及有关法律、行政法规的规定，海关的权力包括以下几点：

1. 行政许可权

行政许可权是指行政主体根据行政相对人的申请，通过签发许可证件或执照的形式，依法赋予特定的行政相对人从事某种活动或实施某种行为的权力或资格的行政行为。这种许可既包括对相对人一般义务的豁免，也包括允许其从事某种特定活动或从事某种特定行为。具体包括对特定地区、特定企业或有特定用途的进出口货物减征或免征关税；对企业报关权的许可；对报关员的报关从业许可；等等。

2. 行政征收权

行政征收权是指海关根据国家有关进出境的各项法律、法规的规定，征收与进出口行为直接相关的各项税费的权力，主要包括进出口关税、进口环节增值税和消费税、海关监管手续费、滞报金、滞纳金等。

3. 行政强制权

行政强制权是指海关为了履行对进出境活动进行监督管理的职能而根据规定对行政相对方采取行政强制的权力。这种强制主要是为了掌握和了解有关信息，以采取合法、合理且有效的办法对进出口活动进行管理。根据我国海关法规定，行政强制权具体包括：

（1）检查权

即海关可以检查进出境运输工具；检查有走私嫌疑的运输工具和有藏匿走私货

物、物品嫌疑的场所；检查走私嫌疑人的身体。海关对进出境运输工具的检查不受海关监管区域的限制；对走私嫌疑人身体的检查，应在海关监管区和海关附近沿海沿边规定地区内进行；对于有走私嫌疑的运输工具和有藏匿走私货物、物品嫌疑的场所，在海关监管区和海关附近沿海沿边规定地区内可直接检查，超出这个范围，在调查走私案件时，须经直属海关关长或者其授权的隶属海关关长批准才能进行检查，但不能检查公民住处。

（2）查验权

海关对进出境货物、物品可以查验和限制。

（3）查阅、复制权

包括查阅进出境人员的证件，查阅、复制与进出境运输工具、货物、物品有关的合同、发票、账册、单据、记录、文件、业务函电、录音录像制品和其他有关资料。

（4）查问权

海关有权对违反我国海关法或者其他有关法律、行政法规的嫌疑人进行查问，调查其违法行为。

（5）查询权

海关在调查走私案件时，经直属海关关长或者其授权的隶属海关关长批准，可以查询案件涉嫌单位和涉嫌人员在金融机构、邮政企业的存款、汇款。

（6）连续追缉权

进出境运输工具或者个人违抗海关监管逃逸的，海关可以连续追至海关监管区和海关附近沿海沿边规定地区以外，将其带回处理。这里所称的逃逸，既包括进出境运输工具或者个人违抗海关监管，自海关监管区和海关附近沿海沿边规定地区向内（陆地）一侧逃逸，也包括向外（海域）一侧逃逸。海关行使追缉权时需保持连续状态。

（7）佩带和使用武器权

海关为履行职责，可以配备武器。海关工作人员佩带和使用武器的规定，由海关总署会同国务院、公安部制定，报国务院批准。1989年6月，海关总署、公安部联合发布《海关工作人员使用武器和警械的规定》。根据规定，海关使用的武器包括轻型枪支、电警棍、手铐以及其他经批准可使用的武器和警械。使用范围为执行缉私任务时，使用对象为走私分子和走私嫌疑人。使用条件必须是在不能制服被追缉逃跑的走私团体或遭遇武装掩护走私，不能制止以暴力劫夺查扣走私货物、物品和其他物品以及以暴力抗拒检查、抢夺武器和警械、威胁海关工作人员生命安全，非开枪不能自卫时。

（8）稽查权

海关稽查是指海关为了保证进出口行为的合法性和真实性而采取的对与进出口行为相关的企业、单位的会计账册、凭证和有关报关单证资料进行审计的海关监督措施。根据我国海关法规定，自进出口货物放行之日起3年内或者在保税货物、减免税进口货物的海关监管期限内及其后的3年内，海关可以对与进出口货物直接有关的企业、单位的会计账簿、会计凭证、报关单证以及其他有关资料和有关进出口货物实施稽查。《中华人民共和国海关稽查条例》规定，海关进行稽查时，可以行使下列职权："（一）查阅、复制被稽查人的账簿、单证等有关资料；（二）进入被稽查人的生产经营场所、货物存放场所，检查与进出口活动有关的生产经营情况和货物；（三）询问被稽查人的法定代表人、主要负责人员和其他有关人员与进出口活动有关的情况和问题；（四）经直属海关关长或者其授权的隶属海关关长批准，查询被稽查人在商业银行或者其他金融机构的存款账户。""发现被稽查人有可能转移、隐匿、篡改、毁弃账簿、单证等有关资料的，经直属海关关长或者其授权的隶属海关关长批准，可以查封、扣押其账簿、单证等有关资料以及相关电子数据存储介质。""发现被稽查人的进出口货物有违反海关法和其他有关法律、行政法规规定的嫌疑的，经直属海关关长或者其授权的隶属海关关长批准，可以查封、扣押有关进出口货物。"

（9）扣留权

对于违反我国海关法或者其他有关法律、行政法规的进出境运输工具、货物和物品有关的合同、发票、账册、单据、记录、文件、业务函电、录音录像制品和其他资料，可以扣留；在海关监管区和海关附近沿海沿边规定地区，对有走私嫌疑的运输工具、货物、物品和走私犯罪嫌疑人，经直属海关关长或者其授权的隶属海关关长批准，可以扣留，对走私犯罪嫌疑人的扣留时间不超过24小时，在特殊情况下可以延长至48小时；在海关监管区和海关附近沿海沿边规定地区以外，对其中有证据证明有走私嫌疑的运输工具、货物、物品可以扣留。海关对查获的走私罪案件，应扣留走私犯罪嫌疑人，移送走私犯罪侦查机构。

（10）变价抵缴权

进出口货物的纳税义务人、担保人超过规定期限未缴纳税款的，经直属海关关长或者其授权的隶属海关关长批准后可以：①书面通知其开户银行或者其他金融机构从其存款内扣缴税款；②将应税货物依法变卖，以变卖所得抵缴税款；③扣留并依法变卖其价值相当于应纳税款的货物或者其他财产，以变卖所得抵缴税款。

4. 其他行政权力

（1）行政命令权

如对违反有关海关法律规定的企业责令限期改正等。

（2）行政奖励权

如对举报或者协助海关查获违反我国海关法案件的有功单位和个人给予精神的或者物质的奖励。

（3）行政裁定权

海关可以根据对外贸易经营者提出的书面申请，对拟作进口或者出口的货物预先作出商品归类等行政裁定。

（4）行政复议权

是指有权复议的海关（海关总署、各直属海关）对相对人不服海关行政行为进行复议的权力。

（5）行政处罚权

对尚未构成走私罪的违法当事人处以行政处罚。包括对走私货物、物品及违法所得处以没收，对有走私行为和违反海关监管规定行为的当事人处以罚款，对有违法情况的报关企业和报关员处以暂停或取消报关资格的处罚，等等。

第二节 报关的基本流程

跨境电商零售进口商品申报前，电子商务企业或电子商务交易平台企业、支付企业、物流企业应当分别通过跨境电商通关服务平台（以下简称"服务平台"）如实向海关传输交易、支付、物流等电子信息。

一般来说，跨境电商出口报关需要经过6个步骤：①跨境电商企业在服务平台上备案；②货物售出后，电商、物流、支付企业向服务平台提交订单、支付、物流"三单"信息；③服务平台完成"三单"比对，自动生成货物清单，并向"中国电子口岸"发送清单数据；④货物运往跨境电子商务监管仓库；⑤海关通过服务平台审核，确定单货相符后，货物放行出口；⑥跨境电商企业凭报关单向税务局申请退税。

电商企业或其代理人应提交《中华人民共和国海关跨境电商零售进出口商品申报清

单》(以下简称《申报清单》),出口采取"清单核放、汇总申报"方式办理报关手续。

所谓"清单核放、汇总申报"是指跨境电商零售商品出口后,电子商务企业或其代理人应当于每月10日前(当月10日是法定节假日或者法定休息日的,顺延至其后的第一个工作日,12月的清单汇总应当于当月最后一个工作日前完成),将上月(12月为当月)结关的《申报清单》依据清单表头同一收发货人、同一运输方式、同一运抵国、同一出境口岸,以及清单表体同一10位海关商品编码、同一申报计量单位、同一币制规则进行归并,汇总形成《中华人民共和国海关(出)口货物报关单》向海关申报。

《申报清单》《中华人民共和国海关进(出)口货物报关单》应当采取通关无纸化作业方式进行申报。

《申报清单》的修改或者撤销,参照海关关于《中华人民共和国海关进(出)口货物报关单》修改或者撤销的有关规定办理。

一、申报

发货人根据出口合同的约定,按时、按质、按量准备好货物后,向运输公司办理租船订舱手续,准备向海关办理报关手续,或委托专业(代理)报关公司办理报关相关手续。

若委托专业(代理)报关公司代理申报,卖家应该在货物出口之前在出口岸就近向专业(代理)报关公司办理委托报关手续。接受委托的专业(代理)报关公司向委托单位收取正式的报关委托书,报关委托书以海关要求的格式为准。

提前准备好报关用的单证能够保证出口货物的顺利通关。一般来说,报关所需的单证包括出口货物报关单、托运单(即下货纸)、发票一份、贸易合同一份、出口收汇核销单及海关监管条件涉及的各类证件。

在申报的时候,需要注意两点:出口货物的报关时限为装货24小时以前;不需要征税费、查验的货物,自接受申报起1日内办结通关手续。

二、查验

查验是指海关将实际货物与报关单证进行核对,查验申报环节所申报的内容是否与查证的单货一致,并查证是否存在瞒报、伪报和申报不实等问题。海关通过查验可以对申报审单环节提出的疑点进行验证,为征税、统计和后续管理提供监管依据。

海关查验货物后,要填写验货记录,内容包括查验时间、地点、进出口货物的收发货人或其代理人名称、申报货物情况、货物的运输包装情况（如运输工具的名称、集装箱号、尺码和封号）、货物名称规格型号等。

需要查验的货物自接受申报起 1 日内开出查验通知单，自具备海关查验条件起 1 日内完成查验，除需缴税外，自查验完毕 4 小时内办结通关手续。

根据我国海关法的有关规定，进出口货物除国家另有规定外，均应征收关税。关税由海关依照海关进出口税则征收。需要征税费的货物，自接受申报 1 日内开出税单，并于缴核税单 2 小时内办结通关手续。

三、放行

对于一般出口货物，发货人或其代理人向海关如实申报并如实缴纳相关税款和费用后，海关会在出口装货单上加盖"海关放行章"，出口货物的发货人或其他代理人凭此装船起运出境。

若申请出口货物退关，发货人应当在退关之日起 3 天内向海关申报退关，经海关核准后方能将货物运出海关监管场所。

海关放行后，在出口退税专用报关单上加盖"验讫章"和已向税务机关备案的海关审核出口退税负责人的签章，退还报关单位。报关单的有关内容必须与船公司传送给海关的舱单内容一致，才能顺利地核销退税。对海关接受申报并放行后，由于运输工具配载等原因，部分货物未能装载上原申报的运输工具的，出口货物发货人应及时向海关递交《出口货物报关单更改申请单》及更正后的箱单发票、提单副本进行更正，保证报关单上内容与舱单内容一致。

第三节 一达通外贸综合服务平台的通关服务

深圳市一达通企业服务公司（以下简称"一达通"）是阿里巴巴旗下的外贸综合服务平台，也是我国专业服务于中小微企业的外贸综合服务行业的开拓者和领军者，为中小企业提供专业、低成本的通关、外汇、退税及配套的物流和金融服务。

一达通通关服务快捷简单；外汇服务安全高效、结算快、成本低；退税服务办理合规，最快 3 个工作日到账。

一、一达通准入条件

一达通对申请企业、出口产品及开票人资质均有一定的要求,只有符合要求的才可享受一达通服务,具体要求如表10-1所示。

表10-1 一达通准入条件

项目	具体要求
企业类型	非境外(中国香港、中国台湾地区除外);个人或非出口综合服务尚未覆盖地区企业(如福建莆田等)
出口产品	出口的产品在一达通可以出口的产品范围内
开票人资质	与一达通签约的企业注册地在浙江省的,开票人要求为:生产型工厂,具有一般纳税人资格且一般纳税人认定时间大于等于6个月;委外加工型企业,需具有一般纳税人工厂资格、具备出口产品的生产线、具备最后加工的环节
	与一达通签约企业注册地在福建省的,开票人要求为:生产型工厂,具有一般纳税人资格,一般纳税人认定时间大于等于1年
	与一达通签约企业注册地在河南省的,开票人要求为:生产型工厂,具有一般纳税人资格,一般纳税人认定时间大于等于2年
	与一达通签约企业注册地在其他省份的,开票人要求为:生产型工厂,具有一般纳税人资格,一般纳税人认定时间大于等于2年,且开票人注册地非内蒙古赤峰巴林右旗、福建莆田、天津武清区(武清区的自行车及其零配件、电动车及其零配件企业除外);HS编码是第61章的产品开票人,需满足一般纳税人认定时间满2年

二、开通一达通的方法

用户可以登录一达通平台(http://onetouch.alibaba.com),报名后申请开通一达通。

如果用户有阿里巴巴国际站账号,则可以在申请一达通服务时直接输入国际站账号和密码登录,根据页面提示留下自己的联系方式等信息,会有客户经理联系用户处理相关事宜。如果没有阿里巴巴国际站账号,可以先免费注册阿里巴巴国际站账号,然后再登录到一达通平台点击申请一达通服务,后续流程同上。

如果提交后长时间没有反馈,用户可通过在线人工客服提交公司信息加急处理。

三、一达通服务流程

一达通可以为外贸企业提供通关、外汇、退税一系列服务,针对不同性质的出口企业,服务流程有所不同。

(一)针对一般纳税人工厂、贸易公司

针对一般纳税人工厂、贸易公司,一达通的服务流程如图10-1所示。

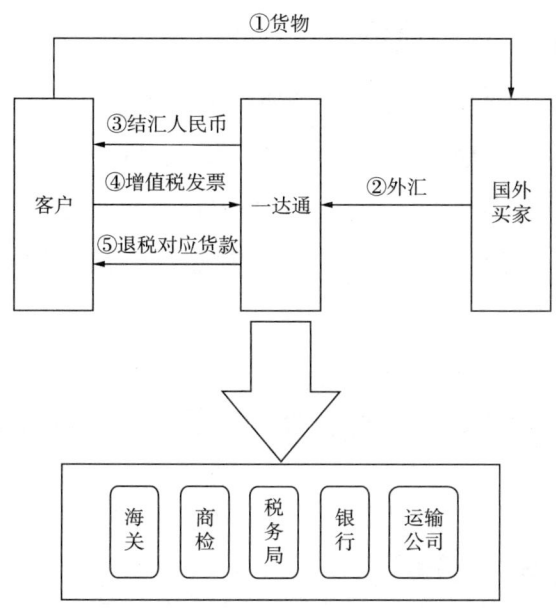

图10-1 一达通针对出口客户服务流程
（一般纳税人工厂、贸易公司）

（二）针对非一般纳税人（小规模企业、个人、中国香港公司）

针对非一般纳税人（小规模企业、个人、中国香港公司），一达通的服务流程如图10-2所示。

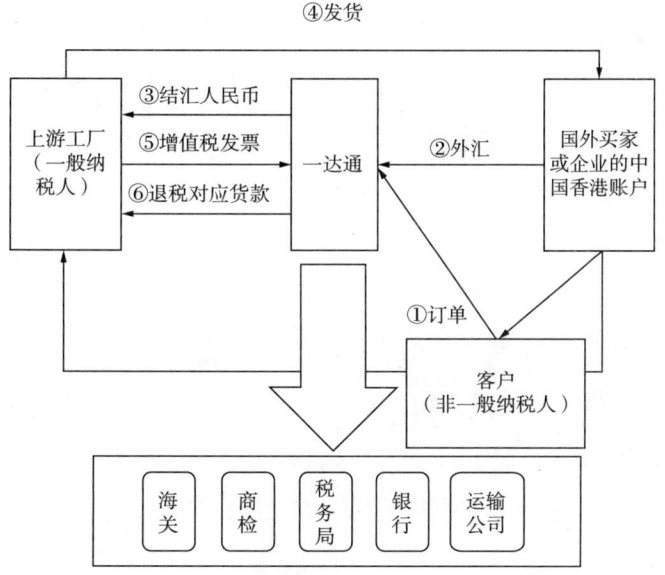

图10-2 一达通针对出口客户服务流程
［非一般纳税人（小规模企业、个人、中国香港公司）］

四、一达通通关服务流程

客户通过一达通通关时,首先联系一达通对接人(拍档)告知自己的需求,在下单系统自助下单或委托拍档辅助自己下单,核对下单及出货信息后选择"提交订单",按系统指引签署"出口服务委托函",随后一达通安排通关(或客户下载报关资料安排自行报关),通关放行(自行报关的话需要客户及时上传报关底单至订单系统)。

第四节　关税与海关退税流程

一、关税的概念与分类

(一)关税的基本概念

关税是由海关代表国家,按照国家制定的关税政策和公布实施的税法,仅对进出关境的自由流通的货物和物品征收的一种流转税。其概念有狭义和广义之分。狭义的关税是指进出境环节的关税本身;广义的关税不仅包括关税本身,还包括海关在进出境环节代征的增值税、消费税、船舶吨税等国内税费。

关税从本质上而言是国际交换和国际生产的一种交易费用,是不同国家的国民在国际经济交换中的利益补偿手段。设置关税是对外经济贸易政策的辅助手段,具有维护国家主权和经济利益,保护本国生产、调节经济、增加国家财政收入等重要作用。

(二)关税的分类

1. 按征收对象分类

(1)进口关税

进口关税是执行保护性关税政策的主要手段,也是世界各国税收体系中的关税主体,通常所说的关税一般都是指进口关税。进口关税有正税和附加税之分。正税是指根据《中华人民共和国进出口税则》(以下简称《税则》)中的法定税率征收的进口关税;附加税是指在征收正税的基础上额外加征的关税,如反倾销税、反补贴税、报复关税等。

(2)出口关税

出口关税是出口国海关在本国产品输往国外时对本国产品征收的关税。由于征收出口关税会提高本国产品在国外市场的销售价格,降低竞争能力,因此各国很少征收出口关税。目前征收出口关税的国家主要是一些发展中国家，主要目的是增加财政收入、保障国内供应、保护本国资源等。我国目前对国际市场容量有限、易在国外形成削价竞争的大宗出口商品，国内紧俏、需大量进口的商品以及为保护国内资源需大量进口的商品，征收出口关税。

（3）过境关税

过境关税（transit duty），简称"过境税"，亦称"通过税"，是指一国海关对通过本国国境或关境，销往第三国的外国货物征收的一种关税。过境税最早产生、流行于欧洲各国，其目的是增加国家财政收入。自19世纪后期起，许多资本主义国家，如法国、英国、比利时、荷兰、德国、瑞士、希腊等相继废止过境税，而代之以准许费、签证费、统计费、印花税等。

2. 按征税性质分类

（1）优惠关税

优惠关税是指广义差别关税中使用低于一般税率所征收的一类关税，是对特定的受惠国给予的关税优惠待遇。主要有互惠关税、特惠关税等。使用优惠关税的目的是增进与受惠国之间的友好贸易往来。

（2）加重关税

加重关税也称歧视关税，是指对某些输出国、生产国的进口货物，因某种原因（如歧视、报复、保护和经济方面的需要等）使用比正常税率高的税率所征收的关税。在歧视关税中，使用较多的是反倾销税和反补贴税。

二、关税的计算

关税的计算公式为：关税税额 = 完税价格 × 关税税率。

（一）完税价格的审定

进出口货物报关时都有申报价格，但它不是海关用以计征关税的完税价格，而只是海关审定完税价格的基础。由于进出口交易情况复杂，为了防止国家税收流失和确保公平，海关必须根据统一的价格准则对进出口主体的申报价格进行审查，进而确定进出口货物的完税价格。为了正确审定进出口货物的完税价格，根据《中华人民共和国海关法》和《中华人民共和国进出口关税条例》及其他有关法律、行政法规的规定，海关总署制定了《中华人民共和国海关审定进出口货物完税价格办法》（以下简称《审价办法》）。《审价办法》规定了进口货物完税价格、特殊进口货物完税价格及出口货物完税价格的审定办法。

1. 审定进口货物完税价格

（1）审定成交价格法

审定成交价格法是海关在实际工作中最基本和最常用的方法。进口货物的完税价格由海关以申报的该货物的成交价格为基础审查确定，并应当包括货物运抵中华人民共和国境内输入地点起卸前的运输及其相关费用、保险费。进口货物的成交价格是指为符合一定条件，经调整后的买方为购买该货物实付或应付的价格。换言之，进口货物的完税价格是以符合海关规定要求的成交价格为基础的。以 CIF 价格成交且成交价格符合海关规定要求的，完税价格等于 CIF 价格。以 FOB 价格或 CFR 价格成交且成交价格符合海关规定要求的，完税价格则在此基础上，FOB 价格计入运抵进口国口岸前的运输及其相关费用和保险费，CFR 价格计入保险费。上述费用的计入按实际支出的金额计算；如无法计算则按海关指定的费率来计算。一般计算公式为：完税价格 =（FOB 价格 + 运费）÷（1– 保险费率），或完税价格 =CFR 价格 ÷（1– 保险费率）

（2）其他估定方法

进口货物的完税价格不能确定的时候，海关一般会使用相同或类似货物成交价格法、计算价格法等合理方法估计和确定完税价格。

海关在使用相同或类似货物成交价格法的时候，可以与被估计的货物同时或者大约同时进口的类似货物的成交价格作为锚，并且应当首先使用同一生产商生产的相同或类似货物的成交价格。只有在没有同一生产商生产的相同或类似货物的成交价格的情况下，才可以使用同一生产国或地区生产的相同或类似货物的成交价格。如果有多个相同或类似货物的成交价格，应当以最低的成交价格为基础估定进口货物的完税价格。

使用计算价格法时，应当将生产该货物所使用的原材料的价值，进行配装或其他加工的费用，向境内销售同等级或同种类货物相符的利润和一般费用，以及货物运抵境内输入地点起卸前的运输及相关费用和保险费相加，估定进口货物的完税价格。

使用其他合理方法时，应当根据估价原则，以在境内获得的数据资料为基础估定进口货物的完税价格。

2. 审定特殊进口货物完税价格

加工贸易进口料、件及其制成品需征税或内销补税时，海关按照上述进口货物完税价格的有关规定审定完税价格。

从保税区或出口加工区销往区外的寄售进口货物，以海关审定的进口成交价格或内销价格估定完税价格。对审定成交价格不能确定的，海关应依次使用相同货物成交价格法、类似货物成交价格法、倒扣价格法、计算价格法等合理方法估定完税价格。减免或免税进口的货物需补税时，应当以海关审定的该货物原进口时的价格扣除折旧部分价值作为完税价格。

3. 审定出口货物完税价格

就估价准则和价格基础而言，出口货物完税价格的审定与进口货物完税价格的审定是基本一致的。出口货物完税价格由海关以该货物向境外成交价格为基础审查确定，并应包括货物运至境内输出地点装载前的运输及其相关费用、保险费，但应当扣除其中所包含的出口关税税额，即出口货物完税价格是以离岸价格为基础价格的，其计算公式为：完税价格 = 离岸价格 – 出口关税，或完税价格 = 离岸价格 – 完税价格 × 出口关税税率，或完税价格 = 离岸价格 ÷（1+ 出口关税税率）。

如果交易以 CFR 或 CIF 为价格条件，海关将对有关价格进行调整，使之符合 FOB 出口货物成交价格。成交价格不能确定时，海关将依次使用以下方法估定完税价格：①同时向同一国家或地区出口的相同货物的成交价格；②同时或大约同时向同一国家或地区出口的类似货物的成交价格；③根据境内生产相同或类似货物的成本、利润或一般费用以及境内发生运输及其相关费用、保险费计算所得的价格；④按照合理方法估定的价格。

（二）关税税则

关税税则又称海关税则、关税税率表，是指一国制定和公布的对进出其关境的货物征收关税的条例和税率的分类表。表内包括各项征税或免税货物的详细名称、税率、征税标准（从价或从量）、计税单位等。税则中的商品分类，有的按商品加工程度划分，有的按商品性质划分，也有的按两者结合划分——先按商品性质分成大类，再按加工程度分成小类。

世界上多数国家采用欧洲关税同盟研究小组拟定的《布鲁塞尔税则目录》，根据适用对象实行差别关税，由此关税税则可分为单式税则制和复式税则制。单式税则制是一个税目，只有一个税率，适用于来自任何国家的商品，没有差别待遇，又称为一栏税则制；复式税则制是指一个税目有两个以上税率，对来自不同国家的进口商品适用不同税率，通常设有普通税率、最惠国税率、协定税率、特惠税率等。

我国出口税率没有普通税率和最惠国税率之分。为鼓励国内企业出口创汇，提高国内产品在国外市场的竞争力，我国对绝大多数货物不征收出口关税，即使征收，其税率也不高。根据需要也可制定实施出口暂定税率，应当优先使用暂定税率。

三、退税

退税是指因某种原因,税务机关将已征税款按规定程序退给原纳税人。主要包括:①由于工作差错而发生的多征;②政策性退税,因税收政策变动产生的退税;③其他原因的退税。

(一)退税的种类

1. 出口退税

其基本含义是指对出口产品退还其在国内生产和流通环节实际缴纳的产品税、增值税、营业税和特别消费税。出口产品退税制度是一个国家税收的重要组成部分。出口退税主要是通过退还出口产品的国内已纳税款来平衡国内产品的税收负担,使本国产品以不含税成本进入国际市场,与国外产品在同等条件下进行竞争,从而增强竞争能力、扩大出口创汇。

2. 再投资退税

国家为了鼓励外国投资者将从企业取得的利润用于在中国境内再投资而制定的一项优惠政策。

3. 溢征退税

纳税人缴纳关税后,海关或纳税人发现应征税额少于实征税额,即构成溢征。海关将实征税额大于应征税额的部分退还给纳税人的行政行为,称为溢征退税。

根据中国现行海关法的规定,下列造成溢征关税的情况属于溢征退税范围:

①海关认定事实或适用法律错误或不适当。

②海关计征关税中有技术性错误。

③海关核准免验进口货物,税后发现有短卸(包括装船时短装)情况。

④进口货物征收关税后海关放行前,发现国外运输或起卸过程中遭受损坏或损失,并不再补偿进口;起卸后因不可抗力遭受损坏或损失;以及海关查验时发现非因仓库管理人员或货物所有人保管不当而致货物破漏、损坏、腐烂。

⑤海关放行后发现货物不符合规定标准,索赔后不再补偿进口者。

⑥已征出口税因故未能装运出口,申报退关者。

⑦依法可以享受减免关税优惠,但申报时未能缴验有关证明,征税后补交有关证明,经海关同意者。

4. 复出口退税

对已纳进口关税的进境货物,在境内经加工、制造或修理后复出境时,海关退还全部或部分原已纳关税税额，称为复出口退税。复出口退税应由原纳税人向原征税海关办理有关货物的复出口手续后，由海关根据实际出口货物所消耗的料件数量核定应退还关税税额，并填发收入退还书，交原纳税人凭以向指定银行办理退税手续。复出口退税制对于不具备有效的保税条件又不易管理的分散加工的进口料件，可以保证严密监管，是国际上很早就普遍采用的一种海关管理制度。该制度可以有效防止借进口料件加工名义偷逃关税供境内消费的行为。

5. 跨境购物退税

跨境购物退税是指境外游客在退税定点商店购买随身携运出境的退税物品，按规定可予以退税。跨境购物退税退的一般是增值税和消费税，是不少国家和地区为了带动旅游消费，针对外籍消费者的一种福利。

（二）我国的出口退税范围

一般来说，出口产品只有在同时具备以下3个条件的情况下才予以退税：①必须是属于产品税、增值税和特别消费税范围的产品。②必须报关离境。所谓出口，即输出关口。这是区分产品是否属于应退税出口产品的主要标准之一，以加盖海关验讫章的出口报关单和出口销售发票为准。③必须在财务上做出口销售。

但是国家对退税的产品也做了特殊规定，特准某些产品视同出口产品予以退税。特准退税的产品主要有：①外轮供应公司销售给外轮、远洋货轮和海员的产品；②对外修理、修配业务中使用的零配件和原材料；③对外承包工程公司购买国内企业生产的、专门用于对外承包项目的机械设备和原材料，在运出境外后，凭承包单位出具的购货发票、报关单办理退税；④国际招标、国内中标的机电产品。

同时，国家也明确规定，少数出口产品即使具备上述3个条件，也不予退税。国家明确不予退税的出口产品有：出口的原油；援外出口的产品；国家禁止出口的产品；出口企业收购出口外商投资的产品；来料加工、来料装配的出口产品；军需工厂销售给军队系统的出口产品；军工系统出口的企业范围；对钻石加工企业用国产或进口原钻石加工的钻石直接出口或销售给外贸企业出口；齐鲁、扬子、大庆三大乙烯工程生产的产品；未含税的产品；个人在国内购买、自带出境的商品。

可以申请出口退税的企业有：①具有外贸出口经营权并承担国家出口创汇任务的企业，经过经贸主管部门批准，享有独立对外出口经营权的中央和地方外贸企业、工贸公司和部分工业生产企业。②委托出口的企业主要指具有出口经营权的企业代理出口，承担出口盈亏的企业。

（三）一般贸易出口货物的退税计算方法

目前，出口货物的退税办法包括"先征后退"和"免、抵、退"税。"先征后退"是指生产企业自营出口或委托代理出口的货物，一律先按照增值税暂行条例规定的征税率征税，然后由主管出口退税业务的税务机关在国家出口退税计划内按规定的退税率审批退税。

（四）退税的基本流程

纳税人向税务机关提出退税申请，税务机关审批后，根据不同情况予以办理。

1. 出口退税登记的一般程序

①有关证件的送验及登记表的领取。企业在取得有关部门批准其经营出口产品业务的文件和工商行政管理部门核发的工商登记证明后，应于30日内办理出口企业退税登记。

②退税登记的申报和受理。企业领到"出口企业退税登记表"后，即按登记表及有关要求填写，加盖企业公章和有关人员印章后，连同出口产品经营权批准文件、工商登记证明等资料一起报送税务机关。税务机关经审核无误后，即受理登记。

③填发出口退税登记证。税务机关接到企业的正式申请，经审核无误并按规定的程序批准后，核发给企业出口退税登记证。

④出口退税登记的变更或注销。当企业经营状况发生变化或某些退税政策发生变动时，应根据实际需要变更或注销退税登记。

2. 出口退税附送材料

①报关单。报关单是货物进口或出口时进出口企业向海关办理申报手续，以便海关凭此查验和放行而填写的单据。

②出口销售发票。这是出口企业根据与出口购货方签订的销售合同填开的单证，是外商购货的主要凭证，也是出口企业财务部门记账做出口产品销售收入的依据。

③进货发票。提供进货发票主要是为了确定出口产品的供货单位、产品名称、计量单位、数量、价格是不是生产企业的销售价格，以便划分和计算确定其进货费用等。

④结汇水单或收汇通知书。

⑤属于生产企业直接出口或委托出口自制产品，凡以到岸价CIF结算的，还应附送出口货物运单和出口保险单。

⑥有进料加工复出口产品业务的企业，还应向税务机关报送进口料件的合同编号、日期、名称、数量、复出口产品名称、进料成本金额和实纳各种税的金额等。

⑦产品征税证明。

⑧出口收汇已核销证明。

⑨与出口退税有关的其他材料。

第五节　常见的海关清关问题

一、海关扣关

货物在进入国外海关的时候，当地海关会按照当地有关法律、行政法规的规定查验货物。海关实施查验时可以彻底查验，也可以抽查。查验过程中如海关发现申报价值存在问题或申报货物与实际货物不相符以及寄递物品涉及海关违禁品等因素，会对其进行查扣。

（一）海关扣关的原因

申报价值和估价不一致、品名和产品不符、装箱清单不详、收货人条件不允许（没有进出口权等）、私人物品超过了规定的数量或金额、违反当地的一些相关政策。

（二）规避海关扣关的主要方式

所有寄递的国外件都需要随附商业发票，货物品名、价值、数量必须如实申报，不能低报；必须有货物详细描述（包括货物详细品名、材质、用途、件数、单价、成分等）信息。例如，一双鞋子的申报价值为 50 美元，显然不合乎常理，或者一件几十千克的货物只申报 10 美元，也非常容易被海关查扣。

指定寄送到目的地国家某一个比较容易清关的城市。一般来说，不同城市的海关对进口货物的查验力度多有不同。收、发货人可以指定快递先到某个城市进行通关。

二、清关不利

（一）航班异常

在实际操作中，时常会出现航班异常的情况，即货物不能准时到达口岸，这会在一定意义上影响口岸的清关时效。也有一些时候，在同一电商货物较多的情况下，如果航空公司舱位配置不够，则会出现落货现象，使货物不能全部到达口岸。这时，因为货物未到齐全，口岸也就不能进行相应清关手续的办理。

（二）舱单问题

自 2014 年 8 月海关总署推出新舱单系统之后，各地纷纷响应使用新舱单申报系统。萧山机场海关快件科要求，在办理跨境手续时，必须先确定航空公司发送的原始舱单数据与机场进港部发送的理货报告是否完全一致，如果不一致，海关系统将无法办理业务。而在实际操作中，舱单问题是影响清关时效的最大问题。

（三）联系不上收件人

有可能由于收件人资料不对或者放假等原因导致联系不上收件人，无法确认清关信息或者关税支付问题等，从而影响清关手续的办理。

三、快件退回

根据《中华人民共和国进出口关税条例》第 50 条规定，有下列情形之一的，纳税义务人自缴纳税款之日起 1 年内，可以申请退还关税，并应当以书面形式向海关说明理由，提供原缴款凭证及相关资料：①已征进口关税的货物，因品质或者规格原因，原状退货复运出境的；②已征出口关税的货物，因品质或者规格原因，原状退货复运进境，并已重新缴纳因出口而退还的国内环节有关税收的；③已征出口关税的货物，因故未装运出口，申报退关的。

四、买家拒绝支付关税

按照规定，进口货物的收货人、出口货物的发货人、进出境物品的所有人是关税的纳税义务人，有权经营进出口业务的企业也是进出口货物的纳税义务人，应当自海关填发税款缴款之日起 15 日内缴纳税款；逾期缴纳的，由海关按日征收滞纳金。

五、侵犯知识产权

跨境电商卖家好不容易完成了订单的运输和配送等过程，侵权问题仍无法回避。热销的无人机、平衡车、婚纱等都曾因专利问题在欧美的清关和销售时遇到了麻烦，发达市场消费者权益和知识产权保护的法制化程度高，不存在含糊的概念。因此，选品把关要慎重，产品和采购渠道要正规，避免侵权。

知识产权包括商标权、专利权和著作权。WTO《与贸易有关的知识产权协议》规定了海关应执行的"边境措施"，大部分就是扣留查没，而且不限于"严进宽出"。抄袭盗取商标的途径早已不可行。有些国际品牌专门委托律师事务所大面积、常态化在第三方电商平台上维权,牵连的中国卖家账户众多。常见的问题还有:货物外箱有蓝牙标志,往往就被海关扣留;在电池上没有粘贴安全标示,也会导致货物被海关扣留;如果商品不是自有品牌,则需要提供品牌授权文书等副本,假的授权文书一旦被海关查获,除了扣货还要罚款。因此,我国跨境电商出口企业要有专利意识和主动维权意识。

附表10-1 跨境电商报关名词

名词	释义
出口配额证商品	是指在对外经贸活动中,一国政府在一定时期以内,对一些商品的进口数量或金额加以直接限制,这种限制下的商品,对出口国来说就需先领取配额证,而这些商品也因此称为出口配额证商品
转关货物	是指经收货人、发货人申请并经海关核准进口货物可以转至设有海关的指定地点办理进口手续;出口货物可以在设有海关的起运地办理出口手续后,再转运至出境地海关核查放行出口。转关货物向海关申报时填写《中华人民共和国海关进(出)口转关运输货物申报单》
载进口货物	是指内汽车到口岸海关监管区接载由境外汽车载运进境后倒装的海关监管货物
卸转出口货物	是指境内汽车载运至口岸海关监管区后倒装由境外汽车载运出境的海关监管货物
海关监管货物	对进出境受海关监管,以及尚未办结海关手续的一切货物,统称为海关监管货物
货管监管	简称货管,是海关代表国家在口岸,根据海关法和国家其他进出口法律、法规和政策监督合法进出境货物和运输工具的重要管理职权,也是海关完成征收关税、制止走私违法、编制海关统计等各项任务的基础
货运监管的基本制度	对进出境的运输工具及其所载货物,进行审单(申报)、查验、征税、放行构成货运监管既相互制约又相对独立的统一整体,是货管的基本依据
查验	是以经过审核的单证为依据,对货主申报的内容进行直接实际的核实和核对,除有特殊规定准予免验者外,进出境货物的运输工具均应接受海关的查验,它在打击走私违法及为征税、统计提供实际监管依据等方面有着重要的作用
单货相符	在办理进出口海关手续时,货主申报的进出口货物的单证与实际进出口货物经核实相一致,习惯上称为单货相符
单货不符	在办理进出口海关手续时,货主申报的进出口货物单证与实际进出口货物经核实不一致,习惯上称为单货不符
放行	即对经过审单、查验、征税监管环节后对与备货单相符的货物和运输工具签印放行的监管行为
开验	在查验过程中,海关需要对某些货物进行细查细验,将内外包装拆开核实查验的行为
开拆	海关在查验工作中,对需要重点查验的货物进行开箱拆包细验的监管行为
重封	在海关监管过程中,某些货物由于复查等原因需要再次施加关封的行为称为"重新加封",简称重封
关封	用于海关内部联系、交接有关单证所使用的印有"海关关封"字样,可以加封的信封
关锁	一种用于对海关监管货物加封的金属制一次性使用的长条形封锁
纸封	用于加封小件海关监管物品的纸质封条
海关封志	加封海关监管物品的纸封在施封时,注明具体海关的称谓及年、月、日的称为封志
骑缝章	为了保证海关监管货物留存单据的完整、齐全以及核对有关单证,在单据交接处所加盖的印章
结关	办结或暂时办结海关监管手续的行为
进出口许可证制度	中国实行的对外贸易管理的一种行政保护手段,是根据中国的对外贸易政策对进出口货物和物品实行全面管理的制度

续表

名词	释义
进出口许可证	是国家管理进出口贸易通关证件，由对外经济贸易部及其授权的有关省、自治区、直辖市经贸委局和特派员办事处审核签发，从1992年起，进出口许可证上各项标注中英文对照、商品名称、编码和计量单位，采用"商品分类和编码协调制度"
三级管理	是指进出口许可证的具体发证工作实行经贸部、经贸部驻口岸特派员办事处和省级对外贸易管理部门三级管理
保函	是指由担保人按照海关的要求向海关提交的、订有明确义务的一种担保文件
担保	以向海关缴纳保证金或提交保证函的方式，保证在一定时限内履行其承诺义务的法律行为
保证金	是由担保人向海关缴纳现金的一种担保形式
滞报金	根据海关法的有关规定，进口货物自运输工具申报进境之日起14日内，应当向海关申报。超期未报的，从第15日开始海关所征收的延期未报罚金称为滞报金，日征收金额为进口价格的0.5%，起征点为人民币10元，不足10元的免收
报关期限	是指货物运送到口岸后，法律规定收货人或其代理人向海关报关的时间限制
自动出口限额	是指出口国在进口国的经贸压力下，或为了维护出口价格的稳定，而自动限制某项商品对进口国的出口
中转运输	是指商品运输在商业系统内的中间转运，即商品运输不直达目的地，须在中途变换运输方式或更换运输工具的一种运输方式
承运	是指运输企业承受托人委托运送货物的行为
托运	发货人委托运输企业将一批货物运到指定地点，交付指定收货人的行为
货柜车	是指将密封箱式货柜固定在汽车底盘上的运输车辆
集装箱车	是指用以运载可卸下的集装箱的专用运输车辆
进出境驮畜	是指受海关监管，用于驮运货物进出境的驮畜
特殊运输方式输送进出口货物	是指受海关监管，以特殊的承载和输送方式进出口的货物，包括水、电、油等
进出口货物证明书	由海关出具并签发的、证明货物实际进口或出口的文件
转关运输	进出口海关监管货物需由进境地或起运地设立的海关转运至目的地或出境地海关，这种转运方式称为转关运输。经海关同意可采用不同的交通工具，承运接驳转关运输货物
押运	对某些因质量不佳或交货时间延误致使买方拒收或错发、错运，从而造成溢装、漏卸而且退运的进出口货物进行随同监督、照管。
退关货物	对已办理了进出境海关手续的货物，由于某种原因，在征得海关同意后，货物取消进出口并按海关规定办理退关手续，这类货物称为退关货物
一类进口商品	是指国家统一经营、代理订货、关系国计民生的、大宗的、敏感性的重要进口商品，包括粮食、钢材等
二类进口商品	是指国家定为联合成交的国际市场供应相对集中、价格敏感、国内紧缺、国内外差价较大的大宗进口商品，包括羊毛等
三类进口商品	是指国家规定除一、二类商品以外的其他商品

本章重点

1. 海关清关基本概念和术语，海关的性质、职能和权力。
2. 报关的基本流程与具体操作。
3. 一达通外贸综合服务平台准入条件、开通方法、服务流程、通关服务流程。
4. 关税的概念与分类，关税的计算方式。
5. 退税的种类、范围、计算方法、基本流程。
6. 常见的海关清关问题及解决方法。

课后习题

1. 解释下列名词概念。

    海关、关境、清关、关税、关税税则、退税

2. 简述海关的基本性质和职能。
3. 根据我国海关法及其有关法律、行政法规的规定，海关的权力包括哪些？
4. 简述跨境电商报关的步骤和通关流程。
5. 对不同性质的出口企业，一达通的服务流程分别是怎样的？
6. 我国的出口退税范围包括哪些？退税流程是什么？

参 考 文 献

[1] 郭秀君. 海关理论与实务 [M]. 北京：清华大学出版社，2014.

[2] 胡波. 海关报关实训 [M]. 北京：对外经济贸易大学出版社，2009.

[3] 刘琼华，金晓严. 国际物流与货运代理 [M]. 重庆：重庆大学出版社，2011.

[4] 罗兴武. 报关实务 [M]. 北京：机械工业出版社，2010.

[5] 徐晨，郑俊田. 海关管理研究 [M]. 北京：对外经济贸易大学出版社，2012.

[6] 姚长佳. 报关实训教程 [M]. 大连：大连理工大学出版社，2008.

[7] 郑宝银. 中国经济概论 [M]. 北京：对外经济贸易出版社，1999.